REVUE

DE LA SOCIÉTÉ

DES ÉTUDES HISTORIQUES

REVUE

DE LA SOCÉITÉ

DES ÉTUDES HISTORIQUES

SOIXANTE-DEUXIÈME ANNÉE

1896

PARIS

ALBERT FONTEMOING, ÉDITEUR

Successeur de MM. Ernest THORIN et Fils

LIBRAIRE DES ÉCOLES FRANÇAISES D'ATHÈNES ET DE ROME

DU COLLÈGE DE FRANCE ET DE L'ÉCOLE NORMALE SUPÉRIEURE

4, RUE LE GOFF, 4

ÉTUDES CRITIQUES

Autour du Régent

L'Abbé Dubois, L. Stair, M. de Torcy

Une particularité de la politique du Régent, c'est l'incertitude surtout dans les apparences. Au fond, il sait que l'intérêt du royaume et son propre intérêt sont liés à l'alliance anglaise. Il la soutient donc en principe. Mais en même temps, il est léger ; l'esprit de suite fait défaut à ses brillantes qualités, de même que le courage civil, en un sens du moins. Se sentant isolé parmi la nation restée jacobite de cœur et ennemie des Anglais, il en éprouve du malaise, et il voudrait racheter son impopularité par des retours, des complaisances de détail pour le préjugé public. Certains hommes de la vieille cour s'insinuent dans sa confiance, lui imposent et l'attirent par l'autorité de leur caractère, leur connaissance des affaires, leur gravité, que rehausse encore le contraste avec la pétulance de l'abbé. Il les consulte et en vient à subir leur ascendant presque à son insu, de sorte qu'après avoir pris les engagements les plus formels avec les Anglais, il penche par irréflexion du côté opposé et leur donne lieu de craindre le renversement à l'improviste de la politique extérieure qu'ils ont édifiée ensemble si laborieusement.

M. de Torcy surtout poursuit de sa haine et de son mépris systématique l'abbé Dubois. Il dirige contre lui une guerre sans trêve et le tient en alarme continuelle par les cheminements dont il multiplie les pièges sous ses pas.

L'abbé confie ses angoisses à L. Stair, qui les partage et le seconde activement dans cette lutte, dont sa correspondance retrace point par point les péripéties.

Pour le moment, les conventions de Berlin et de Stockholm servent de prétexte à l'âpre campagne de M. de Torcy contre Dubois. Law est avec Torcy. L'abbé avait subi à contre-cœur l'intrusion de cet étranger dans les affaires, et L. Stair, qui, dans le principe, était favorable aux démarches de son compatriote, s'était, conformément aux instructions de Stanhope, employé à les mettre bien ensemble (1). Mais la bonne harmonie avait été passagère entre ces personnages ombrageux et envahissants. Stair et Law s'étaient brouillés, et le dernier, en défiance avec Dubois, ne lui voulait pas de bien.

L'abbé, très inquiet, confia à Stair que si certaines gens l'emportaient, il y aurait du changement dans la politique, que M. de Torcy était en voie d'acquérir beaucoup d'ascendant sur le Régent, qui lui témoignait un goût marqué, que pour peu que cela continuât, lui, l'abbé, serait obligé de donner sa démission. Il ne doutait pas, et Stair non plus, que Law ne fût en étroite liaison avec leur ennemi, afin d'écarter de son chemin vers le ministère quiconque ne serait pas absolument dans sa dépendance.

L'abbé se plaignait aussi qu'on lui cachât beaucoup de choses, symptôme de changement fâcheux. L'ambassadeur le dissuada de se démettre. Mais, encore plus retors que Dubois, qui pourtant ne le cédait guère à personne, il le soupçonna de quelque simulation pour le faire parler. Il affecta d'être sans inquiétude quant à un changement de politique et se borna à lui témoigner un vif intérêt pour sa personne (2).

Sur ces entrefaites, la prise de la ville de Messine par les Impériaux et le tour heureux que prirent les affaires du Nord pour l'Angleterre, raffermirent les sympathies chancelantes du duc d'Orléans et

___

(1) On lit dans le *Journal* de L. Stair qu'à son arrivée à Paris, le 23 janvier 1715, au soir, il ne vit personne autre, ce soir-là, que M. Law. *Hardw. Pap.*

(2) L. Stair à Craggs, Paris, 30 août, 1er, 9 septembre 1719. En anglais, *Hardwicke Pap.*, vol. II, p. 587, 590, 593.

l'arrêtèrent sur la voie nouvelle où il semblait à la veille de s'engager. Il parut rechercher l'amitié du roi autant que jamais ; il parla de nouveau avec toute la confiance et l'ouverture imaginables de sa résolution de poursuivre la pleine exécution du plan de la Quadruple-Alliance.

L'abbé reprit cœur avec l'espérance de l'emporter sur son rival. Mais n'osant pas s'en fier à ses seules forces, il se tourna vers L. Stair et le pria de faire un dernier effort auprès du Régent contre M. de Torcy. L. Stair tenait le caractère de l'abbé en mince estime ; la dispute était pour ainsi dire leur passe-temps obligé. Mais dès qu'il s'agissait des grands intérêts de l'alliance, il était fidèle et empressé. Il se présenta donc chez le Régent, et là, avec une adresse sans pareille, devant le prince le plus affiné qui fut jamais, il opéra une de ces savantes et heureuses manœuvres qui forcent l'admiration, si bien il sut toucher la corde sensible et faire entendre au prince la voix de l'intérêt personnel.

D'abord il l'entretint de la nécessité de renvoyer Alberoni, du danger qu'il pouvait y avoir pour S. A. R. à ce que les affaires d'Espagne fussent dans les mains du cardinal à la fin de la minorité du roi, combien alors il serait facile à Alberoni de former un parti à la cour de France contre lui, duc d'Orléans, si l'on considérait en quelles mains le roi tomberait probablement à sa majorité. Laissons-le parler :

« Il y avait, lui dis-je, une chose qui m'avait toujours surpris dans la conduite de S. A. R., un homme si prévoyant et si pénétrant. Je m'étais interdit de lui en parler pour une raison qu'il comprendrait aisément, une fois que je lui aurais dit ce que j'avais à lui dire : à savoir que je pensais qu'il avait un sûr moyen de garder le pouvoir à la majorité, qui était de se rendre entièrement maître des affaires étrangères, de sorte que nul autre que lui n'en eût la parfaite connaissance, auquel cas il serait absolument impossible au jeune roi de gouverner sans lui ».

L. Stair cita l'exemple du cardinal de Richelieu, qui possédait seul le secret des affaires étrangères, de sorte que Louis XIII, quoiqu'il ne l'aimât pas, se vit obligé de le maintenir au ministère. Si

S. A. R. ôtait à M. de Torcy la connaissance des affaires étrangères, elle se trouverait dans le même cas que le cardinal (1). De tout le royaume, il n'y avait que M. de Torcy qui fût en mesure de lui nuire par cette voie. Le duc répondit qu'il était sûr de M. de Torcy. « Je lui répondis qu'il se pouvait très bien que M. de Torcy lui fût actuellement et lui demeurât fidèle ; mais que, malgré cela, il me semblait que la prudence voulait qu'il ne se livrât pas entièrement à sa discrétion. Libre à lui de le charger d'honneurs et de richesses ; mais en même temps, il serait sage de rompre la chaîne de la connaissance qu'il avait des affaires étrangères un certain temps avant la majorité ; de la sorte, de même que S. A. R. était persuadée que M. de Torcy n'était pas porté à nuire à ses intérêts, elle serait sûre alors qu'il n'en aurait pas le pouvoir ; et si, par la suite, elle trouvait qu'il fut fidèle, et que cela fût de son service, il lui serait loisible de mettre les affaires étrangères tout à fait entre ses mains ».

Ces observations, aussi sensées que spirituelles, frappèrent le duc d'Orléans. Il dit que cela méritait fort l'attention, et que s'il trouvait que la prudence le requît, il saurait *couper le fil de la connaissance que M. Torcy avait des affaires étrangères, et que cette précaution ne pouvait qu'avoir un bon effet* (2).

Il penserait sérieusement au conseil que L. Stair lui donnait, et il le mettrait en pratique quelque temps avant la fin de la régence. Ce n'était pas, il s'en fallait, le compte de L. Stair. Il fit observer au prince que s'il avait l'intention de prendre ce parti, le plus tôt serait le mieux. Mais cela ne vint que plusieurs années après. Malgré le déplaisir des Anglais, le Régent garda M. de Torcy près de lui deux années encore (3).

Comme s'il se doutait de quelque collusion entre son ministre en titre et l'ambassadeur, il sonda celui-ci sur celui-là. M. de Torcy et l'abbé, lui dit-il, étaient très mal ensemble. Trop expert pour se

(1) L. Stair reprenait à son compte une réflexion qu'il avait entendue de la bouche du Régent en août 1718.

(2) La dépêche est en anglais. Mais ces mots sont cités en français comme les propres paroles du Régent.

(3) Il ne le congédia qu'au mois d'octobre 1721.

laisser surprendre, Stair évita le piège : En effet, répondit-il, il l'avait entendu dire ; mais il n'entrait pas dans leurs querelles et ses réflexions n'avaient pas été inspirées par d'autres motifs que le soin des intérêts de S. A. R.

Grande fut la joie de l'abbé au récit de cette conversation. S'il n'avait pas tout à fait bataille gagnée, il sentait sa position raffermie, grâce à la tactique de son adroit allié ; grâce, pensait ce dernier, à la marche avantageuse que les affaires avaient prises dans le Nord et en Sicile, de telle sorte que le changement de politique qu'on méditait à la cour de France devenait plus difficile à exécuter et infiniment plus dangereux que le système de la Quadruple-Alliance, alors au moment de sortir son effet (1).

Dans les derniers mois de l'année 1719, Alberoni allait succomber, Dubois triompher. Mais si les évènements le délivrèrent du ministre d'Espagne, ils n'eurent pas la vertu de le délivrer de l'ancien ministre de Louis XIV. A quel point l'indomptable M. de Torcy garda ou reprit pied auprès du Régent, c'est ce que constate L. Stair dans une lettre confidentielle du 27 décembre 1719 à L. Stanhope : « Notre ami l'abbé s'(est) entièrement soumis à Law et s'est réconcilié à Torcy ; et ces trois ont travaillé conjointement avec M. le Régent. Ce fait est sûr (2) ».

Louis WIESENER.

---

(1) Ce piquant incident des rapports du Régent et de l'abbé Dubois avec les Anglais est raconté par L. Stair dans deux dépêches, l'une à Craggs, du 23 septembre (*Hardw. Pap.*, vol. II, p. 594 et suiv.) ; l'autre à L. Stanhope., du 20 octobre 1719 (*Rec. Off., France*, vol. 354). Toutes deux en anglais.

(2) Autographe. En français, *Rec. Off., France*, vol. 354. *Stair Papers*, Oxenf. C. *The Stair Annals*, vol. II, p. 397.

LECTURES ET MELANGES

Littérature Orale et Traditionnelle

Éléments de Folk Lore (1)

Comment, s'écriait M. Jourdain : « Quand je dis : Nicolle, apportez-moi mes pantoufles, je fais de la prose ! Mais voilà qui est admirable ! » — Ainsi, lorsque les petites filles chantent : « Biquette ne veut pas sortir des choux » ou : « La Tour, prends garde ! » ou encore lorsqu'une nourrice raconte à son petiot l'histoire horrifique de Barbe-Bleue, elles font du Folk Lore ! — Parfaitement ! — Voilà également qui est admirable ! — Sancho Pança, lui aussi, avec ses enfilades de proverbes était un Folk Loriste.

Qu'est-ce donc que le Folk Lore ?

En tant que mot, Folk Lore est un mot anglais, composé, archaïque, de signification assez vague en lui-même, mais qui harmonieux, court, sonore, a été proposé dans un article du 22 août 1846 de l'Atheneum, puis choisi et définitivement adopté pour désigner l'ensemble des connaissances de toutes natures que le peuple illettré se transmet par tradition orale. — Le domaine en est dès lors très vaste et par cela même ses limites sont indécises, indéterminées et se perdent dans des brumes. L'imprécision du mot Folk Lore correspond bien à ce qu'il exprime et cela même est parfait.

Ses divisions principales sont : 1° les contes et légendes de tous genres, parmi lesquels ceux du genre merveilleux sont de beaucoup les plus intéressants à étudier ; 2° les proverbes, devinettes, dictons ;

(1) Conférence faite à la séance publique du 29 février 1896.

3⁰ les croyances, les usages, les superstitions, les jeux d'enfants, les danses ; 4⁰ les chansons populaires : paroles et timbres.

Nous sommes venus trop tard dans un monde trop vieux, où coutumes et costumes du vieux temps disparaissent trop vite, comme les morts fantastiques de la ballade de Lénor, pour bien apprécier l'importance de ces traditions orales qui jadis, il y a longtemps, longtemps, avant la diffusion de l'instruction et le mélange incessant des populations, par suite de la facilité des communications, composaient l'unique bagage de culture des masses illettrées.

L'étude et les recherches relatives aux traditions populaires n'ont commencé que lorsque celles-ci penchaient vers leur déclin. A l'époque où elles étaient dans toute leur sève, il eût semblé d'un esprit puéril de recueillir des contes de nourrice, des chansons de pauvres, de s'inquiéter de l'origine des remèdes de bonne femme, des jeux favoris des enfants, des fêtes, des coutumes, des usages, des superstitions populaires, de nos outils et instruments les plus habituels. — Otez-moi de là tous ces magots ! n'eûssent pas manqué de s'écrier tous les gens sérieux. — Il a fallu pour attirer l'attention sur les contes le point de départ d'un fait insignifiant : le fils de Perrault répétant à son père charmé des récits appris de sa nourrice. S'amusant, comme il le dit, « de ces bagatelles » qui le distrayaient des affaires considérables qu'il traitait avec le grand Colbert, dont il était à juste titre le collaborateur apprécié, Perrault sût les revêtir d'une forme qui les a rendues immortelles, mais il s'excusa de ce délassement d'esprit en les publiant sous le nom de son fils, alors âgé de dix ans; en quoi d'ailleurs il ne disait que la vérité. Il ne se doutait guère alors que c'est par ces menus récits que son nom passerait à la postérité. On l'eût bien fort étonné si on lui eût prédit qu'il ouvrait ainsi une cage d'où prendrait la volée toute une littérature nouvelle ; à coup sûr, il eût jugé digne des Petites Maisons celui qui lui aurait révélé qu'un jour viendrait où des savants qualifiés rechercheraient l'origine, la transmission, la signification de ces récits enfantins et en tireraient des conséquences utiles à l'Histoire, à l'Anthropologie, à la Linguistique, à la Mythologie et à nombre d'autres sciences fort austères. Il est en effet un fait dont l'importance oubliée recommence à appeler l'attention, c'est que les sciences ne doivent pas être étudiées isolément, qu'elles ont un développement solidaire, qu'elles se prêtent un appui commun et qu'une découverte dans l'une d'elles amène un progrès dans quelqu'autre. Leur ensemble constituait jadis la Philosophie.

Celle-ci est bien la mère de toutes les sciences, car c'est elle qui a élevé l'homme au dessus du terre à terre de sa vie animale, qui lui a appris qu'il était un roseau pensant, qui a dressé son esprit à toutes les cultures intellectuelles, qui lui a fourni les méthodes au moyen desquelles il a pu marcher victorieusement à la conquête et à l'asservissement des forces de la Nature. Et ce sera un grand homme celui qui saura grouper les sciences en un seul corps, en trouver les rapports, en faire la synthèse et dirigera vers un but commun et sous une même méthode tous ces travailleurs et savants qui agissent en forces dispersées.

On oublie trop aussi de nos jours que l'Homme, dès l'instant de sa naissance, est l'héritier de tout ce qui a été inventé par les milliers de générations qui l'ont précédé. Son existence, sa santé, le langage dans lequel il exprime ses pensées, les animaux domestiques dont il utilise les services ou qui servent à sa nourriture, les armes qu'il emploie à sa défense, les instruments les plus humbles qu'il manie, l'ensemble de ses connaissances, les avantages sociaux dont il profite, tout ce qui fait sa force et le différencie des animaux, tous ces biens innombrables, dont la privation du moindre d'entre eux serait une souffrance intolérable, il les doit, et il ne s'en soucie, ni ne s'en doute, aux travaux, aux efforts des millions et des millions d'hommes venus avant lui et que la Terre recouvre. Comme l'a exprimé, avec tant de profondeur, A. Comte : « l'Humanité est composée de plus de morts que de vivants ». Chacun de nous naît vieux de tout le passé de l'Homme sur la Terre, le monde vivant n'existe que par les forces et les énergies accumulées des morts : chaque être humain n'est qu'une feuille de l'arbre de l'Humanité. Parmi les racines qui l'alimentent, les traditions populaires sont celles qui remontent au plus lointain passé. Elles forment le point de départ de la plupart des sciences et elles en constituent les premiers éléments. Leur apparence futile et grossière les a fait longtemps dédaigner. Les silex taillés eux non plus n'avaient pas attiré l'attention avant notre xıxᵉ siècle, et cependant on sait de quelle conséquence a été leur étude pour les géologues et les anthropologistes. Comment supposer que les traditions populaires pouvaient présenter quelque intérêt scientifique, quand elles parvenaient à nous par la bouche des plus humbles ? Et c'est ce qui fait comprendre la sagesse de ce conseil de l'*Imitation :* « Ne méprisez pas les paroles des vieilles gens, car ils ne s'en servent pas sans sujet ».

En ce qui touche la littérature, l'influence des traditions populaires mérite d'être étudiée dans chaque pays. Depuis quelques années, ce point de vue a attiré l'attention des lettrés français ; dans les nations germaniques, le mouvement est commencé depuis près d'un siècle.

Mais pour nous borner aux contes, si les récits de Perrault en ont répandu rapidement la valeur littéraire et fait éclore aussitôt de nombreux recueils qui ont grossi la Bibliothèque Bleue et le Cabinet des Fées, ils ont en même temps inspiré le goût des recherches qui les concernent. La publication des 1001 Nuits, couronnée d'un si éclatant succès, vint accélérer partout ce mouvement d'études. En Angleterre et en Allemagne, notamment, la remise au jour des antiques monuments de la littérature nationale prit un grand essor. Vers 1760, Macpherson, s'inspirant de quelques fragments de vieux chants celtiques d'Ecosse et d'Islande parvenus à sa connaissance, composa les chants d'Ossian. Depuis que les celtisants d'une part et les collecteurs de contes populaires de l'autre ont publié des spécimens sans nombre de la littérature et des légendes celtiques, d'une si puissante originalité, le caractère apocryphe des soi-disants chants du Barde Ossian s'est révélé avec la plus évidente clarté. Sauf de très courts incidents, quelques noms de personnages entremêlés sans souci des époques et des cycles celtiques différents auxquels ils appartiennent, comme le seraient par exemple chez nous des poèmes où figureraient côte à côte les compagnons de Roland et les guerriers des croisades, tout dans les chants d'Ossian : style, pensées, récits, noms de presque tous les personnages est de l'invention de Macpherson. Mais ceci dit, les chants d'Ossian, au moment de leur apparition, par leur réelle élévation poétique, leurs fortes qualités littéraires soulevèrent un enthousiasme mérité, non pas seulement de la part des Ecossais et des Irlandais, dont ils flattaient l'amour-propre patriotique, mais de tout le public lettré européen. La vogue en devint telle que, même en France, chacun voulut donner pour prénoms à ses enfants les noms pittoresques des héros Fénians, ou, ce que vous comprendrez mieux, des compagnons de Fingal. Le nom d'Ossian se donne encore de temps en temps, celui d'Oscar également, et parmi les hommes engagés comme moi sur l'autre versant de la vie, quel est celui qui sous les cendres éteintes de ses souvenirs de jeunesse ne retrouverait pas avec plus ou moins d'attendrissement le nom de une ou plusieurs Malvinas?

Les poèmes d'Ossian ont été l'une des causes génératrices de l'explosion de la littérature romantique, genre auquel on a souvent reproché de manquer de naturel et de simplicité dans l'expression de la pensée, d'exagérer l'importance du décor et de la mise en scène, de substituer le bric à brac à l'histoire et le sentimentalisme aux sentiments vrais, mais qui par cela seul qu'il était spiritualiste a enfanté des chefs-d'œuvres impérissables. Napoléon, comme on sait, en faisait son livre de chevet, et ce grand poète qu'on nomme Châteaubriand en subit une influence profonde ; il leur doit à la fois le goût des images grandioses et nobles empruntées aux grands spectacles de la nature et le côté parfois déclamatoire de son style. Le célèbre bardit que dans les Martyrs les Francs entonnent au moment du combat en frappant du fer de leurs javelots leurs poitrines couvertes de fer : « Pharamond, Pharamond, nous avons combattu avec l'épée » est une traduction abrégée d'un vieux chant danois que vous trouverez dans la préface d'Ossian. Vint ensuite W. Scott, qui réunit sous le titre de : Minstrelsy of the Scottish Borders les plus beaux chants des frontières d'Ecosse et qui sût utiliser de la manière la plus heureuse dans ses romans les antiques légendes de ses montagnes natales.

Depuis lors, dans les diverses parties de la Grande-Bretagne, d'innombrables publications ont recueilli tous les contes populaires; c'est en Ecosse surtout et en Irlande qu'on rencontre les contes mythiques, ainsi que partout d'ailleurs dans les pays d'origine celtique. En Angleterre, à part un très petit nombre, les légendes populaires ont pour héros les minuscules lutins familiers ou espiègles désignés sous le nom générique de fairies qu'avaient déjà chantés Chaucer, Spenser, Ben Jonson, Shakespeare et tant d'autres. Les uns sont ces gentils brownies écossais qui peuplent les foyers domestiques, se font entendre dans les boiseries qui craquent, gambadent la nuit de la cave au grenier et qui pour le prix d'un bol de lait se chargent du ménage et balayent la maison, mais qui lorsqu'on les mécontente, pincent jusqu'au bleu les servantes paresseuses; d'autres, plus poétiques, personnifications falotes des prairies, des jardins et des forêts, dansent en rond dans les clairières des bois, boivent les perles de la rosée dans les coupelles des glands, ce pendant que la lune au front d'argent sourit narquoisement à leurs ébats, puis ils s'évanouissent aux premières notes de l'alouette matinale.

Shakespeare en a fixé le type en traits étincelants dans le *Songe d'une Nuit d'Été* et dans les *Joyeuses Commères* de Windsor. Sous les auspices de *Folk Lore Society*, fondée en 1878, des travaux considérables dus aux plumes les plus savantes ont publié et commenté tout ce qui a trait à la littérature populaire et fondé définitivement la nouvelle science du Folk Lore. Les Anglais n'ont pas seulement exploré le Royaume Uni, mais répandus dans tout l'Univers, ils ont recueilli et publié les contes et traditions populaires de toutes les contrées du monde où ils se sont établis ou ont fondé des colonies.

En Allemagne, le mouvement n'a pas été moins profond. Au commencement de ce siècle, les frères Grimm ont publié leurs contes d'Enfants et du Foyer, et en les accompagnant des savantes comparaisons qu'ils ont faites avec les contes similaires recueillis dans les autres contrées, ils ont posé les principes les plus importants du Folk Lore. Parmi leurs successeurs il faut nommer Benfey, Liebrecht, (Reynold Koehler). Il faut y joindre aussi Max Müller;

bien qu'il vive en Angleterre et écrive en Anglais. Comme Henri Heine, c'est un prussien libéré et ses ouvrages sont d'un style si limpide, si clair que comme H. Heine le disait plaisamment de lui-même, il doit y avoir là quelque atavisme français sous roche au temps des guerres de Napoléon.

En même temps, les orientalistes et les philologues faisaient connaitre au monde savant les poëmes sacrés de l'Inde et de la Perse et une littérature puissante écrite en des langues disparues : le sanscrit et le zend. Ils traduisaient en français, en anglais, en allemand les principaux recueils de fables et de contes des peuples qui habitent la grande péninsule indienne. D'autre part, les vieilles sagas du Nord et parmi elles les Eddas et les Niebelungen étaient étudiées avec passions, non pas seulement à cause de leur saveur littéraire et de leur poésie à la fois pénétrante et sublime, mais aussi parce que le patriotisme allemand y découvrait avec raison un moyen moral de groupement et d'unification des pays de langue germanique, dont elles montraient la commune origine et chantaient la commune gloire dans les profondeurs du moyen-âge.

Si la science du Folk Lore doit ainsi sa naissance aux travaux des Anglais et des Allemands, il ne faut pas croire que les autres pays n'en aient pas saisi l'importance.

Eu Russie, les collections des contes traditionnels, des légendes, des Bylines, sont considérables, et en ce moment même le professeur Sobolewsky publie une édition monumentale des chansons populaires et épiques russes; en Finlande, outre son grand poème populaire du Kalewala, c'est toute une bibliothèque de traditions, de contes et de légendes qui a vu le jour. Pour l'Italie, il suffira d'indiquer que le savant Giuseppe Pitre vient de publier une bibliographie dont le seul répertoire alphabétique ne renferme pas moins de 7,000 articles! L'Espagne, le Portugal, la Suède, le Danemark ne sont pas non plus restés en arrière, et si nous parlons en dernier lieu de la France, ce n'est pas uniquement par politesse, c'est qu'il n'y a guère plus de vingt ans, qu'à part quelques rares lettrés, on ne se doutait pas de ce qu'était le Folk Lore, dont le nom même était alors inconnu et incompris. Je ne jurerais pas que pour quelques-uns, on ne le crût un terme de chimie!

Le temps perdu a été regagné; des collecteurs zélés et érudits ont publié de nombreux volumes concernant les contes et les traditions populaires de diverses parties de la France. Nous ne citons que les principaux : en Bretagne, Luzel et Sébilot ; en Gascogne, Agenais et Armagnac, M. Bladé; en Nivernais, M. Millien; en Lorraine, M. Cosquin, qui a appuyé ses contes des références et des notes les plus substantielles. En ce qui regarde les chansons populaires, dont la vogue est si répandue maintenant, il nous suffira de citer M. le comte de Puymaigre et M. Julien Tiersot, comme en Italie le chevalier Nigra. C'est à dessein que nous ne classons pas parmi les collecteurs de récits populaires le vénérable M. de la Ville Marqué, dont nous pleurons la mort récente ; son *Barzaz Breiz*, si justement célèbre, est le pendant des chants d'Ossian; c'est une œuvre littéraire et poétique de premier ordre, mais on n'y rencontre que çà et là quelques fragments d'origine indiscutablement traditionnelle.

Grâce à la création de la société des traditions populaires, dont mon ami Sébillot est le dévoué et ardent secrétaire général, grâce aux travaux de quelques savants : MM. Gaston Paris, Bréal, Gaidoz, etc., l'étude du Folk Lore a pris peu à peu racine en France. Et ce qui montre que le Folk Lore commence à affecter le caractère d'une science, c'est l'aigreur croissante des discussions entre Folk Loristes. Nous comptons déjà parmi nous un Trissotin ; Vadius ne va pas tarder à paraître. Trois revues se sont consacrées exclusivement au Folk Lore, sans parler des travaux disséminés dans des revues comme *Romania* et jadis dans la *Revue Celtique*. Enfin, l'Université, qui si longtemps s'était tenue à l'écart, aborde maintenant les études Folk Loriques, et récemment même des travaux brillants comme ceux de M. Joseph Bédier, sur les fabliaux, et de M. Sudre, sur les sources du roman de Renart, sont la preuve que les critiques reconnaissent que l'étude du Folk Lore est un instrument de plus entre leurs mains pour la recherche de nos origines littéraires.

Pour terminer ce rapide résumé de l'état actuel du Folk Lorisme, nous disons que dans tous les pays d'Europe, de même qu'aux États-Unis et au Brésil, il se publie des revues spéciales de Folk Lore. Enfin, trois Congrès, le premier tenu à Paris en 1889, le second fort brillant à Londres en 1892 et le troisième à Chicago, l'an dernier, ont réuni tous les érudits de cette science nouvelle.

De tous ces travaux, de toutes ces publications, quelles sont les conclusions qui se sont affirmées, quels faits se sont dégagés? C'est ce que nous allons maintenant vous exposer.

Lorsqu'on étudie à travers les âges la marche de l'Humanité, on y découvre dans l'ordre intellectuel des périodes analogues à celles de la géologie. Les anthropologistes les ont dénommées : âges de pierre, de bronze, etc., les caractérisant ainsi d'après la matière des instruments et des armes dont se servaient les hommes de ces époques.

Les sociologistes de l'Ecole d'Auguste Comte les classifient en âges théologique, métaphysique et scientifique ; on pourrait aussi les désigner d'après certaines inventions capitales dont chacune a fait franchir un degré au développement humain ; la découverte de l'écriture, celle de l'imprimerie sont à coup sûr de celles-là, et pour nous en tenir à notre siècle, il est certain que pour les races futures, le siècle de la vapeur et de l'électricité marquera une étape dans l'ascension de l'homme vers le maximum de développement que Dieu lui a assigné dans l'échelle des êtres.

Eh bien, il y a eu aussi un âge de la littérature populaire et traditionnelle, il date du temps où l'écriture n'existait pas, ou n'était pas répandue. Et à ces époques, pour posséder des moyens moins commodes de communiquer entre eux, d'ajouter à leurs connaissances propres celles acquises par les autres, l'homme n'en avait pas moins des facultés littéraires productrices, le goût de revêtir sous une certaine forme les sentiments qu'il éprouvait ou qu'on ressentait autour de lui. C'est le peuple primitif illettré, mais notre égal en intelligence qui a créé dans toutes ses branches la littérature populaire et qui, à défaut d'autres moyens de transmission non encore inventés, se les communiquaient de bouche en bouche, de générations en générations, constituant ainsi une littérature orale, traditionnelle qui, même lorsque s'est créée, la littérature écrite, a vécu près d'elle, sans s'y mêler, sans jamais lui rien emprunter, mais lui fournissant au contraire quelques-uns de ses thèmes les plus heureux. Or, en comparant tous les récits recueillis de la bouche des gens du peuple dans toutes les contrées de race indo-européenne, ou qui sans être de cette race ont été soumises à l'influence indo-européenne par la conquête matérielle ou morale, un premier fait a immédiatement attiré l'attention, c'est que dans cette immense étendue, des bords de l'Océan jusqu'aux confins de l'Inde et de la Perse, les mêmes contes s'y retrouvent. Oui, le pâtre des montagnes d'Ecosse, le pêcheur de Sicile, la nourrice du Nivernais, le moujik Russe, le coolie de l'Inde, tous ignorants, illettrés, n'ayant jamais entendu parler les uns des autres, ont un fonds commun de récits merveilleux ou plaisants identiques, dont la forme seule diffère et encore uniquement par des nuances. Prenons pour exemple *Peau d'Ane*. On en a recueilli près de 400 variantes dans tous les pays du monde. Disons d'abord que longtemps avant que Perrault l'eût publié et écrit en 1694, on citait couramment les contes de *Peau d'Anon*, de *Cuir d'Annette*. Ainsi, en 1544, les *Récréations et Joyeux devis* de Bonaventure Despériers; en 1550, les *Facétieuses nuits de Straparole* donnaient des récits de *Peau d'Ane*; en 1673, Molière fait dire à la petite Louison dans *Le Malade Imaginaire* : « Si vous voulez, pour vous désennuyer, je vous conterai *Peau d'Ane* ». En 1687, il se trouve sous le nom de *Peau d'Ours* (L'orza), fort joliment présenté dans le recueil napolitain du Pentamerone. Il n'est pas de pays qui, avec des variantes amusantes à étudier, ne nous fournisse une version de *Peau d'Ane*. Le vêtement d'humiliation sous lequel se cache la belle héroïne est suivant le défaut de mémoire ou la fantaisie du conteur, tantôt des haillons, une peau de chèvre, celle d'une vieille mendiante, dont le corps desséché a été rencontré sur la route, une robe de peaux de souris ou même, ainsi que dans les contes allemands de Grimm, confectionnée avec des peaux de toutes les bêtes de la terre ; dans des contes romains, *Peau d'Ane* a un vêtement d'écorces ou est enfermée dans un coffre de bois articulé ; un conte sicilien lui donne même pour vêtement une robe taillée dans des citrouilles. En Lithuanie, son vêtement est encore plus étrange, c'est, sauf votre respect, un manteau de peaux de poux. La trame générale sur laquelle courent les aventures de *Peau d'Ane* et aussi de *Cendrillon* consiste dans la même idée philosophique et morale. Le thème est celui-ci : Une fille dont l'admirable beauté est dissimulée aux yeux de tous sous un vêtement d'humiliation, mais lorsque l'heure est venue, elle rejette l'enveloppe qui la couvre, et telle que le soleil éclatant, apparaissant derrière la nuée noire, elle « verse des torrents de lumière sur ses obscurs blasphémateurs » et éblouit tous les regards des rayons de sa resplendissante beauté ! — Si le thème général de *Peau d'Ane* et *Cendrillon* est le même, les épisodes sont différents. Mais c'est un fait très fréquent dans les contes. Parfois même les épisodes constituent des contes distincts. Il importe en effet, dans l'analyse d'un conte d'y distinguer deux choses : le thème ou affabulation, c'est à dire le sujet général dont le récit n'est que le développement, puis les épisodes qui y sont insérés et qui se transportent au gré du narrateur dans d'autres récits. Ainsi l'*Ane* (emploierais-je cette image hardie ?) *pondant de l'or*, se retrouve dans une foule de contes sans rapports avec *Peau d'Ane* et présente lui-même les variantes les plus gaies : parfois c'est un mulet ou une chèvre dont les poils suent de l'or, quand on lui dit de se secouer ; dans un conte persan du Touti Nameh un ermite a acheté un oiseau qui chaque jour lui donne une émeraude ; ailleurs c'est un coq qui produit des ducats. Un conte allemand de Grimm nous présente un oiseau dont le foie quand on le mange vous fait trouver chaque matin une pièce d'or au pied de votre lit. Dans le roman de Cléomades et Clarmont, un roi d'Arménie possède une poule et six poussins en or. Dès qu'ils sont posés à terre, les voila qui se mettent à courir, à voleter, à picorer, puis la poule saute sur les genoux de la reine et très gentiment lui pond une perle fine dans son giron. Ce sont là des amplifications littéraires du même trait ; un animal merveilleux : âne, poule, chèvre, etc., vous donnant de l'or à votre commandement ! Mais si, par aventure, vous rencontrez un de ces animaux merveilleux, prenez bien garde ! si votre avidité dépasse la mesure, l'âne trop souvent étrillé maigrit à vue d'œil, flageolle sur ses jambes affaiblies, chancelle et tombe mort. Il y a bien un autre animal plus merveilleux encore que tous ces animaux de la fable, car il est réel et vous le connaissez intimement ; ce ne sont pas quelques misérables pièces d'or, quelques diamants ou pierres précieuses qu'il donne. Non, tous les ans il pond pour son maître près de 4 milliards, mais je me garderai bien d'en parler, puisque l'imagination des conteurs populaires a été si peu hardie qu'elle n'a même pas su l'inventer !

Barbe-Bleue nous fournira d'autres exemples. Prenons l'épisode de la chambre défendue et de la tache de sang ineffaçable sur la clef. Dans la fable antique, personne ne pouvait pénétrer dans le trésor d'Ixion sans périr et sans être taché d'or ou de sang. Dans un conte norwégien, le héros entre plusieurs fois dans des chambres défendues ; l'une d'elles contient un chaudron de cuivre, il y trempe son doigt qui devient brillant comme de l'or. Dans un conte de de Grimm, Marienkind, l'*Enfant de la Vierge,* malgré la défense qui lui en est faite, se glisse en une chambre défendue ; elle y voit la Trinité assise et son doigt devient couleur d'or qui ne peut s'effacer. Un récit écossais des Highlands nous fournit une version intéressante : le rôle de Barbe-Bleue y est rempli par un cheval qui habite une caverne. Il enlève successivement trois sœurs ; les deux premières périssent par suite de leur désobéissance. La troisième ouvre la porte de la chambre défendue et voit les cadavres de ses sœurs. De terreur elle tombe les deux genoux dans le sang ; en vain, elle veut en enlever les traces. C'est alors qu'un petit chat s'approche d'elle et lui dit : Si tu veux me donner une goutte de lait, je nettoierai ce sang. Elle donna le lait, le chat la lécha et les taches disparurent.

Bornons-nous à ces courts exemples empruntés à des récits que j'ai choisis parce qu'ils sont connus de tous. Ils suffiraient à vous prouver qu'à l'exception de la forme, quelle que soit la contrée où le collecteur de contes jette son filet, que ce soit en Portugal, en Grèce, en Danemark, en Russie ou dans l'Inde, partout se retrouvent les mêmes récits et les mêmes épisodes.

L'idée principale qui est la trame du conte a des variétés de forme infinies, mais le nombre de ces idées principales, de ces épisodes types est limité. C'est de la diversité de leurs combinaisons que résulte la variété des contes. Aussi a-t-on comparé les contes populaires à un kaléidoscope dont un petit nombre de fragments de verres de couleurs différentes reproduites dans des glaces inclinées donnent des figures innombrables.

Le second point à vous montrer, c'est la prodigieuse antiquité des contes traditionnels. Ces contes n'ayant commencé à être recueillis par écrit que depuis moins d'un siècle, nous n'avons d'autres points de repère pour prouver leur ancienneté que de rechercher leurs traces dans les œuvres littéraires qu'ils ont inspirées et où leur agrément les a fait introduire à titre épisodique. Déjà, au point de vue purement littéraire, il est extrèmement intéressant d'étudier l'influence de la littérature orale sur la littérature écrite, et dans chaque pays il y aurait un chapitre curieux à écrire sur ce sujet, mais en ce moment nous nous bornerons par quelques exemples faciles à multiplier, à dater quelques contes ou épisodes de la littérature traditionnelle, en les montrant dans des œuvres littéraires célèbres qui constituent les bornes kilométriques qui nous servent à mesurer le passé.

Apulée, dans l'*Ane d'Or*, a inséré le poëme exquis et célèbre de l'*Amour et Psyché*. Cette fable n'est que la forme poétique d'un thème populaire fort répandu : un être surnaturel aime un être humain ; leur félicité est complète ; elle durera tant que l'un des amants ne cherchera pas à découvrir qui est l'autre. Mais un jour la curiosité l'emporte et l'être surnaturel s'enfuit à jamais. Vous retrouverez cette même histoire sous la forme touchante de la douce fée Mélusine faisant jurer au chevalier Raymondin de ne pas tenter de la voir le samedi de chaque semaine ; sous celle d'Hélias, le chevalier au Cygne devenu dans la version allemande Lohengrin. Un conte suédois (de la collection Cavallius et Stephens) et un conte norwégien (traduit par Dasent) reproduisent l'épisode de *Psyché*. La princesse regarde le prince endormi, une goutte de cire tombe de son flambeau sur la poitrine du prince et le réveille. Dans l'Inde ancienne, le mythe d'Urvasi (l'Aurore) et de Pururavas son amant est semblable à la fable de *Psyché*. Urvasi n'a consenti à son union éternelle avec Pururavas qu'à la condition de ne le voir jamais et que deux béliers soient constamment attachés près de leur lit. Un Ghandarva jaloux de ce bonheur se glisse la nuit auprès des époux et vole les béliers. Pururavas se lève nu, un éclair brille. Urvasi voit son époux ; alors elle s'enfuit et son amant se met à sa recherche. Dans le Mahabahrata, le héros Çantanus s'éprend d'une nymphe des eaux ; celle-ci consent à demeurer avec lui à condition qu'il ne s'étonnera jamais d'aucun de ses actes, quelque étranges qu'ils soient. Dans un conte gaétique du cycle de Diarmaid, la maîtresse du héros consent à rester près de lui jusqu'au jour où il lui aura reproché trois fois des services rendus. Même désobéissance, même conclusion.

Vous voilà édifiés sur l'universalité du conte intercalé par Apulée dans l'*Ane d'Or*, et déjà nous avons une date certaine d'ancienneté : le 2e siècle de notre ère. Avec Strabon, nous remontons au 1er siècle avant J.-C. Il nous fournit une courte version de la pantoufle de Cendrillon. Un jour, un aigle ayant enlevé, pendant qu'elle se baignait la pantoufle d'une jeune fille nommée Rodopis, la laissa tomber sur les genoux du Pharaon Psammeticus. Le monarque émerveillé de la petitesse de la pantoufle envoya par tout le pays à la recherche de celle dont le pied pouvait chausser si mignonne chaussure et l'épousa. Puis quand elle fut morte, il lui consacra l'une des pyramides.

Allons plus avant dans le passé. Apollonius de Rhodes, qui vivait 200 ans avant J.-C., nous donne sous la forme d'un long poème le récit fameux de l'expédition des Argonautes qu'il avait simplement emprunté à la tradiction orale. Tous les épisodes du voyage des Argonautes : conquète d'une toison d'or, tâche imposée à Jason, sirènes de mer, luttes contre des géants, dragons, breuvage magique rendant invulnérable, sortilèges de Médée se rencontrent dans une foule de contes populaires qu'on peut recueillir en tous pays. L'un des épisodes les plus curieux de la légende de Jason, celui où Médée, pour rajeunir son père, le jette dans une fournaise et d'où elle le retire paré des fleurs de la jeunesse, se présente avec d'innombrables variantes dans nos contes modernes. Il existe dans une vieille ballade anglaise : « *Le Forgeron et sa femme* » une bien amusante gravure. On y voit le forgeron qui, en présence de Dieu le fils, fait cuire consciencieusement sa vieille femme dans un grand feu. Puis quand elle est d'un beau rouge, il la place sur son enclume et à coups de marteaux il se forge une femme toute neuve, belle et plus blanche que des os de baleine ! »

Dans Hérodote, qui a écrit son histoire environ 500 ans avant l'ère chrétienne, nous trouvons la forme la plus ancienne d'un conte populaire très connu : celui du voleur qui pénètre de nuit dans le trésor du roi Rampsinite, et qui par ses stratagèmes ingénieux, déjoue toutes les ruses employées pour le surprendre.

Remontons toujours plus loin dans l'antiquité. Le poème homérique de l'*Odyssée* n'est qu'un long assemblage de contes populaires. L'aventure d'Ulysse dans la caverne du géant Polyphème au IXe livre de l'Odyssée, la ruse par laquelle Ulysse échappe au géant en s'attachant sous le ventre d'un bélier, la plaisante invention de son nom de « Personne » sont des traits que vous avez tous lus en particulier dans les *Aventures de Sindbad le Marin*, intercalés par Galland dans ses *Mille et une Nuits*, et qu'on retrouve chez les Serbes, les Esthoniens, les Ecossais, les Norvégiens, les Persans, etc. Or, l'Odyssée remonte à environ 1,000 ans avant notre ère.

Voilà une antiquité déjà bien respectable. Ce n'est pas assez. Je vais passer au déluge ! mais en faisant machine en arrière. Un hasard heureux nous permet de faire remonter à 1,500 ans avant J.-C. la généalogie d'un conte populaire qu'on a recueilli dans une foule de contrées. M. de Rougé, l'égyptologue, a publié en 1852 la traduction complétée depuis et minutieusement étudiée d'un papyrus racontant l'histoire merveilleuse des Deux Frères. D'où et quand ce conte est-il venu en Egypte ? en était-il ou non originaire ? voilà ce qu'on ignore. Il est fort probable qu'il avait déjà à cette époque une antiquité fort considérable. Pour le moment, nous ne nous occupons que de la date que nous fournit cette version d'un conte très curieux. La traduction fidèle en a été donnée par l'illustre Maspero. En voici l'analyse. Le récit débute par une aventure pareille à l'anecdote biblique de Putiphar et de Joseph.

« Deux frères : Anoupou et Bitiou vivaient en bonne intelligence, lorsqu'un jour la femme de l'aîné, Anoupou, s'éprit de son beau-frère, et sur le refus de celui-ci de céder à ses vœux, elle l'accusa auprès de son mari. Anoupou furieux allait tuer son frère au moment où il revenait des champs conduisant ses bestiaux. Mais la vache qui guidait le troupeau prit la parole et conseilla à son maître de s'enfuir. Près d'être atteint, il invoqua le soleil qui étendit entre les deux frères un lac immense rempli de crocodiles. (Je vous signale ce trait comme extrêmement répandu avec des variantes intéressantes dans nombre de contes traditionnels). Bitiou, de l'autre côté de la rive, dit ensuite à son frère : ta femme m'a injustement accusée, je ne demeurerai plus avec toi, j'irai au Val de l'Acacia. J'enchanterai mon cœur, je le placerai sur le sommet de la fleur de l'Acacia ; si on coupe l'acacia et que mon cœur tombe à terre, trempe le dans l'eau fraîche ; je vivrai de nouveau. Or, tu sauras que malheur m'est arrivé, lorsqu'on te mettra une cruche de bière dans les mains et qu'elle bouillonnera.

Entendant ces mots, Anoupou s'en retourna chez lui et tua sa femme.

Quant à Bitiou, il vivait au Val de l'Acacia, où les dieux lui fabriquèrent (à l'instar d'Eve) une femme merveilleusement belle. Il commit l'imprudence de lui faire connaître que son âme était placée dans les fleurs de l'Acacia. Or, un jour qu'elle se peignait, une boucle de ses cheveux tomba dans le fleuve et celui-ci la porta au Pharaon. La boucle exhalait un tel parfum que le monarque devint éperdument amoureux. Il envoya des messagers au Val de l'Acacia ; ils ramenèrent la femme qui devint la favorite du roi. Puis elle dit au Pharaon : qu'on coupe l'Acacia ? et la fleur où se trouvait le cœur de Bitiou étant coupée, celui-ci tomba mort.

Alors, son frère Anoupou sentit entre ses mains bouillonner la cruche de bière. Il pleura, partit à la recherche de son frère et trouva une petite baie qui lui dit : « Je suis Bitiou ». Il trempa la baie dans l'eau fraîche et Bitiou revint à la vie et se changea en taureau. Et Anoupou monta sur son grand frère et arriva chez

Pharaon. Dès qu'il fût en présence de la favorite, le taureau, qui vraiment était bien bavard, lui dit ! « Tu as cru me tuer, eh bien ! je suis Bitiou ! » — Alors la favorite le fit massacrer. Mais deux jets de sang tombèrent de son cou et il en naquit deux immenses perseas. La favorite les fit abattre et scier en planches, mais un copeau lui entra dans la bouche et elle conçut (Ainsi, dans la fable antique, Junon devint mère d'Hébé après avoir mangé une laitue, et dans le *Roman de Tristan* les femmes qui mangeaient d'un lys né des larmes de Tristan et d'Yseult devenaient enceintes). Et l'enfant fut proclamé prince royal. Et après la mort de Pharaon, Bitiou revécut, chassa sa femme et devint monarque de l'Egypte.

Des traits contenus dans ce conte, bornons-nous à celui qui montre le cœur de Bitiou suspendu à l'acacia. Innombrables sont les contes dans lesquels la vie ou le cœur de l'un des personnages n'est pas dans son corps. Il y a d'ailleurs dans ce trait une conception métaphysique curieuse à étudier : celle de l'âme nettement distincte du corps qui, en Egypte, est devenue la doctrine du Double. Mille ans après ce conte égyptien, nous voyons cette conception reparaître dans la Métempsychose bouddhique, d'après laquelle l'identité de l'être réside dans l'âme seule, indépendamment de son enveloppe extérieure qui peut indifféremment affecter la forme de l'homme ou celle de n'importe quel animal. Je ferai remarquer en passant que cette théorie est de nature à réjouir les partisans de l'évolution. Selon les doctrines qui leur sont chères, nos premiers ancêtres étaient de galants chimpanzés; avec la théorie de l'âme indépendante de son enveloppe, il ne leur serait pas interdit d'espérer qu'un jour ou l'autre ils auraient la bonne chance de se retrouver sous la figure d'aimables macaques, gambadant avec grâce sur les hauts cocotiers.

Mais reprenons notre démonstration de l'universalité de ce trait dans les contes populaires. Dans le vieux conte égyptien de Satni-Khamoïs, de l'époque des Ptolémées, traduit par Maspero, on trouve le trait suivant : « un livre sacré ayant le pouvoir de ressusciter celui qui le possède est au milieu du Nil dans un coffre de fer, lequel est dans un coffre de bronze, puis dans un coffre de bois, dans un coffre d'argent, enfin d'or. »

Parmi nos contes oraux modernes, choisissons quelques similaires. Dans un conte bas-breton de notre ami le regretté Luzel : « La vie du héros est dans un œuf, l'œuf dans une colombe, la colombe dans un lièvre, le lièvre dans un loup, le loup dans un coffre au fond de la mer. »

Rapprochez aussi de cette idée la chanson de petite fille : « *Ah! le joli bois Mesdames.* » La dernière strophe est comme vous savez : Dans ce bois, il y a un arbre ; à cet arbre, une branche ; à cette branche, un nid ; dans ce nid, un œuf; dans l'œuf, un oiseau ; dans l'oiseau, un cœur ; dans le cœur, le nom de la personne aimée. »

En Norwège (contes d'Asbjornsen) : « Dans un lac, est une île, dans l'ile une église ; dans l'église, un puits ; dans le puits, un canard ; dans le canard un œuf ; dans l'œuf, l'âme. »

Un conte indien du Deccan nous montre un héros qui dit : « Au milieu de la jungle est un cercle de palmiers ; au centre, des jattes d'eaux ; sous la sixième jatte est une cage ; dans la cage, une perruche verte ; c'est elle qui est ma vie.

Ces citations qui pourraient être multipliées suffisent.

Maintenant que la preuve certaine de l'antiquité fabuleuse des contes traditionnels vous a été fournie, il me reste à vous dire quelques mots des théories au moyen desquelles on tente d'expliquer l'origine des contes et leur signification présumée.

Ici, nous entrons dans le domaine de l'hypothèse et par conséquent de la controverse.

Nous ferons tout de suite bon marché de l'explication de la similitude des contes par la pauvreté d'imagination de l'esprit humain dans le domaine du merveilleux.

Il existe, à coup sûr, chez tous les peuples quelques idées et quelques conceptions semblables : goût des apologues, croyances aux revenants, aux esprits, à des divinités secondaires représentant les forces de la Nature, présages, sorts et sortilèges, etc. Mais en dehors de ce fonds commun, que de dissemblances entre les contes traditionnels des races diverses et de toutes couleurs répandus sur

le globe, entre les mythologies et les croyances religieuses de toutes
les époques ! Sans doute, depuis que sur toute la surface de la terre
on s'est mis à recueillir les traditions des peuples les plus sauvages,
des Esquimaux, aussi bien que des Néo-Zélandais ou des nègres
du Zoulou, on rencontre çà et là quelques épisodes et même
quelques contes semblables aux nôtres parmi des populations où
on les relève avec étonnement. Je citerai par exemple chez les indi-
gènes de Zanzibar une version curieuse du *Chat Botté*, où le rôle
du Chat est tenu par une gazelle et qui se termine par une conclusion fort piquante ; l'ingratitude du Maître et la revanche de la
gazelle ; cet épisode, véritable moralité du conte, n'est pas relaté
dans le récit de Perrault, et c'est grand dommage, mais il existe
dans des versions norwégiennes et autres. On peut citer encore
l'amusante histoire des *Deux Bossus*, dont le premier est délivré de
sa bosse par les Fées parce qu'il a terminé à propos leur chanson
de Lundi, Mardi, Mercredi, et dont le second intervenant maladroi-
tement auprès d'elles est au contraire gratifié d'une seconde bosse.
Ce conte fort répandu en Europe a été retrouvé au Japon. Certains
folk loristes, et fort éminents d'ailleurs, ont triomphé de ces ren-
contres pour soutenir qu'il n'y avait pas de contes particuliers à la
race aryenne, mais bien à tort suivant nous. Pour le conte des
Deux Bossus, il suffit de répondre que la version japonaise n'est pas
un conte oral, mais simplement un récit littéraire parvenu par une
voie quelconque à un auteur japonais. Quant aux similitudes
relevées ailleurs, il est à penser que si on les soumettait à une
sévère critique, écartant d'abord toutes les versions littéraires, non
recueillies directement à la source orale, on constaterait quelques
adaptations volontaires ou non, dues aux Européens qui les ont
recueillies et plus probablement des infiltrations européennes, soit
directes, soit par des intermédiaires. Au surplus, le nombre des
ressemblances signalées est peu élevé, tandis que tout le reste diffère
avec nos contes indo-européens : style, mode de narration, sujets,
incidents, etc. Nous pouvons donc conclure avec une grande probabilité qu'il existe sur la Terre des familles de contes et des
traditions indépendantes les unes des autres et que parmi elles la

plus importante et la plus indéniable est celle du groupe aryen, ou si vous voulez indo-européen, qui comprend plusieurs centaines de contes similaires, authentiquement puisés à la source orale et étudiés, rapprochés et comparés avec une scrupuleuse conscience.

Mais dans ce groupe àryen lui-même, de quelles parties de son immense territoire sont venus les contes et les traditions qui le composent ?

Diverses explications ont été proposées et elles se présentent avec des arguments très séduisants et très dignes d'attention. Bien que divergentes, elles ne sont pas inconciliables et il n'est pas impossible qu'il n'y ait du vrai dans chacune d'elles et qu'en réalité la similitude des contes àryens n'ait point une cause unique. Hegel n'a-t-il pas dit que l'erreur n'est qu'une des faces de la vérité ?

Au début de ce siècle, les travaux des indianistes relatifs au sanscrit et au zend, langues mortes comme le latin et le grec, ont établi que la similitude des vocabulaires des langues indo-européennes avait pour origine une langue antérieure, aujourd'hui disparue et que le peuple qui la parlait : le peuple Arya, devait habiter sur les versants du Pamir et dans le bassin de l'Oxus. Sous la pression d'événements non retenus par l'Histoire, ce peuple aurait essaimé dans l'Inde, la Perse, puis en Europe, jusque sur les bords de l'Océan, où finissait alors la Terre (Finisterræ). Du mélange de cette langue Aryenne avec les dialectes des peuples envahis et des prononciations différentes des mêmes mots, résultant de diverses causes, dont la principale est la conformation différente de l'appareil vocal, sont sortis toutes les langues et tous les patois de l'immense surface occupée par les branches de la race indo-européenne.

Or, ce n'est pas seulement son langage que le peuple Aryen importait dans les pays conquis et subjugués par lui, il apportait aussi tout le bagage de ses connaissances de toutes sortes, de ses mœurs, de ses coutumes, de ses traditions.

Cette marche en avant de l'est à l'ouest, commencée depuis des milliers d'années par le peuple Aryen, se continue de nos jours, sous nos yeux, par delà l'Atlantique, par delà même le Pacifique et nous assistons encore à l'envahissement progressif et sans arrêt de mondes nouveaux par le peuple Aryen, qui les submerge sous le flot croissant de son émigration et la force expansive d'une civilisation supérieure.

Dès lors, la similitude des contes populaires dans les nations indo-européennes s'explique par leur commune origine et il faut avouer que cette théorie semble très plausible.

Elle a été pourtant vivement combattue par l'Ecole qui a pour principal chef. Benfey, le savant commentateur du Pantchatantra. Suivant ses adeptes, tous les contes populaires sont originaires non du peuple Aryen, mais d'une seule de ses branches, de celle qui a conquis l'Inde, et leur expansion chez les Indo-Européens ne daterait que de la période relativement récente des pélerinages de Terre Sainte et des Croisades. Benfey a établi d'abord, par les plus savantes comparaisons, que tous les contes populaires recueillis en Europe et ailleurs trouvent leurs similaires dans les vastes recueils indiens, soit de fables comme la Pantchatantra et ses nombreuses imitations, soit de légendes et de contes merveilleux tels que le *Katha-Sarit-Sagara* (L'Océan des Contes) ou encore des Apologues de Sendabad, qui sous des noms très divers : livre des *Sept Sages de Rome*, du roi Dolopathos, etc., a été comme le Pantchatantra, traduit et imité en toutes langues et très lu dans l'Europe du Moyen Age et de la Renaissance. Sur ce point nulle contradiction. Si l'Ecole de Benfey avait voulu se borner à établir l'influence profonde de la littérature indienne sur la littérature écrite de l'Europe, sa thèse eût été fort solide. Il est certain en effet que les aimables conteurs italiens et français de la Renaissance, que Lafontaine dans ses contes et ses fables, ont emprunté beaucoup de sujets aux traductions de livres originaires de l'Inde ; longtemps même on a répété que la plupart de nos fabliaux avaient la même origne ; de ces derniers, il faut en rabattre. Un ouvrage récent, très nourri, de M. Joseph Bédier, a montré qu'à l'exception d'un tout petit nombre, aucun ne se retrouvait dans les livres indiens. Mais il n'en demeure pas moins et les exemples à citer seraient surabondants qu'une grande partie de notre littérature de la Renaissance s'est inspirée de la littérature indienne. C'est tout ce qu'on peut concéder à la théorie de Benfey.

En ce qui concerne la littérature populaire, bien qu'isolément il puisse se produire quelques emprunts de peuple à peuple, elle ne subit dans son ensemble aucune influence appréciable du fait de la littérature écrite. Avant l'époque très moderne de la diffusion de l'instruction, il y avait à cela une excellente raison, qui à l'exemple du canon qu'on n'avait pas tiré à l'arrivée d'Henri IV, dispenserait de tout autre, c'est que le peuple ne lisait pas et encore moins, on le suppose bien, de livres indiens. Encore, actuellement, lit-il beaucoup de livres? Quant à la transmission par la parole des contes populaires indiens, si les pèlerins revenant des croisades, les jongleurs et les ménestrels, les Sarrasins qui ont conquis l'Espagne, la Provence ont pu, en effet, importer quelques récits d'origine indienne dans l'Europe centrale ou du Midi, il n'apparaît pas que dans les pays du Nord, tels que l'Ecosse, l'Irlande, la Russie, où ces faits n'ont pas exercé la même action, les contes oraux et traditionnels diffèrent sauf par la forme et encore de ceux des pays du centre et du sud de l'Europe. C'est donc qu'ils y existaient antérieurement. Enfin, soit dans la mythologie des Grecs et des Romains, ou dans la mythologie Scandinave on retrouve un grand nombre des épisodes et des traits de nos contes bien avant l'époque des croisades.

La théorie de l'origine aryenne des contes se présente donc avec le caractère d'une grande probabilité. Elle n'est d'ailleurs pas exclusive et ses partisans, s'ils la retiennent comme cause principale de la similitude des contes, admettent parfaitement des causes secondes ayant déterminé quelques apports à l'ensemble.

Comment maintenant expliquer que des races distinctes des races aryennes, comme les Arabes par exemple, se trouvent posséder le même ensemble de traditions populaires mêlées à leurs traditions propres? Rien de plus simple. Les Arabes sont fort amateurs du merveilleux, grands diseurs et grands écouteurs de contes. Dans leur contact avec les Hindous, ils leur ont emprunté leurs récits et les ont propagés dans les immenses contrées de l'Asie et de l'Afrique, où ils se sont de tous temps répandus, soit pour en opérer la conquête, soit pour y faire du négoce. D'autre part, le boudhisme, qui après avoir longtemps régné dans l'Inde, d'où le brahmanisme grossier l'a chassé, sauf à Ceylan, a eu des missionnaires enthousiastes qui ont porté dans la Chine, au Japon et dans diverses contrées de l'Asie, ses doctrines, ses légendes, sa littérature écrite et populaire. Ainsi donc, par la propagande, par les transmissions de peuple à peuple, l'ère des traditions aryennes s'est étendue bien au delà des peuples indo-européens. Le même fait se produit en ce qui concerne les doctrines, les traditions bibliques chez tous les peuples, sauvages ou non, où s'établissent des missionnaires chrétiens de toutes confessions, et l'on serait bien ingénu de s'étonner d'entendre répéter les récits bibliques plus ou moins altérés chez des populations où elles ont été importées par des prédications orales.

Quelle signification, enfin, faut-il donner aux contes, en dehors du récit lui-même, et, au surplus, n'est-ce point une fantaisie de notre esprit que de vouloir trouver un sens mythique, moral ou métaphysique dans des productions qui n'ont peut être eu pour unique but que de distraire aux heures de loisir ? Ici, nous entrons franchement dans le domaine absolu de l'hypothèse. Je ne veux pas ressembler à ce professeur de chimie qui ayant manqué son expérience, s'écria : « Messieurs, je vous donne ma parole d'honneur que c'est vrai tout de même ! » Je vous dis au contraire : « Croyez-en seulement ce qui vous semblera juste et vraisemblable ». — Sur un point cependant il n'y a pas de doute, les contes à leur origine ne se sont point proposé un enseignement moral. Ce n'est que dans la suite des temps qu'habilement et dans un but louable d'ailleurs, on a tenté de les faire servir à la propagation de saines idées morales. Les animaux des fables ont été dotés d'esprit et de vertus, autant dans une pensée malicieuse et ironique vis à vis de l'homme, que pour faire passer un précepte utile. Quant aux divinités des mythologies antiques, les récits de leurs aventures amoureuses et autres n'ont, vous le savez, rien d'édifiant ; si on voulait leur appliquer les articles du code pénal, l'Olympe tout entier serait au bagne, ce qui serait d'ailleurs tout à fait réjouissant. Et c'est même pour expliquer que les actes atroces et criminels accomplis par les dieux antiques n'étaient que des fictions ayant un sens autre que le sens apparent et que les plus ingénieuses hypothèses ont été essayées. L'école anthropologiste qui a pour chef un savant anglais doublé d'un écrivain de talent et d'esprit, M. Lang, trouve une explication des faits merveilleux des contes, dans des survivances de coutumes anciennes tombées en désuétude, et il en fournit des exemples amusants, mais plus ingénieux que probants. D'autres, comme l'école de l'illustre orientaliste Max Muller, explique ces traits comme une maladie du langage et par des métaphores détournées de leur sens. L'école mythique voit dans les contes merveilleux une ancienne mythologie représentant par des symboles des phénomènes naturels, surtout ceux relatifs à la lumière et au soleil, comme par exemple la victoire du printemps sur l'hiver, le retour du jour après la nuit. Il est certain, en effet, qu'avant que les races sémitiques eussent fait prévaloir leur conception sublime d'un Dieu unique, personnel et agissant, toutes les nations ou tribus de la race indo-européenne possédaient des mythologies dont les divinités n'étaient que la personnification émiettée des forces et des phénomènes de la Nature, que des dieux de la Lumière ou de la Nuit, ou d'humbles dieux locaux représentant soit le foyer domestique et le souvenir des ancêtres, soit les fontaines, les forêts et les mines. N'est-il pas, dès lors, vraisemblable que leurs aventures merveilleuses, telles qu'elles nous sont parvenues par les auteurs latins et grecs, par les poèmes sacrés de l'Inde et de la Perse, par les Eddas scandinaves, par les débris de la littérature traditionnelle des Slaves et des Celtes, soient simplement la traduction pittoresque et poétique des phénomènes auxquels ils président ?

Cette hypothèse a l'avantage de donner une explication plausible de ce fait bizarre que des peuples d'une culture aussi haute que ceux de la Grèce et de Rome, obéissant à des lois morales élevées, honorant des philosophies dont les Maîtres sont la gloire de l'Esprit Humain, possédassent et vénérassent des Olympes peuplés de bandits poétiques.

Dans nombre de récits, le mythe solaire se développe sans aucun voile et il me serait bien facile, en vous reproduisant nombre de contes populaires, de vous en donner des exemples non douteux. Mais dans l'ardeur de la discussion, des entraînements et des exagérations se sont produits et ont prêté le flanc au ridicule. A dire vrai, contrairement au dicton vulgaire, on n'en meurt pas : ni les choses ni les hommes. On rit et on passe. Mà guardà è passa. Vous connaissez la spirituelle dissertation démontrant que Napoléon n'a jamais existé et n'est qu'un mythe solaire, que les douze maréchaux sont les douze signes du zodiaque. Mais des plaisanteries même réussies et bien troussées ne sont pas plus des raisons que ne l'étaient les Moines de Pascal. Et en ce qui nous concerne, nous restons partisan de la théorie des mythes solaires dans un grand nombre de contes merveilleux. Vous en croirez ce qu'il vous plaira et peut-être même si vous étudiez à fond cette question très attachante en somme, demeurerez-vous fort perplexes sur la signification des contes merveilleux. Qu'il nous suffise, parodiant un mot d'Arago à propos de la loi d'attraction, de dire : « Tout se passe comme si dans la plupart des contes merveilleux leurs rédacteurs primitifs avaient voulu dépeindre un phénomène solaire ».

D'autres points de vue du Folk Lore resteraient à vous expliquer :

1° L'importance pour l'étude de l'histoire des anciennes relations de peuple à peuple, des investigations sur l'origine et la provenance des contes ; 2° l'intérêt littéraire et esthétique qui s'attache non seulement aux formes diverses et très curieuses qu'ont les mêmes contes, suivant qu'ils sont racontés par les petites gens des différentes contrées, mais surtout à l'étude de l'influence qu'a eue la littérature orale sur les mouvements les plus importants de la littérature écrite.

Mais il faut se borner de peur d'être ennuyeux. Au surplus, quel est le but de cette causerie dont je me suis efforcé de réduire à son minimum l'appareil scientifique ? Simplement de soulever un coin du voile de cette science encore nouvelle afin de vous donner envie d'en apprendre davantage. Je me tiendrai pour satisfait si j'ai pu lui recruter ainsi quelques adeptes, et je suis convaincu que ceux qui voudront l'étudier sous une des faces si multiples qu'ils peuvent choisir à leur gré, y trouveront un grand délassement d'esprit, une détente au labeur journalier. Comme l'enfant, l'homme a besoin d'un jouet, il en choisit d'ordinaire de fort malfaisants. Je sais bien que les joujoux qu'on offre ne sont pas ceux qui plaisent le plus. Et cela me rappelle l'amusante anecdote du maréchal Bugeaud, qui demandant à un des jeunes princes d'Orléans s'il voulait pour ses étrennes un magnifique général tout chamarré d'or ou bien un colibri en cage chantant deux valses et un air patriotique, reçut du royal bambin cette réponse : « Je préférerais un petit cochon de bois peint en rouge avec un sifflet dans le... ventre ». N'ayant plus à ma disposition ce jouet de cinq sous qui m'amusa jadis follement je vous dis : Prenez mon jouet, il est divertissant et peut en outre jeter des lumières sur quelques points de science, de littérature ou de musique. Après tout, dans la courte et pas toujours amusante excursion que nous faisons sur cette terre, de l'enfance à la vieillesse, n'est-ce point déjà quelque chose que de posséder un dérivatif agréable pour soi, pas gênant pour le voisin, aux soucis et aux travaux de la vie vulgaire?

Et si, d'aventure, je vous ai quelque peu importunés, vous me pardonnerez en faveur de l'intention qui n'a point été méchante.

Loys BRUEYRE.

Caulaincourt et Napoléon

Le troisième et dernier volume de l'ouvrage si intéressant du comte Albert Vandal, *Napoléon et Alexandre I*ᵉʳ, donnera lieu à un examen approfondi de la part de l'un de nos plus savants confrères. Je ne désire m'attacher ici qu'à un fait important : le rôle joué par M. de Caulaincourt, duc de Vicence, en 1812. Je veux, dans quelques pages écrites à l'aide des informations nouvelles de l'auteur et de quelques observations personnelles, mettre en pleine lumière le dévouement, la sagacité et le patriotisme de notre ambassadeur.

Depuis trois ans qu'il se trouvait à l'ambassade de Saint-Pétersbourg, Caulaincourt était entré dans une profonde intimité avec le tsar. Le jugeant aussi loyal que lui, il s'imaginait, avec un peu trop de crédulité peut-être, qu'Alexandre lui confiait toutes ses intentions, même les plus secrètes. Il croyait que les attentions et les prévenances dont il était comblé par ce souverain étaient la preuve évidente d'une affection sincère. Mais cette confiance qu'il avait dans le caractère de l'empereur de Russie ne l'empêcha pas de faire son devoir de bon Français et de chercher avant tout les avantages de sa patrie. Les marques de bonté d'Alexandre lui parurent toujours être à l'adresse de Napoléon et il ne permit à personne de douter de son patriotisme et de sa fidélité. Son seul défaut — et peut-on lui en faire un crime ? — c'était de ne pas se défier assez des démonstrations et des caresses du tsar, qui n'avaient d'autre but que de lui voiler la vraie situation des choses.

Lorsque Napoléon eut fait occuper le duché d'Oldenbourg et eût inquiété à juste titre la Russie par une ambition que rien ne pouvait assouvir, Alexandre s'en plaignit doucement à l'ambassadeur français. Puis, après quelques jours d'une certaine froideur, il invita de nouveau Caulaincourt à sa table, lui parlant de la France avec un intérêt pressant, amenant et fixant la conversation sur la politique modérée de la Russie, sur son calme en présence de provocations évidentes, sur sa volonté formelle de maintenir l'ancienne alliance et de ne fournir aucun grief à l'empereur. L'ukase du 31 décembre 1810, qui paraissait être une des mesures les plus nuisibles au commerce français, n'était, suivant lui, qu'une mesure d'ordre intérieur pour sauvegarder les intérêts russes. Alexandre se défendait de tous préparatifs de guerre avec une douceur, une franchise incomparables. Caulaincourt s'y laissait prendre. L'insistance du tsar à vanter sa loyauté, sa patience apparente devant les affronts auraient dû le mettre en garde. Il ne se défiait pas assez.

Après avoir rassemblé ses forces, Alexandre s'aperçut que l'Autriche semblait se refuser à entrer dans une coalition nouvelle; que le prince de Suède n'était pas disposé à le soutenir en ce moment et que la Prusse n'osait encore prendre une décision.

Il suspendit l'exécution de ses plans guerriers, prêt à les mettre en œuvre dès que les circonstances seraient favorables. Il parut écouter son chancelier Roumiantsof qui, frappé de l'extension menaçante du duché de Varsovie, lui proposait de demander à Napoléon en compensation du duché d'Oldenbourg une indemnité découpée en territoire polonais, c'est-à-dire une portion de l'Etat varsovien, pour en composer un apanage au prince dépossédé qui s'y ferait le prête-nom de la Russie. Le tsar voulut bien reconnaître les avantages de cette combinaison qui arrêtait l'expansion du duché de Varsovie et la menace d'une reconstitution progressive de la Pologne. Il accepta de négocier mystérieusement sur ce terrain, afin de montrer à l'Europe qu'il avait tout essayé pour prévenir une lutte formidable.

On commença par faire à ce sujet des insinuations au duc de Vicence. On lui laissa entendre qu'Erfurt ne serait pas une compensation suffisante, et qu'il y avait autre chose à offrir sur un autre territoire qui seul confinait à la Russie. Puis Alexandre écrivit à Napoléon que, pour la compensation dans l'affaire d'Oldenbourg, il devait « se mettre à sa place et fixer lui-même ce qu'il aurait désiré en pareil cas ». La chose était bien claire. Roumiautsof la rendit encore plus claire en disant à son envoyé Tchernitchef que si l'on pouvait mettre les affaires de la Pologne et celles de l'Oldenbourg dans le même sac, les y bien mêler, puis les vider, l'alliance franco-russe en deviendrait plus sincère, plus solide.

Sur ces entrefaites, Caulaincourt, qui avait obtenu son rappel, se voyait l'objet des plus vifs regrets de la part du tsar. Avant de le quitter, celui-ci l'assurait, du ton le plus affectueux, de son vœu sincère pour la paix. « Montrez-moi amitié autant que j'en ai témoigné et que je désire en témoigner, jamais l'Empereur et ses alliés n'auront à se plaindre de moi ».

Le 10 avril, Tchernitchef apportait à Napoléon la lettre ambiguë d'Alexandre. L'empereur en fut désappointé. Il interrogea, il pressa l'envoyé, qui finit par lâcher le grand mot : le duché de Varsovie. Napoléon crut qu'on lui demandait tout le duché et s'irrita. Tchernitchef louvoya, puis avoua enfin que la Russie craignait le rétablissement de la Pologne, dès que l'empereur serait libre de toute guerre. « A force de me répéter cette idée, répliqua Napoléon qui jouait la stupéfaction, on finira peut-être par me la faire venir ». Or, il avait déjà *in petto* admis cette idée comme la conséquence de ses victoires sur la Russie et comme une récompense pour l'armée polonaise, si elle l'aidait à vaincre complètement son ennemie. Mais alors, paraissant ne pas comprendre, il offrit d'ajouter à Erfurt autant de territoire allemand qu'il en faudrait pour constituer au duc d'Oldenbourg un apanage égal à sa principauté confisquée.

L'entretien dura plus de quatre heures et les deux interlocuteurs se retirèrent sans que rien fût décidé.

Je crois que Napoléon eût dû jouer nettement cartes sur table. Il se défendait de vouloir rétablir le royaume de Pologne et il avait tort, car il eût eu à sa disposition plus entière une nation généreuse, dont il connaissait bien la bravoure et la fidélité... Même en allant jusque là, il n'aurait pas accru l'irritation d'Alexandre, car celui-ci le savait décidé à rétablir ce royaume en temps et lieu. Les procédés évasifs de l'empereur ne le convainquaient point et ne diminuaient ni sa défiance ni son exaspération.

Le 5 mai, Caulaincourt pressa Alexandre de s'expliquer et lui soumit la réponse de Napoléon, où celui-ci dit qu'il n'a point armé contre la Russie, qu'il ne veut rien, mais qu'il désire savoir ce qu'elle veut, afin de s'expliquer et de faire renaître la confiance. Le tzar protesta de sa modération, puis de son amitié pour l'empereur, mais il réclama l'observation pure et simple des traités et enfin le principe d'une indemnité juste et convenable.

Il élimina Erfurt comme notoirement insuffisant. Restait le grand duché de Varsovie, dont il évita de prononcer le nom. Il arriva cependant aux affaires de Pologne et insista sur l'urgence de mettre fin aux agitations et aux espérances de ce peuple. Si, malgré les réticences et les circonlocutions d'Alexandre, Caulaincourt ne comprit pas que la garantie sollicitée contre la Pologne s'identifiait avec l'indemnité territoriale réclamée pour le duc d'Oldenbourg, c'est que Caulaincourt ne voulut pas comprendre. M. Albert Vandal nous dit cependant que le duc de Vicence emporta de cet entretien la conviction absolue que les deux questions devaient se trancher concurremment, sinon l'une par l'autre. Au moment de son départ, le tsar lui fit de graves confidences ; il lui déclara de la façon la plus formelle que s'il était réduit à la guerre, il la soutiendrait jusqu'à l'épuisement complet de ses forces.

Le duc de Vicence quitta Saint-Pétersbourg le 15 mai. Chacun remarqua sur son visage pâli une expression de mélancolie profonde. C'est que le duc avait fait de l'alliance franco-russe l'œuvre de sa vie, et il ne la voyait pas se rompre sans éprouver une réelle douleur. Ses tristes pressentiments d'un périlleux avenir augmentaient ses angoisses. « Sa mission n'était pas terminée ; un dernier devoir lui restait à remplir. Ce serait de dire à l'empereur la vérité tout entière, telle qu'elle lui apparaissait. » Il ne devait pas faillir à cette obligation suprême. Il allait s'en acquitter noblement comme un homme qui préfère obéir à sa conscience, plutôt que de céder par intérêt à des complaisances serviles.

Caulaincourt arriva à Paris le 5 juin, au moment où la capitale s'apprêtait à fêter le baptème du roi de Rome. Il se rendit sans débotter à Saint-Cloud, où se trouvait la cour, et demanda à voir l'empereur. Celui-ci le reçut dans son cabinet et reprit aussitôt ses griefs contre Alexandre, qu'il accusa de fausseté. Caulaincourt plaida avec conviction la loyauté des intentions du tsar. L'empereur l'écouta impatiemment, puis finit par lui dire qu'il était la dupe d'Alexandre. Le duc de Vicence, encore sous le charme des paroles aimables du tsar, jura que la Russie ne commencerait pas la guerre et qu'elle désirait même l'éviter. Napoléon, devant une assurance aussi précise, ne répondit point. Il parut réfléchir et se mit à arpenter son cabinet de long en large. Son silence dura un quart d'heure. Puis il dit à Caulaincourt : « Vous croyez donc que la Russie resterait dans l'alliance et rentrerait dans le système continental, si je la satisfaisais sur la Pologne ?... » Cette fois, il avait touché juste. Toute la question était là et il le savait depuis longtemps, aussi bien que le tsar lui-même. Mais ni l'un ni l'autre n'avaient voulu s'exprimer carrément... En quoi devait consister le sacrifice ? Le duc de Vicence, qui dira cependant tout à l'heure le vrai désir de la Russie, finit par déclarer qu'il fallait d'abord évacuer Dantzick et les places prussiennes, ce qui provoquerait une détente à Saint-Pétersbourg.

Napoléon se mit à parler avec mépris des Russes et affirma qu'après deux batailles perdues, la noblesse forcerait Alexandre à signer la paix. « Votre Majesté est dans l'erreur ! » osa répondre Caulaincourt qui, en quelques paroles prophétiques, lui montra les difficultés, les longueurs, les périls d'une guerre dans le Nord. Le duc de Vicence supplia l'empereur d'écouter les conseils de la sagesse. Il lui fit voir que les Russes étaient prêts à une guerre formidable et à une résistance à outrance. L'empereur se redressa, et comme il l'avait fait tant de fois devant Metternich, devant Tchernitchef, devant Kourakine et d'autres, il se glorifia de ses forces qu'il croyait irrésistibles.

Cette conversation si grave se prolongea quelque temps encore. Après avoir exprimé ses idées sous vingt formes diverses, passant d'un sujet à l'autre, traitant toutes les questions pêle-mêle et cherchant vainement à amener Caulaincourt à son opinion, ou à le mettre en flagrant délit d'erreur et de contradiction, Napoléon finit par lui dire presque insolemment : « Vous parlez comme un Russe ! » — Non, Sire, comme un bon Français, comme un fidèle serviteur de Votre Majesté. » Cela était vrai. Si l'on peut reprocher à Caulaincourt d'avoir cru le tsar décidé, moyennant un sacrifice de la part de la France, à rentrer franchement dans le système de l'alliance et à se prononcer ouvertement contre l'Angleterre, on doit le louer d'avoir révélé sans le moindre détour, à l'Empereur, les difficultés et les périls innombrables d'une campagne en Russie.

Mais puisque Napoléon était décidé à une telle guerre, il eût cent fois mieux valu essayer de réintégrer la Pologne dans ses anciennes limites et combattre en faveur d'un peuple ami qui avait mis généreusement 70,000 hommes braves et dévoués à sa disposition. Son ambition personnelle eût paru moindre et sa politique y eût gagné. M. de Talleyrand était de cet avis, Je trouve dans une dépêche adressée de Londres le 21 décembre 1830 au comte Sébastiani, à propos des troubles de Pologne à cette époque, ce curieux passage : « Les événements survenus en Pologne m'ont rappelé ce que, bien jeune encore, j'avais éprouvé avec toute la France, lors du premier partage de ce pays. Il est impossible d'oublier l'impression qu'il produisit dans le siècle dernier. La politique de la France en fut flétrie et jamais le duc d'Aiguillon, ministre des affaires étrangères, et le cardinal de Rohan, ambassadeur à Vienne, ne se sont relevés de la honte d'avoir ignoré les négociations qui précédèrent ce grand acte d'injustice et de spoliation. Plus tard, l'occasion la plus favorable se présenta pour rétablir le royaume de Pologne : l'empereur Napoléon pouvait, en 1807 et 1812, rendre à ce pays son indépendance si importante pour l'équilibre européen ; il ne le voulut pas, et ce n'est pas à vous, Monsieur le comte, que j'aurai besoin de rappeler la grande faute qui fut commise alors... » (1). L'occasion

(1) Mémoires de Talleyrand, tome IV.— Une dépêche inédite de M. de Rayneval à M. de Polignac rapporte que M. de Metternich s'apitoyait en 1830 sur le sort de la Pologne. Ce diplomate me paraît ici moins sincère que M. de Talleyrand, dont la sincérité pourtant est si sujette à caution.

était unique en effet pour réparer un des plus odieux actes des temps modernes, mais Napoléon la perdit. Il s'obstina à ne vouloir qu'une chose, la soumission de la Russie à son unique dessein : la reprise d'une coopération effective contre les Anglais.

Il ne voyait pas que, même en abandonnant au tsar la Pologne tout entière, il n'obtiendrait pas cette coopération. Dans un orgueil exalté jusqu'au délire, il méprisa les conseils si sages qu'il venait de recevoir. Malgré un froid accueil et des observations profondément injustes, Caulaincourt, après avoir devant tous protesté de son indépendance et de sa fidélité, consentit à partager avec son maître les périls et les épreuves d'une campagne qu'il prévoyait si funeste pour la France et pour l'Empire. L'histoire doit au duc de Vicence cet éloge qu'il a été ici le plus loyal des conseillers et le plus généreux des patriotes. Ce qu'il a été en 1812, il le sera encore aux Cent Jours.

Henri WELSCHINGER.

Notes et Documents

Saint-Louis et Louis XIV. — Il serait impossible d'établir un rapprochement entre les vertus de saint Louis et celles de Louis XIV. Le caractère des deux hommes était aussi différent qu'il est possible de l'imaginer. Saint Louis était tout dévouement et Louis XIV tout égoïsme. Et cependant la tradition qui s'était imposée aux rois de France leur a fait comprendre à l'un et à l'autre, de la même façon, l'attitude que leur imposait l'office royal, si bien que nous trouvons dans les détails de leur vie quotidienne des coïncidences inattendues :

Nous lisons dans la *Vie de saint Louis* par le confesseur de la reine Marguerite (1) : « Or avint une fois, comme le saint roy eut icelle maladie, que, un soir, comme il vouloit entrer en son lit, il voulut voir la rougeur de sa jambe ; de quoi le dit Jehan (un de ses serviteurs) alluma une chandelle de cire et la tenoit sus la jambe du saint roy ; de quoi il avint que le dit Jehan désaviséement tenant la chandelle sus la jambe, une goute pleine de feu chut sus la jambe du saint roy, au lieu qui estoit enflé et là où il se doloit ; dont le saint roy qui séoit en lit, pour la douleur qu'il eut s'estendit sur le lit et dit : « Ha, Jehan ! mon aïeul vous donna pour moindre chose congié de son hostel ! » car le dit Jehan avoit dit au saint roy que le roi Philippe l'avoit bouté hors de son hostel pour ce qu'il avoit mis buches au feu qui petilloient en brulant. Ainçois le saint roy le tint toujours à son service, ainsi comme devant ».

Nous lisons plus loin : « Et une foiz le saint roy estoit à Paris, et comme il fut en sa chambre venu, nul des chambellans, ne des

---

(1) *Recueil des Historiens de la France* (D. Bouquet), XX, 104 et 106. — Nous citons en abrégeant et en rajeunissant le style.

autres qui devoient garder sa chambre et l'avoient accoustumé à
faire, jà soit que ils fussent seize, n'y estoit ; et furent appelés par le
palais et par le jardin et par autres parties de l'hostel, et ne purent
estre trouvés pour servir le roy. Et quand les chambellans et les
autres valets furent revenus, ils furent moult dolents et se doutèrent
moult (eurent grand peur), si que ils n'osoient venir devant lui. Et
comme le saint roy les vit, il leur dit : « Et donc venez vous tous.
Je ne puis avoir nul à mes besoins, et cependant un seul me suffi-
roit, fut-ce le moindre de vous ». Oncques autre chose ne leur dit,
ainçois r'ala à ses causes. Et comme il refut descendu en sa chambre,
quand les causes furent terminées, et ses chambellans ne les autres
n'osoit apparoir devant lui, il les fit appeler, et rit, et leur dit :
« Venez, venez, vous êtes tristes pour ce que vous avez meffait, je
vous le pardonne ».

Parmi les notes recueillies par Racine pour écrire *La Vie de
Louis XIV*, nous lisons (1) : « Comme il (Louis XIV) se nettoyoit les
pieds, un valet de chambre qui tenoit la bougie lui laissa tomber
sur le pied de la cire toute brûlante ; le roi répondit froidement :
« Tu aurois aussi bien fait de la laisser tomber par terre ».

« Un portier du parc, qui avoit été averti que le roi devoit sortir
par la porte où il étoit, ne s'y trouva pas, et se fit longtemps
chercher. Comme il venoit tout en courant c'étoit à qui le gronde-
roit et lui diroit les injures ; le roi dit : « Pourquoi le grondez-
vous ? Croyez-vous qu'il ne soit pas assez affligé de m'avoir fait
attendre ? »

*
* *

Le Portrait de Philippe le Bel. — Parmi les anciens rois de
France il n'en est pas qui soit demeuré entouré de plus de mystère
que Philippe le Bel. Sur ce point tous les écrivains sont d'accord.
Une étude attentive de ses actes fera ressortir sa physionomie
intellectuelle. Quant à son portrait physique, ce serait une
erreur de le demander à l'iconographie, à cause des procédés, et,

(1) *Œuvres de J. Racine,* publ. par Paul Mesnard, dans la *Coll. des Grands
Ecrivains,* V, 125.

surtout, de la conception artistique de l'époque. Il faut arriver jusqu'au milieu du xivᵉ siècle pour trouver parmi les miniatures ou les statues des *portraits*.

Deux écrivains, contemporains du roi, et qui ont écrit à peu près vers la même date, mais à une grande distance l'un de l'autre, ont tracé l'un et l'autre un vivant portrait de Philippe le Bel et comme leur témoignage se confirme exactement nous sommes assurés de nous trouver en présence d'un portrait exact. Nous lisons dans la *Chronique du Templier de Tyr* (1) : « Le roy de France estoit grand de corps plus que un grand homme, il avoit les os plus gros que chevron et estoit de cœur preux et hardi comme lion (2). Il n'estoit cheval si haut ni si fort qu'il ne fit plier dessous luy, et avoit si grande forcheüre de cuisse et de jambes que ses pieds estoient près de terre, à une paume, quand il chevauchoit. Et il fut si beau de visage et si blanc et si blond que, en son temps, ne fut au monde plus beau que lui, et ceux qui l'ont vu savent bien que ainsi est la vérité comme je vous ai devisé ».

Dans la chronique anonyme écrite vers 1342, publiée dans le tome XXII, des *Historiens de la France* (3), nous lisons : « Philippe le Bel fut nommé ainsi à cause de sa grande beauté : il était blond de chevelure, son teint était blanc et rose, ses traits étaient admirables. Il marchait droit. Sa taille était haute. Lorsqu'il se trouvait entouré de nombreux personnages point n'était besoin de demander quel était le Roi : il se distinguait parmi tous par sa beauté, par sa prestance et par sa haute taille. Ses membres étaient également bien proportionnés, bien formés et robustes, si bien que l'on pouvait dire que la nature en formant son corps n'avait pas commis la moindre erreur. Il était d'une grande force et courageux. On le vit bien en Flandre. On disait que les chevaliers les plus forts

---

(1) *Les gestes des Chiprois, recueil de chroniques françaises écrites en Orient aux xiiⁱᵉ et xivᵉ siècles*, publié pour la Société de l'Orient latin par M. Gast. Raynaud (Genève, 1887, in-8°), p. 313. Ci-dessus le style est rajeuni.

(2) Le chroniqueur vient de parler de la bataille de Mons-en-Pévele, où la victoire fut l'œuvre de la valeur personnelle du roi.

(3) *Recueil des Historiens de la France*, (D. Bouquet), XXII, 17.

il les faisait plier jusqu'à terre en appuyant ses mains, l'une sur l'épaule de l'un et l'autre sur l'épaule de l'autre ». Le chroniqueur ajoute : « Il était humble et réservé dans sa conversation : il était généreux, magnifique, libéral et pieux (1). »

Ces derniers traits de caractère ne se trouvent plus chez les historiens modernes, mais ils se trouvent chez presque tous les chroniqueurs contemporains. M. Ant. Thomas, dans son étude sur Francesco da Barberino, cite le trait suivant (2) : « Nous trouvons Barberino à la cour de Philippe le Bel. Il est vivement frappé de l'affabilité du roi de France, qui rend leur salut à trois *vilissimos ribaldos* (de vils badauds) qui s'étaient inclinés à son passage, et qui les laisse s'approcher de lui pour écouter patiemment leurs doléances ». Barberino ne laissa pas de trouver un contraste entre les manières affables du roi de France et la morgue des seigneurs florentins.

Le document le plus précieux que nous ayons pour apprécier le caractère de Philippe le Bel est le récit de sa mort par un moine de Saint-Denis qui assista aux derniers moments du roi. Cette chronique est publiée sous le nom de *Guillermus Scolus*, Guillaume l'Escot, dans le tome XXI des *Historiens de la France*. Elle a été l'objet d'une étude détaillée dans les *Annales historiques et archéologiques du Gâtinais* (3).

---

(1) Hic Philippus Pulcher cognominatus est, quia plurimum speciosus : flavus, rubicundus et candidus et decorus, incessu rectus et corporis statura procerus, adeo quod ubi esset quantumcumque hominum multitudo, non oportebat inquirere que esset regis persona, cum non solum specie vel pulcritudine, sed a pectore super aliis ut plurimum preemineret. Habuit membra pulcritudine, forma et grossitudine correspondantia, ita quod nusquam perpendi poterat naturam in ejus formatione errasse. Viribus fortis et strenuus, quod in bello Flandrie patuit ; dicebatur quod duos milites fortes quantumlibet, ponendo manum unam super unius humerum et alteram super alterius, ambos comprimens, cogebat sedere in terra. Fuit etiam conversatione humilis et modestus, generosus, largus, magnificus, liberalis et pius.

(2) Ant. Thomas, *Francesco da Barberino et la littérature provençale en Italie au Moyen-Age* (Paris, 1883, in-8), p. 25.

(3) Année 1884.

La prise de la Bastille. — La journée du 14 juillet 1789 a donné lieu, depuis quelque vingt ans, à des discussions passionnées. On connait les lignes de Marat dans l'*Ami du Peuple :* « Lorsqu'un concours inouï de circonstances eut fait tomber les murs mal défendus de la Bastille, les Parisiens se présentèrent devant la forteresse : la curiosité seule les y amena ». Les mémoires du chancelier Pasquier (1), publiés récemment, contiennent, sur le fameux évènement, une page très curieuse et qui n'a pas encore été utilisée par les érudits qui ont tant discouru sur cette matière. Nous sommes du nombre.

« J'ai assisté à la prise de la Bastille ; ce qu'on a appelé le *combat* ne fut pas sérieux, la résistance fut complètement nulle. Il n'y avait dans la place ni vivres, ni munitions ; il ne fut même pas besoin de l'investir. Le régiment des gardes françaises qui s'était chargé de l'attaque se présenta du côté de la rue Saint-Antoine, devant la porte principale, fermée par un pont-levis. On tira quelques coups de fusil, auquel il ne fut pas répondu, et quatre ou cinq coups de canon. On a prétendu qu'un de ces coups de canon avait coupé les chaines du pont-levis ; je ne m'en suis point aperçu, et cependant j'étais placé fort près du point d'attaque. Ce que j'ai vu parfaitement, c'est l'action des soldats, invalides ou autres, rangés sur la plate-forme de la haute tour, levant la crosse de leur fusil en l'air et exprimant par tous les moyens usités en pareille circonstance leur volonté de se rendre.

« On sait les conséquences de cette prétendue victoire, qui a attiré tant de faveurs sur la tête des prétendus vainqueurs ; la vérité est que ce grand combat n'a pas un instant effrayé les nombreux spectateurs qui étaient accourus pour en voir le résultat. Parmi eux se trouvaient beaucoup de femmes très élégantes : elles avaient, afin de s'approcher plus aisément, laissé leurs voitures à quelque distance.

« J'étais appuyé sur l'extrémité de la barrière qui fermait, du côté de la place de la Bastille, le jardin longeant la maison de Beau-

(1) *Mémoires du chancelier Pasquier,* publ. par le duc d'Audiffret-Pasquier (Paris, 1894. in-8), t. I, p. 50-51.

marchais et sur lequel il fit mettre, peu de jours après, l'inscription suivante : « *Ce petit jardin fut planté l'an premier de la liberté* ». A côté de moi était Mlle Contat, de la Comédie-Française ; nous restâmes jusqu'au dénouement et je lui donnai le bras jusqu'à sa voiture, qui était place Royale. Jolie, autant qu'on peut l'être, Mlle Contat joignait aux grâces de sa personne, à son admirable talent, un des esprits les plus brillants. A la Comédie-Française, sa loge, qui était meublée avec la plus grande recherche, était toujours assiégée par tout ce que la salle contenait d'hommes distingués. Il en était de même le soir dans son salon. »

Frantz Funck-Brentano.

Une harangue de Napoléon Ier. — Nous avons bien des discours militaires et littéraires improvisés par Napoléon tout à loisir dans son cabinet. Nous trouvons dans les mémoires du comte de Saint-Chamans, que nous analysons plus loin, une véritable improvisation de l'empereur devant un régiment qui a perdu son drapeau. Au naturel du style on sent déjà que les paroles ont été prises sur le vif — par un officier qui avait quelques notions de sténographie — et ont été reproduites telles qu'elles ont réellement été prononcées :

« Où est-ce qu'est votre aigle ? dit l'empereur d'une voix terrible. *(Moment de silence'.* Vous êtes le seul régiment de l'armée française à qui je peux faire cette question. J'aimerais mieux avoir perdu mon bras gauche que d'avoir perdu une aigle ! Elle va être portée en triomphe à Saint-Pétersbourg et dans cent ans les Russes la montreront encore avec orgueil ; les quarante drapeaux que nous avons à eux ne valent pas votre aigle ! Avez-vous donc oublié de vous défendre contre la cavalerie ? Qui commandait le régiment ? Quelles mesures a-t-il prises quand il s'est vu charger par la cavalerie ? Où étaient vos officiers, vos grenadiers ? Ne deviez-vous pas mourir avant de perdre votre aigle ? Je viens de voir bien des régiments qui n'ont presque plus d'officiers ni de soldats dans les rangs ; mais ils ont conservé leur drapeau, leur honneur ; et vous, je vois vos compagnies fortes et nombreuses, et je ne puis retrouver mon aigle dans vos rangs !

Que ferez-vous pour réparer cette honte, pour faire taire vos vieux camarades de l'armée qui diront en vous voyant : Voilà le régiment qui a perdu son aigle? *(Moment de silence)*. Il faut qu'à la première occasion votre régiment m'apporte quatre drapeaux ennemis, et alors je verrai si je dois lui rendre une aigle ! » (1).

Paul GRIVEAU.

(1) *Mémoires du comte de Saint-Chamans*, p. 31.

COMPTES-RENDUS CRITIQUES

Godefroid Kurth, **Clovis**, Tours, Mame et fils, 1896. — XXIV, 630 p.p.
in-4º.

Le savant professeur de l'Université de Liège, en entreprenant ce
travail, s'est trouvé aux prises avec une grande difficulté : la pénurie de
documents authentiques.

Comme il nous le dit lui-même dans sa magistrale introduction, « le
règne créateur qui a imprimé sa trace d'une façon si puissante dans
l'histoire n'en a laissé aucune dans l'historiographie. Les archives
en sont totalement perdues. De tous les documents émanés de la main
de Clovis, nous ne possédons qu'un bout de lettre adressé aux évêques
de son royaume.

Les six diplômes conservés sous son nom sont apocryphes. La première
édition de la *Loi Salique* paraît de lui ; mais on ne le saurait sans le
témoignage d'un inconnu qui, à une époque postérieure, en a écrit le
prologue. Il ne nous reste pas une monnaie de lui ».

Il fallait donc un réel courage pour entreprendre une pareille tâche :
nul, il est vrai, n'était plus apte à la mener à bien que M. Kurth, qui,
depuis longtemps, s'est fait une spécialité des questions mérovingiennes.

Je dirais même que cette pénurie de documents a été pour nous une
véritable bonne fortune, en ce sens qu'elle a forcé l'auteur à élargir son
cadre et à nous donner, non pas une simple biographie de son héros,
mais bien une histoire détaillée des origines franques.

L'ouvrage est divisé en trois livres :

Liv. I, Belgique romaine. — Francs en Germanie. — Francs en Belgique.

Liv. II, Eglise des Gaules. — Clodion. — Mérovée. — Childéric.

Liv. III, Débuts de Clovis et conquête de la Gaule romaine. — Nou-
velles conquêtes. — Mariage de Clovis. — Conversion de Clovis. —
Baptême de Clovis. — Guerre de Burgondie. — Clovis attendu en
Aquitaine. — Guerre de Provence. — Annexion du royaume des
Ripuaires. — Concile d'Orléans. — Clovis et l'Eglise. — Derniers jours et
mort de Clovis. — Conclusion.

Le premier livre abonde en vues nouvelles. L'auteur nous fait assister
au développement progressif de ces tribus franques, d'abord confinées

dans les marécages de l'Escaut, entrant peu à peu en contact avec les Romains, sans cesse rejetées par eux, puis se reformant dans leurs forêts impénétrables et revenant à la charge, sans se lasser jamais.

Rome, pour se défendre, eut souvent recours à l'incorporation en masse dans les légions de ces barbares, qui devinrent ses meilleurs défenseurs et son plus ferme appui. L'empire avait su, en effet, se faire respecter à l'égal d'une divinité *(Pax romana)* : c'est ce qui explique la crainte superstitieuse qui, pendant longtemps, empêcha les Francs de lui porter les derniers coups, alors qu'il chancelait sur ses bases.

Afin de compenser l'absence de textes écrits, M. Kurth, dans ce premier livre, a eu recours à toutes les ressources de l'archéologie et de l'épigraphie qu'il a fort bien mises à profit.

Pour l'histoire même de Clovis, il a mis à contribution dans une très large mesure les récits hagiographiques et il a fort bien montré quels rapports intimes il y avait alors entre l'Eglise et la royauté naissante. Toutefois, ne pourrait-on pas dire que la physionomie du roi franc est ici bien adoucie ? M. Kurth nous semble s'être trop inspiré du portrait flatteur qu'en ont tracé les moines, guidés par la reconnaissance envers le bienfaiteur insigne de l'église des Gaules. Clovis n'avait pas en un jour dépouillé la brutalité du barbare : il est trop facile de relever dans sa vie plus d'un trait où n'apparaît guère l'esprit chrétien.

A part cette restriction, nous devons rendre hommage à la critique pénétrante de M. Kurth. Il a redressé nombre d'erreurs. C'est ainsi qu'il a débarrassé définitivement l'histoire de celle qui plaçait à Tolbiac (Zulpich) (1), la grande bataille livrée en 496 par Clovis aux Alamans et qui décida de sa conversion. Il y eut bien un combat à cet endroit, mais antérieur à 496, et il eut lieu entre Sigebert, roi des Francs Ripuaires et les Alamans : Sigebert y fut blessé au genou et y gagna son surnom de « boîteux ».

En réalité, le lieu de la rencontre de 496 a été ignoré de Grégoire de Tours et de tout le moyen-âge. Ce n'est qu'au xvi⁰ siècle qu'un érudit, du nom de Paul Emile (2), imagina d'identifier, sans aucune preuve, la première bataille avec la seconde. Tout ce que nous pouvons donc dire, c'est que Clovis défit les Alamans dans la vallée du Rhin, mais où ? Le mieux est d'avouer que nous n'en savons rien.

(1) Zulpich, ville de la Prusse Rhénane.
(2) *De rebus gestis Francorum*, Paris, 1539, f⁰ v, verso.

L'ouvrage se termine par deux appendices : l'un de M. Kurth lui-même, où il examine et critique les différentes sources du règne de Clovis.

Le second est de M. Demaison, qui traite la question controversée du lieu de son baptême. Déjà, au xvii⁰ siècle, les frères Sainte Marthe avaient émis un doute à ce sujet, et dernièrement, M. Bruno Krusch (1) s'appuyait sur une lettre de Nizier, évêque de Trèves, presque contemporain de Clovis, pour placer cet évènement à Tours. M. Demaison interprète ce passage d'une façon différente et semble bien démontrer que Reims, en possession d'une longue tradition, peut continuer à revendiquer cet honneur.

Le livre de Clovis sort des presses de la maison Mame, c'est dire de quels soins l'exécution matérielle en a été entourée. L'illustration en a été confiée à des artistes tels que MM. Cormon, Flameng, Guillonnet, Luminais, Maignan et Rochegrosse, qui ont donné à l'ouvrage le cadre qu'il méritait.   R. GOUBAUX.

* *

Mémoires du Comte de Saint-Chamans, (1802-1832). Paris (libr. Plon) 1896, in-8⁰

Les souvenirs du comte de Saint-Chamans seront lus avec un véritable intérêt, après les récits de Marbot, de Thiébault, de Pouget, du général Fantin des Odoards et du maréchal de Castellane. Le caractère de cet ouvrage, écrit au jour le jour et sans prétention, sans un plan bien arrêté et sans idées préconçues, est surtout anecdotique. Il y est question de bruits de salons, de détails intimes, d'intrigues mystérieuses. On y trouve des renseignements sur l'armée, la guerre, la diplomatie, le tout entremêlé d'anecdotes piquantes, quelques-unes d'un caractère fort léger où le soldat ne prend pas la peine de couvrir sa pensée de voiles discrets et de recourir au latin. Soldat, le comte de Saint-Chamans l'est des pieds à la tête, il n'est même que soldat, et ne s'intéresse au fond qu'aux choses militaires. Lorsqu'il parle de la Cour et qu'il en retrace la physionomie avec une certaine verve, il revient toujours aux intérêts de l'armée, aux questions d'avancement, de changements de corps, de rivalités entre les généraux ou les chefs inférieurs.

Alfred-Armand-Robert de Saint-Chamans, né le 29 septembre 1781, et décédé le 7 mars 1848, a donc vu le jour à la veille d'une révolution pour

---

(1) B. Krusch, *Zwei Heiligenleben des Jonas von Susa ; die ältere vita Vedastis und die Taufe Chlodovechs,* dans les *Mittheilungen des Instituts für osterreichische Geschichtsforschung,* t. xiv, p. 441 et suiv.

mourir au lendemain d'une autre. Cavalier au 9ᵉ régiment de dragons le 1ᵉʳ octobre 1801, il parvint en quatorze ans au grade de maréchal de camp. Il commanda en cette qualité, en 1815, les dragons de la garde royale et prit définitivement sa retraite le 1ᵉʳ octobre 1831, après trente ans de brillants services. Baron de l'Empire, grand officier de la Légion d'honneur, chevalier de Saint-Louis, il conquit toutes ces distinctions sur le champ de bataille, à la pointe de son épée. Sa vie, comme il le dit lui-même, a été aventureuse et remplie de dangers. Il n'a pas voulu faire un livre, mais raconter aux siens les péripéties d'une existence très mouvementée ; il déclare qu'il ne veut pas être lu par d'autres, et ne se donne pas beaucoup de peine pour capter les suffrages du public. Voici comment il s'exprime : « Je ne vends pas ma drogue, et je veux faire avaler à mes neveux du Saint-Chamans tout pur ». Plus loin, il déclare qu'il voulait brûler ses mémoires. « Je n'écris, dit-il, que pour ma famille » (p. 50).

A quatre ans il perdit son père, colonel d'infanterie. — De son enfance il a gardé une profonde impression des horreurs de la période révolutionnaire ; son zèle royaliste a toujours été très ardent, et les gloires de l'Empire *(quorum pars magna fuit)* ont pu seules en tempérer les manifestations extérieures, mais sans jamais étouffer sa fidélité native. M. de Saint-Chamans, avant de commencer son auto-biographie, trace lui-même son portrait : il déclare que son abord était sec et repoussant, mais que ceux qui ne se laissaient pas rebuter par les approches de la place finissaient par trouver en lui beaucoup de bonnes choses et peu de mauvaises ; quant à sa figure, il la trouvait, dit-il, charmante et n'en avait jamais rencontré une qui lui plût autant ; il dit qu'il a été le meilleur colonel de l'armée française. Toutefois, dans d'autres passages, il confesse loyalement les fautes qu'il a pu commettre.

Le récit commence en 1802 ; nous assistons aux préparatifs de Boulogne, à l'avènement de l'Empire. M. de Saint-Chamans est attaché au maréchal Soult ; il nous fait assister aux triomphes d'Austerlitz, raconte quelques boutades de l'Empereur et donne le texte d'une improvisation inédite de Napoléon s'adressant à un régiment d'infanterie qui a perdu son drapeau (1).

Nous ne suivrons pas le comte de Saint-Chamans dans son récit des guerres de l'Empire, où il cherche à faire ressortir surtout le rôle joué

(1) Nous la reproduisons ci-dessus.

par le maréchal Soult. En 1807, M. de Saint-Chamans est chargé d'une mission diplomatique à St-Pétersbourg ; son séjour dans la capitale de la Russie lui fournit l'occasion d'observer et de décrire les mœurs de la Cour où Savary était alors accrédité. Il rejoint l'armée d'Espagne, suit en Portugal le maréchal Soult, est chargé d'une mission périlleuse au milieu des guérillas, voit la prise et le pillage d'Oporto sous les yeux de l'armée anglaise, entend les reproches adressés par l'empereur à Soult, qu'il accuse d'avoir voulu se faire nommer roi de Portugal. En 1810, Saint-Chamans prend part à la campagne d'Andalousie. Badajoz capitule l'année suivante. A ce moment Saint-Chamans se brouille avec le maréchal Soult, à cause de son caractère difficile, mais il ne tarde pas à se réconcilier avec ce chef dont il a pendant huit ans suivi la fortune. Saint-Chamans n'oublie pas de tracer un portrait fort séduisant des Andalouses, dont il décrit les mœurs, les habitudes et les toilettes élégantes. La campagne de Russie fait l'objet des chapitres suivants : Blessé, prisonnier de guerre, Saint-Chamans rentre en France, assiste à l'entrée des alliés, devient aide de camp du général Dupont, et malgré son attachement à la Restauration, apprécie sévèrement sa conduite à l'égard de l'armée.

Fidèle à sa foi politique, Saint-Chamans donne sa démission pendant les cent jours et résiste aux prières du maréchal Soult qui l'engage à se rallier à l'Empereur. Il fait partie de la garde royale, est attaché à la maison de Louis XVIII, ce qui l'amène à noter un grand nombre d'observations intéressantes. Voilà, dit-il (p. 387) un long détail de choses bien minutieuses, mais tous ces riens venant de la part du monarque, avaient de l'importance, et j'écris surtout pour des gens qui, je l'espère, seront aussi bons royalistes légitimistes que moi. Saint-Chamans prend part en 1823 à la guerre d'Espagne ; il est à Paris en service actif au moment des ordonnances et des journées de juillet 1830, qui marquent la fin de sa carrière.

Tel est le résumé succinct d'un livre essentiellement sincère et primesautier, œuvre d'un noble élevé dans les idées philosophiques du xviiie siècle, malheureusement peu sympathique aux croyances religieuses de ses pères, resté quand même attaché à la tradition dynastique, mais surtout épris de gloire et de combats, étourdi plutôt que subjugué par l'épopée napoléonnienne, et terminant sa vie sous le régime de juillet, dont il condamme sans réserves le principe et les tendances.

Paul GRIVEAU.

PUBLICATIONS DES SOCIÉTÉS SAVANTES

L'Institution Smithsonienne et ses publications. — En 1835 le gouvernement des Etats-Unis fut avisé qu'un Anglais, mort à Gênes, en 1829, avait fait un testament, aux termes duquel tous ses biens, après la mort de son neveu (qui survint en 1835), appartiendraient aux Etats-Unis, à la condition qu'ils serviraient à fonder à Washington un établissement auquel serait donné le nom d'Institution Smithsonienne, et qui aurait pour objet « l'accroissement et la diffusion de la science parmi les hommes ».

Le 1er septembre 1838, le produit de la vente des propriétés de Smithson, 3 millions de francs, fut versé au Trésor fédéral. En même temps arrivèrent à Washington deux collections du testateur, l'une de livres, l'autre de minéraux (celle-ci comprenant de 8,000 à 10,000 spécimens) qui constituèrent les commencements de la bibliothèque Smithsonienne, et du Museum National, annexe du premier établissement.

Ces collections de James Smithson furent confiées en 1840 à une société spéciale créée à cet effet, et six ans plus tard (1846) une décision du Congrès donna une existence définitive et légale à l'Institution Smithsonienne (1).

La loi de 1846 portait qu'une collection d'objets artistiques et scientifiques, appartenant aux Etats-Unis et désignée sous le nom de « Cabinet national de curiosités », serait transférée à l'Institution Smithsonienne, comme l'étaient déjà celles que Smithson avait léguées. Il se produisit des retards, et c'est seulement en 1858 qu'eut lieu le transfert effectif du cabinet de curiosités. Alors commença réellement l'organisation du Muséum National, dont les richesses ont pris en trente années un très grand développement, malgré un désastre partiel causé en 1865 par un incendie.

Le président et le vice-président des États-Unis, le Grand Juge, président de la Cour suprême, les titulaires des départements ministériels, sont membres de droit de l'Institution.

Un Conseil de Régents, que président le Grand Juge et le vice-président des États-Unis, gère les affaires de l'Institution. Il est composé de trois séna-

(1) L'Institution Smithsonienne se prépare à célébrer cette année son cinquantenaire.

teurs, de trois membres de la chambre des représentants et de six autres membres ne faisant point partie du Congrès, dont deux doivent résider à Washington ; les quatre autres sont choisis chacun d'un État différent.

Le plus haut fonctionnaire est le secrétaire général, qui dirige à la fois l'Institution Smithsonienne et le Museum national. Un secrétaire adjoint s'occupe spécialement du Museum.

Le Conseil des Régents choisit dans son sein un comité exécutif composé de trois membres, qui tous les ans rend compte de la situation financière de l'institution.

Cette situation est très prospère. Le fonds permanent s'élevait à la fin du dernier exercice à 903,000 dollars, dont 650,000 provenant du legs de James Smithson et le reste de dons et legs divers. Ces 905,000 dollars (4,520,000 francs) sont déposés au Trésor des Etats-Unis, qui leur bonifie un intérêt de 6 0/0.

Le revenu du fonds est ainsi de 54,000 dollars (275,000 francs). Les dépenses se sont élevées en 1893 à 48,000 dollars.

Mais ce fonds ne constitue que la moindre partie des ressources de l'établissement. Chaque année, le Congrès vote en effet des crédits pour divers services qui fonctionnent sous la direction de l'Institution Smithsonienne.

Ces crédits se sont élevés pour 1892-93 aux chiffres suivants :

Echanges internationaux (émoluments au personnel)...... fr.	85.000
Ethnologie de l'Amérique du Nord (sous la direction de M. Powell, directeur du service géologique des Etats-Unis)	200.000
Museum national...	720.000
Entretien du matériel..	160.000
Impressions...	85.000
Réparations des bâtiments....................................	60.000
Observatoire..	55.000
Parc zoologique national.....................................	270.000

L'ensemble des crédits votés pour ces divers services est ainsi de 1,650,000 francs, ce qui porte à près de 2 millions de francs (400,000 dollars) l'ensemble des ressources dont dispose annuellement l'Institution Smithsonienne.

Chaque année l'Institution Smithsonienne publie, avec le rapport du Conseil des Régents, un rapport du Secrétaire sur les travaux de l'année, accompagné de reproductions de conférences ou d'études originales sur des sujets scientifiques, le tout composant un volume de 700 à 800 pages.

Le Museum National fait également paraître un « Rapport » annuel, composé sur le même plan que le rapport de l'Institution mère.

Deux autres publications de l'Institution Smithsonienne sont à noter, les « Collections diverses » *in-octavo*, et les « Contributions Smithsoniennes à la Science » *in-quarto*. La première contient des rapports sur l'état actuel de nos connaissances dans chaque branche particulière de la science, avec des instructions pour la réunion et le classement des faits et des matériaux de recherche ; des listes d'espèces du monde organique et inorganique, des comptes-rendus d'explorations, des travaux bibliographiques, des reproductions de mémoires de savants étrangers ou américains.

La série *in-quarto* contient des mémoires sur des investigations et recherches originales, « constituant des additions positives à la somme des connaissances humaines ». C'est la plus importante des catégories diverses de publications de l'Institution.

Les rapports annuels du bureau d'ethnologie que dirige M. J. W. Powel sous le contrôle de l'Institution Smithsonienne, sont des volumes de luxe grand *in-octavo*, de 600 à 700 pages, avec de fort belles planches en couleur et plusieurs centaines de gravures.

Les quatre derniers de ces rapports (1887-88 à 1890-91) ont été imprimés depuis 1892. Dans chacun d'eux, soixante pages environ sont consacrées au rapport proprement dit du directeur, sur son travail de l'année et sur celui de ses collaborateurs.

Ainsi, en 1887-88 le bureau a continué ses recherches chez les Indiens de l'Amérique du Nord. Le Directeur a fait une reconnaissance géologique et archéologique dans les montagnes Tewan, région arrosée par des Tributaires du Rio Grande del Norte, sillonnée de gorges appelées cañons, et couverte de ruines d'anciennes habitations, pueblos et cliff-houses. M. Cyrus Thomas et ses aides ont exploré des *tumuli* dans les Etats de l'Est et dans la région des grands lacs. M. Stevenson a étudié les mœurs des habitants du pueblo Sia, recueilli près de 900 pièces pour le Museum (poteries, fétiches, images humaines en pierre, etc), et obtenu des prêtres des Zuñis de précieux renseignements sur leurs médecins, qui composent une société secrète. M. Holmes a exploré les antiquités de la vallée du Jemez (Nouveau-Mexique), où se trouvent les ruines d'une quinzaine de pueblos ou villages. MM. Mindeleff ont parcouru l'Arizona et le Nouveau-Mexique, visitant des cliffhouses, levant des plans, recueillant des débris. M. Stephen a fait des recherches dans des villages de Navajos. M. Mooney a séjourné chez les Cherokees. MM. Hoffmann et Mallery ont recherché, dans les réserves indiennes du Minnesota et du Wisconsin des documents pictographiques et des traditions mythologiques. M. Dorsey a traduit des textes en langue Dakota, etc.

Deux grands travaux originaux remplissent le reste du volume, soit environ 600 pages : 1° Une excursion chez les Esquimaux, résultats ethnologiques de l'expédition à la pointe Barrow, par M. John Murdoch ; 2° Les *Médecines* chez les Indiens Apaches, par M. J. Bourke.

Le volume de 1890-91 (douzième rapport annuel) contient un travail de 700 pages, avec plans, dessins, figures, reproductions photographiques, sur les *tumuli* dans toute l'étendue des États-Unis et sur la question des Moundbuilders. L'auteur, M. Cyrus Thomas, est chargé spécialement, dans le bureau d'Ethnologie, du département des *tumuli*, et il a réuni, dans cette publication, les résultats de dix années de recherches sur cette grande question des constructeurs de tertres (*moundbuilders*), qui occupe depuis bientôt un demi-siècle les savants de l'Amérique du Nord.

On sait que le sol de la grande vallée du Mississipi est couverte ou plutôt était couverte (car la civilisation détruit de plus en plus ces restes du passé) de monticules artificiels, très variables de hauteur et d'étendue, affectant les formes les plus diverses, formes géométriques ou formes d'animaux, et que tous ceux de ces *tumuli* qui ont été fouillés ont donné des débris de toute espèce, poteries, instruments primitifs, ornements, bijoux, armes, dont l'analyse et le classement ont déjà passionné plusieurs générations de savants.

La première théorie formée au sujet des constructeurs inconnus de ces monticules (appelés *moundbuilders*, faute d'une vocable ethnologique plus précis) fut que quelque peuple inconnu avait jadis habité la vallée du Mississipi bien des siècles avant l'arrivée des Peaux-Rouges, dont les Européens rencontrèrent les tribus errantes au commencement du xvi° siècle, que ce peuple avait atteint un degré de civilisation très supérieur à celui que l'on a pu observer chez les Peaux-Rouges, ainsi que l'attestaient les débris divers amoncelés dans les *tumuli*, enfin que ce peuple, par suite de causes et d'événements dont on n'avait pu retrouver trace, avait disparu, ne laissant d'autres monuments de son existence, de sa civilisation, de ses arts, que ces élévations artificielles de terre disséminées par milliers entre les Alleghanys et les Montagnes-Rocheuses, et depuis les lacs du Nord jusqu'aux bords du golfe du Mexique.

Cette théorie a fait longtemps fortune. Elle se rattachait à la légende des merveilleuses civilisations du Mexique, de l'Amérique centrale et du Pérou qui, ayant fleuri durant de longues séries de siècles, avant l'arrivée des Européens, étaient pour la plupart déjà évanouies lorsque les hommes de l'Est se montrèrent, et dont les derniers spécimens s'effondrèrent au premier contact de la nouvelle civilisation européenne, beaucoup plus rude, mais aussi plus forte.

Il y avait une si belle concordance entre ces légendes drapées sur une armature plus ou moins historique et l'ingénieuse et savante hypothèse d'un antique peuple civilisé des Moundbuilders, que l'hypothèse fut acceptée en Europe comme en Amérique et développée avec un véritable enthousiasme.

Bientôt cependant la critique reprit ses droits et quelques archéologues des États-Unis. MM. Morgan, Bandelier, Powell lui-même, bien d'autres avec eux ont, dans les vingt dernières années, à peu près démoli la légende et démontré : que les vestiges d'art et d'industrie trouvés dans les tumuli ne dépassaient à aucun point de vue ce que les Peaux-Rouges étaient capables de faire au xvie siècle et sont encore capables de faire aujourd'hui ; que, si un grand nombre de tumuli remontent en effet à une haute antiquité, d'autres sont bien moins anciens et pour la plupart contemporains de l'arrivée des Européens ; que de nombreuses tribus de Peaux-Rouges ont construit des tertres ; qu'il n'y a donc pas lieu de supposer un ancien peuple, supérieur en civilisation et antérieur aux Indiens du xvie siècle ; que les Moundbuilders, enfin, sont tout simplement les ancêtres des Indiens actuels.

L'*Association Historique Américaine* fut organisée le 10 septembre 1884 à Saratoga (N. Y) et incorporée (dotée d'une charte) par un *act* du Congrès du 4 janvier 1889, qui l'autorise à posséder des biens-fonds dans le district de Columbia, mais seulement dans la mesure nécessaire à l'accomplissement de ses fins légitimes et jusqu'à concurrence de 500,000 dollars.

Elle a son siège à Washington, mais peut tenir ses réunions annuelles en telles localités qu'il plaira au Conseil de la Société.

Chaque année elle doit adresser au Secrétaire de l'Institution Smithsonienne un rapport sur ses travaux et sur l'état des études historiques en Amérique, et le Secrétaire transmet au Congrès ledit rapport ou telle portion du document qu'il juge convenable.

L'Association est autorisée à déposer ses collections, manuscrits, livres, brochures, etc., soit à l'Institution Smithsonienne, soit au Museum national.

Nous avons sous les yeux les rapports annuels de l'Association pour 1892 et 1893.

Le volume pour 1892 a près de 700 pages, dont, il est vrai, 75 sont prises par un index alphabétique et plus de 300 par une bibliographie des sociétés historiques des Etats-Unis et de l'Amérique anglaise, au nombre de 282 (dont 60 passées en revue dans le rapport annuel pour 1890 et 222 dans le présent volume), avec une indication sommaire de leurs principaux travaux. Ce travail de patience a été exécuté par le directeur de la bibliothèque publique de Boston.

Notons encore 100 pages, consacrées à une Bibliographie des écrits publiés jusqu'en 1892 par des membres de « l'Association historique ». Il reste donc 210 pages environ, prises par le rapport proprement dit du secrétaire de l'Association (M. Herbert B. Adams) sur le travail de l'Association en 1892, et par quatre études particulières dont voici les sujets : 1° Copie de quelques documents se rapportant à l'Amérique (xvii° et xviii° siècles) trouvée dans la librairie Bodléienne, à Oxford, par le professeur James E. Thorold Rogers ; 2° Un fragment du journal de Washington, en 1774, avec des annotations historiques par l'auteur du travail ; 3° Les loteries dans l'histoire des Etats-Unis ; 4° Le tribunal provisoire des Etats-Unis dans l'Etat de Louisiane pendant la guerre de la Sécession.

Le rapport du secrétaire est très court et sans intérêt spécial. Il est suivi d'une réimpression des sommaires des huit volumes de *Papers* ou de Rapports annuels publiés par l'Association avant 1892.

Le Rapport pour 1893 a 600 pages. Ici, encore, un très petit nombre, une trentaine, sont absorbées par le compte-rendu de la neuvième réunion annuelle de l'Association tenue à Chicago les 11-13 juillet 1893, pendant l'Exposition universelle, et par le discours d'ouverture du président Angell, qui avait pris pour sujet l'*Importance de l'œuvre de la diplomatie dans l'histoire et la part insuffisante que font à cette œuvre les historiens.*

Une vingtaine de travaux ont été lus dans les trois journées que dura le Congrès de l'Association Historique, et sont publiés dans le Rapport pour 1893, où ils occupent environ 500 pages. Voici les sujets les plus importants de ces travaux :

La valeur des archives nationales pour la vie et les progrès d'une nation (par Mme Ellen Hardin Walworth, de Saratoga) ;

La nomenclature historique américaine, (à propos des noms de villes empruntés à l'hébreu, au grec, au latin, etc., par M. Ainsworth Spofford, bibliothécaire du Congrès) ;

Etude sur les méthodes d'investigation historique (l'histoire écrite en coopération, méthode industrielle, par le Dr James Schouler) ;

L'Œuvre du prince Henri le Navigateur, de 1416 à 1460 ;

Les conditions économiques de l'Espagne aux XVIe siècle ;

L'Histoire de la colonisation du grand Ouest aux Etats-Unis (par M. Turner, de l'Université de Wisconsin) ;

La Première assemblée législative aux Etats-Unis (en Virgignie, 1619) ;

Une dissertation sur le *Onzième amendement à la Constitution fédérale,* adopté par le Congrès en 1794, mis en vigueur en 1798, et son influence sur la doctrine de la souveraineté des Etats ;

Annales de la ville de Lawrence, fondée par les gens de Massachusette, dans le Kansas, pour la défense de la cause antiesclavagiste, période de 1850 à 1860.　　　　　　　　　　　　　　　A. MOIREAU.

**
* **

Recueil de la Commission des Arts et Monuments historiques de la Charente-Inférieure, 1895, 2e, 3e et 4e livraisons. — V. Advielle, Le général Merle Beaulieu, (né à La Rochelle en 1738 ; mort à Paris en 1826). — J.-A. Guillaud et C. Jullian, Les bornes milliaires de Pons (bornes avec inscriptions latines). — Ch. Dangibeaud, Six chartes pontoises (relatives à Combaud Boche, chevalier de Pons, 1227 à 1269).— Extraits des registres protestants de Saintes, déposés au greffe du tribunal civil. — G. Musset, Ecurie et fauconnerie des rois d'Espagne et de Portugal (entr'autres documents, procédure relative à des chevaux de l'empereur d'Allemagne retenus à La Rochelle en 1580).

Bulletin de la Société archéologique et historique de l'Orléanais, 1895, 1er et 2e trimestres. — L. Guerrier, L'Age de Jeanne d'Arc à l'époque du siège d'Orléans (dix-sept ans).

Bulletin de la Société des Antiquaires de Picardie, 1895, n° 1. —

Ch. Bréard, Les vieux papiers du château de Prouzel (intéressant inventaire).

Bulletin de la Société des Antiquaires de la Morinie, 1895, 2ᵉ fasc. — Cᵗᵉ A. de Loisne, Un tarif de frais judiciaires au commencement du xviᵉ siècle (curieux document).

Revue de Comminges, 1895, 2ᵉ et 3ᵉ trimestres. — Astrié, Les premiers âges de Luchon; période préhistorique; période gallo-romaine. — M. l'abbé Cau-Durban, La Révolution à Saint-Lizier (Ariège), 1789-1804 (fin du travail). — J. Lestrade, Les Huguenots en Comminges (documents de 1555 à 1568). — M. l'abbé Couret, Recherches archéologiques sur la haute vallée de la Save, ère ancienne, Avezac.

Revue de Saintonge et d'Aunis, 1895, 5ᵉ livraison. — Le combat de Montandre, 19 mai 1402 (intéressante étude critique; notes généalogiques sur les sept chevaliers français qui triomphèrent des sept chevaliers anglais).

Bulletin de la Société d'Études des Hautes-Alpes, 1895, 2ᵉ et 3ᵉ trimestres. — E. Arnaud, Essai historique et critique sur l'origine des Vaudois des Alpes dauphinoises. — M. l'abbé E. Allemand, Histoire de Jarjayes (monographie d'une commune des Hautes-Alpes, qui peut remonter à l'époque romaine).

Bulletin de la Société archéologique de Touraine, 1895, 1ᵉʳ et 2ᵉ trimestres. — Malardier, Analyse de documents sur l'ancienne seigneurie de la Grande-Bretèche (Indre-et-Loire). — A. Spont, Partage des biens de Jean de Baune, Tours, 7 janvier 1487 (curieux document). — L. Bousrez, Etude sur les monuments mégalithiques de la Touraine (considérations générales).

Bulletin et Mémoires de la Société archéologique du département d'Ille-et-Vilaine, t. xxiv, 1895. — M. l'abbé Guillotin de Corson, Les grandes seigneuries de Haute-Bretagne, comprises dans le territoire actuel du département d'Ille-et-Vilaine (monograpies des châtellenies de Laillé, Langan, Lassy, Launay-du-Han, Lesnen, Linières, etc.). — M. l'abbé A. Robert, Anthyme-Denis Cohon, évêque et comte de Dol, son rôle pendant la Fronde (A.-D. Cohon fut d'abord prédicateur du Roi; il devint espion de Mazarin et fut arrêté en 1649; devint évêque de Nîmes; il mourut le 7 novembre 1670). — P. Parfouru, Les comptes d'un évêque et l'ancien palais épiscopal de Rennes au xviiiᵉ siècle (Le Tonnelier de Breteuil, évêque de Rennes de 1723 à 1732). — A. de La Borderie et L. de Villers, La seigneurie de Montauban et ses premiers seigneurs (seigneurie de Bretagne).   **F. M.**

CHRONIQUE ET PROCÈS-VERBAUX

*
* *

L.-A. LOISEAU

Le 13 mars 1896 est décédé à Vanves, près Paris, dans sa 65e année, M. Louis-Arthur Loiseau, professeur honoraire, officier de l'instruction publique, chevalier du Christ et officier de Saint-Jacques du Portugal. M. Loiseau nous appartenait depuis seize années. Associé de la façon la plus intime et la plus profitable à nos travaux, il avait dû, l'année dernière, se tenir éloigné de nos réunions. L'état de sa santé lui imposait ce sacrifice, il nous en avait exprimé ses vifs regrets dans une lettre du 24 octobre 1895, manifestation touchante du triste pressentiment de sa fin prochaine.

Représentée le 16 mars aux obsèques de M. Loiseau par son secrétaire général, M. Gabr. Joret-Desclosières, notre compagnie a dit, en ces termes, un dernier adieu au confrère regretté.

« La *Société des Études Historiques* vient de perdre un de ses membres les plus aimés. Entré dans notre Compagnie le 2 juin 1880, en qualité de lauréat du prix Raymond, M. Arthur Loiseau ne tarda pas à prendre place au premier rang parmi nos collaborateurs les plus assidus et les plus autorisés. De nombreux et élégants travaux sur des questions d'histoire littéraire, des rapports analysant des ouvrages offerts, comptes-rendus inspirés par un esprit critique judicieux et toujours bienveillant, méritèrent à M. Loiseau de siéger dans notre Conseil. Elu successivement 2me et 1er vice-président en 1891 et 1892, il occupa, en 1893, le fauteuil de la présidence. Le discours qu'il prononça en séance publique, sur les mérites de l'Histoire, peut être cité comme modèle des allocutions de ce genre. Elévation de la pensée, agrément du style, sobriété de la composition, sont des qualités qu'on y retrouve.

« Cet honneur de la présidence nous attacha M. Loiseau par des liens encore plus étroits. Il ne cessa depuis, c'est-à-dire pendant encore deux années, de nous donner des études personnelles du plus haut intérêt, notamment sur l'histoire politique et littéraire du Portugal et du Brésil.

« L'année dernière notre cher confrère redoubla même le mouvement de sa collaboration avec une activité inspirée par le triste pressentiment qu'une fin prochaine viendrait l'enlever à nos études et à notre affection.

« Oui, messieurs, à notre affection, je ne saurais trop accentuer cette expression, tant M. Loiseau par l'aménité de son caractère, la courtoisie de ses relations était digne d'être aimé. On vous a parlé, en termes touchants et grandement honorables du professeur, laissez-nous, au bord de cette tombe et comme dernier adieu, alors que vient de commencer pour le patient travailleur l'éternel repos, laissez-nous fixer d'un mot la physionomie du confrère que nous pleurons : « Il fut un des premiers parmi les meilleurs ».

Après M. Joret-Desclosières, M. Plançon, proviseur du lycée Michelet, a parlé de M. Loiseau en termes émus et d'un sentiment élevé. Il a retracé en quelques mots sa carrière et parlé de ses principaux travaux :

« C'est en 1857, qu'après de fortes études, M. Loiseau débuta au lycée d'Angoulême ; il passa successivement aux lycées de Troyes, d'Avignon, du Puy, d'Angers, et, au mois de septembre 1874, il était nommé au lycée de Vanves, qu'il ne quitta qu'en août 1893.

« Partout, son enseignement précis et pénétrant lui avait gagné la confiance de ses élèves, à qui, avec le goût du travail, il savait inspirer le goût du beau. Il était en relations suivies avec la Sorbonne, où il avait fait apprécier, en 1866, ses thèses de doctorat, et, en particulier, une *Étude sur Jean Pillot et les doctrines grammaticales du XVIe siècle*.

« Très épris de philologie, il avait publié une *Histoire des progrès de la grammaire en France depuis la Renaissance jusqu'à nos jours,* et la Société des études historiques, au concours de 1880, lui avait décerné la 1re médaille d'or pour son *Histoire de la Langue française, ses origines et son développement jusqu'à la fin du XVIe siècle.* Il avait entrepris et mené à bien l'*Histoire de la Littérature portugaise depuis ses origines jusqu'à nos jours,* ouvrage couronné par la Société franco-portugaise de Toulouse. »

M. Plançon a terminé par ces mots :

« Adieu, cher M. Loiseau. Dans cette terre de Vanves où vous aviez choisi domicile et où sont assises les fondations de notre Lycée, où, pendant 19 ans, vous avez semé la bonne parole, nous ensevelissons avec vous toute une carrière de travail et d'énergie.

« Mais vos œuvres ne seront pas abolies, et votre souvenir se perpétuera parmi nous toujours présent et toujours honoré ».

SÉANCE DU 15 JANVIER 1896, PRÉSIDENCE DE M. MOIREAU

Le procès verbal de la dernière séance est adopté.

Candidatures. — Sont annoncées les candidatures de MM. **Ferd. Lot**, archiviste paléographe, bibliothécaire à la Sorbonne, et **Pierre Caron**, élève de l'École des Chartes, licencié ès-lettres. Nos confrères MM. Gast. Duval, Mazerolle et Goubaux, qui présentent les candidats, ne pouvant assister à cette séance, l'élection est ajournée au 15 mars, mais avec effet rétroactif à la date du 15 janvier.

Comité de Rédaction et des Fêtes. — Ces Comités, nommés dans les dernières séances de 1895 se réuniront : le Comité de Rédaction chez son président et le Comité des Fêtes chez le secrétaire général.

Lectures. — Sont entendus : M. Moireau, *L'Institution Smithsonienne et ses publications ;* M. Emmanuel Rodocanachi, *Dépêches des ambassadeurs Vénitiens à la Cour de France durant la Révolution ;* M. Gabriel Joret-Desclosières, *Le cabinet secret de l'histoire,* par le Dr Cabanès.

SÉANCE DU 15 FÉVRIER, PRÉSIDENCE DE M. MOIREAU

Le procès-verbal de la séance du 15 janvier est adopté.

Ouvrages offerts à la Société. — *Essai sur l'histoire de Gonesse,* de M. l'abbé Maréchal, vicaire de Gonesse ; *Renée de France,* par M. Rodocanachi ; *Napoléon et Alexandre Ier : L'alliance Russe, la Rupture,* par

M. Vandal ; *Mémoires du général, comte de Saint-Chamans, aide de camp du Maréchal Soult ; Souvenirs du lieutenant Woodberry, campagne de Portugal et d'Espagne*, par M. Georges Hélie.

Candidatures. — Sont élus membres titulaires à dater du 15 janvier : MM. Ferd. Lot et P. Caron, présentés par MM. Gast. Duval, Goubaux et Ferd. Mazerolle. Sont admis comme associés libres : MM. Amand Mareschal, Bridier et Raphaël Pinset.

Séance publique du 29 février. — M. William Marie communique le programme de l'audition musicale préparée par ses soins ; des remerciements lui sont adressés pour le goût par lui apporté à cette composition.

Lectures. — M. Coquelle : *Histoire de l'occupation du Hanovre par les Français pendant la guerre de sept ans*. M. Dumont : *Rapport sur les publications de la société d'émulation de Montbéliard*.

M. le Président Moireau propose pour les rapports sur des ouvrages offerts d'adopter le système du compte-rendu verbal, sauf au rapporteur à rédiger ensuite son rapport, ce qui permettrait d'entendre dans la même séance un plus grand nombre de comptes-rendus. — Adopté.

SÉANCE PUBLIQUE

Du samedi 29 Février 1896

La Société des Études historiques a tenu sa première séance publique annuelle, sous la présidence de M. Moireau, le samedi 29 février, dans la grande salle de l'hôtel, place Saint-Germain-des-Prés. Étaient présents ou représentés par des amis ou membres de leur famille : MM. Jos. Aubert, J.-C. Barbier, Ad. Bélanger, Bellenger (F.), Elie de Biran de Boisjoslin, Otto Bouwens, L. Bridier, de la Brunetière, Loys Brueyre, Camoin de Vence, Carlhian, Caron, Cassagnade, Xavier de Carvalho, Colmet d'Aage, Dr Cabanès, H. Dabot, Daussy, Deltheil, Desclosières, Doria Peaucelle, G. Dufour, Dumont, Durassier, Gaston Duval, Maurice Duvert, Auguste Duvert, abbé Espagnolle, Jules Fabre, Oscar Falateuf, le Dr Fay, J. Flach, Fr. Funck-Brentano, François, G. Lemaire, Gombault-Darnaud, Rob. Goubaux, Paul Griveau, Hennissart, M. Herbet, Marcel Houssay, Alb. Lefèvre, Dr Le Paulmier, Paul Level, Louiche-Desfontaines, Lusignan (prince de), Lusignan (Léon de), Ferd. Lot, Lèques, Eug. Marbeau, William Marie, Tommy-Martin, Armand Mareschal, Alb. Mesnier, Aug. Moireau, Gab. Moreau, Muteau, Ferd. Mazerolle,

Prosper Pein, Jules Périn, Raphaël Pinset, Ad. Racine, Louis Rivière.,
Emm. Rodocanachi, Ferd. Roux, de Savagny, de Saint Thomas, Arm.
Simonin, baron Tosizza, Henri Vergé, Veyret, P. Villard, Vernudacki,
Vanier, H. Welschinger, Wiesener ; le ministère de l'instruction publique
était représenté par MM. de Saint Arroman, Franche et Ebrard. Parmi
les invités, on remarquait : MM. Challot, Tuslen, Vaudouer, Espagne,
Poincarré, Laurent, Lacoin, Mme Mantaudon, Richard, Girodon, Henne-
cart, René Desclosières, etc. La grande salle était remplie.

La conférence de M. Loys Brueyre : *Littérature orale et traditionnelle,
éléments de Folk-Lore,* que l'on trouvera imprimée ci-dessus, a eu le
succès qui revenait au charme du sujet et au talent de l'orateur. On sait
la compétence de M. Brueyre en ces questions, et sa causerie était charmante de grâce, d'élégance simple et de naturel.

L'audition musicale, qui formait la seconde partie du programme,
avait été ordonnée par M. Moireau, notre président, et M. William Marie,
vice-président de la 4e classe. Sur le programme Mme Amel, de la Comédie
Française, M. Matrat, Mlle Marcya, de l'Odéon, Mlle Éléonore Blanc et
M. Bourgeois, de l'Opéra-Comique. Le clavecin de la maison Pleyel,
qui figurait sur l'estrade, était un véritable objet d'art, remarqué aux
expositions universelles de Paris, d'Anvers et de Chicago. Le talent si
distingué de M. William Marie a interprété les airs de Lulli, de Rameau,
de Haëndel et des morceaux de sa composition appropriés au clavecin.

Mlle Marcya a bien voulu réciter le sonnet consacré au mois de février
qui allait finir, par notre confrère Stéphen Liégeard, le poète de la Côte
d'azur.

Ce n'est pas la première fois que les membres de la Société applaudis-
saient Mlle Éléonore Blanc et M. Bourgeois, Mlle Marcya et M. Matrat, et
nous avons tous formé le vœu de les retrouver parmi nous l'année
prochaine.

M. William Marie devait terminer le concert par un Scherzo pour
piano ; mais à la demande générale, il a du se remettre au clavecin pour
jouer des variations sur : *Ah ! vous dirais-je maman.* En résumé, devant
une salle comble, succès complet pour tous : conférencier et artistes.

SÉANCE DU LUNDI 16 MARS 1896, PRÉSIDENCE DE M. MOIREAU

Le procès-verbal de la séance du 15 février, rédigé par M. Dumont et
lu par M. Joret-Desclosières, est adopté.

M. Joret-Desclosières, secrétaire-général, fait part du décès de M. Arthur Loiseau et lit les adieux qu'il a adressés au nom de la Société au regretté confrère.

Candidatures. — Sont élus : membre titulaire : M. Alb. Vandal, présenté par le colonel Fabre de Navacelle ; membres associés libres : MM. Alb. Danet, avocat à la Cour d'appel, Vanier, conseiller à la Cour d'appel, de La Heudrie, statuaire, présentés par M. Joret-Desclosières.

Comité de rédaction. — M. Fr. Funck-Brentano, rapporteur, lit au nom du Comité de rédaction, un rapport sur la forme que le Comité désire donner aux publications de la Société. Les conclusions en sont adoptées à l'unanimité et l'impression en est décidée à la suite du procès-verbal de la séance.

Séance publique d'avril. — La date en est fixée au mercredi 29 avril. Le bureau, d'accord avec le Comité des fêtes, est chargé d'en préparer l'organisation.

Lectures. — Sont entendus : *Autour du Régent, lord Stair, l'abbé Dubois, M. de Torcy,* par M. Wiesener ; *Histoire de Clovis,* par M. de Kurth, compte-rendu de M. Goubaux ; *Mémoires du comte de Saint-Chamans,* compte-rendu de M. Griveau. A propos du dernier volume de M. Vandal, fragment traitant des rapports de Caulaincourt avec Napoléon, lecture de M. Welschinger ; *Une page de l'histoire des Dieux,* par M. Georg. Dufour, cette dernière communication donne lieu à plusieurs observations sur l'opportunité de sa communication en séance publique du 29 avril. Comme l'auteur n'a donné que le commencement, elle sera continuée le 15, sauf à l'assemblée à statuer.

Rapport présenté au nom du Comité de rédaction

Messieurs,

Le Comité de rédaction que vous avez nommé dans la séance du 26 décembre 1895 s'est réuni, le 26 février, chez M. Moireau, notre président, pour étudier les moyens de donner à nos publications, auxquelles les membres de la Société apportent un concours si dévoué et si précieux, plus d'action dans le public et plus de notoriété.

Le Comité a procédé tout d'abord à l'élection du petit bureau utile à son fonctionnement régulier. M. Moireau a été nommé président à l'unanimité, et le Comité m'a fait l'honneur de me nommer, Messieurs, son apporteur auprès de vous

Le Comité a d'abord été frappé de ce fait, sur lequel nous avons tous été d'accord, qu'une revue comme celle que nous faisons paraître se divise naturellement en deux parties : une première qui intéresse particulièrement les membres de la Société, comprenant les procès-verbaux de nos séances de travail et de nos séances publiques, les notices relatives aux travaux de nos membres, aux nominations et distinctions dont ils sont l'objet, la nomenclature des bureaux, la liste des membres titulaires, correspondants et adhérents, enfin les statuts et règlements sous lesquels nous vivons en si bonne et charmante entente. Une deuxième partie comprend les travaux originaux des membres de la Société, travaux qui n'ont pas seulement du prix pour nous tous, mais pour tous ceux qui s'intéressent d'une manière active, ou, simplement en curieux, au mouvement des sciences historiques. Faciliter la diffusion de ces travaux en permettant aux lettrés de se les procurer isolément, de les ranger tels sur les rayons de leurs bibliothèques à la place où chacun d'eux appartient aura ce résultat désirable, et pour la Société, et pour les auteurs : d'en faciliter la vente, d'en permettre l'annonce sur les catalogues de librairie, d'en provoquer les comptes rendus dans les revues savantes et dans les quelques journaux quotidiens qui s'occupent encore de littérature sérieuse et, par là même, d'accroître la notoriété, partant l'extension de notre Société. Le Comité en a conclu à une modification, non pas dans la rédaction de notre Revue, dont il apprécie vivement la valeur, mais uniquement dans la disposition matérielle, modification qu'il a l'honneur de soumettre à votre appréciation et, dans le cas où celle-ci serait favorable, à votre approbation.

Une première partie — correspondant à ce qu'est la Revue actuelle, et qui serait divisée en quatre, afin de permettre, si possible, une publication régulière au début de chaque trimestre — contiendrait les matières dont je parlais tout à l'heure et qui intéressent plus particulièrement les membres de la Société : procès-verbaux, listes des membres, résumés des comptes rendus oraux faits aux séances, soit sur des ouvrages, soit sur des études personnelles et travaux originaux de peu d'étendue ; enfin la liste, avec courtes notices s'il y a lieu, des publications et revues adressées à la Société.

Une deuxième partie comprenant la matière de deux, et même de trois fascicules — l'état de nos finances (nous avons consulté M. Racine qui les administre avec tant de dévouement et d'intelligence) nous le permet — contiendrait des publications absolument indépendantes les unes des autres, réunies par le seul titre : *Bibliothèque de la Société des Études historiques*, et par un numéro d'ordre au bas de la couverture : *fascicules 1, 2, 3, 4, 5*, etc. Ces fascicules, contenant des travaux originaux, inédits et d'un caractère personnel, seraient de dimensions variables, selon l'importance des travaux qui seraient présentés ; quelques-uns formeraient de minces plaquettes, d'autres, au contraire, pourraient former de vrais volumes. L'auteur en recevrait 30 exemplaires ; 20 exemplaires seraient réservés pour le service de presse, et le surplus serait mis en vente — chaque fascicule étant vendu d'une manière indépendante — au profit de la Société elle-même. Il demeure entendu que chaque membre de la Société recevrait ces publications.

Outre les avantages déjà mentionnés, — profit matériel par la vente assurée d'un certain nombre d'exemplaires, profit moral par la notoriété que ces publications nous procureront, déterminant des comptes rendus de revues et de journaux et des annonces de librairie, profit matériel pour l'auteur qui recevra 30 exemplaires de son travail et aura, s'il le désire, la faculté de s'en procurer d'autres à un prix de faveur ; — votre Comité a encore vu dans cette disposition cet avantage inappréciable, de ne mettre des travaux sous presse qu'au fur et à mesure de leur maturité, de se débarrasser ainsi de l'inconvénient si grand dont souffrent presque toutes les revues existantes : d'avoir à un moment donné encombrement de copie — si vous me permettez d'emprunter cette expression au langage des imprimeurs, — en sorte qu'on est réduit à retarder, tronquer ou même écarter des travaux de valeur ; tandis qu'à d'autres moments la pénurie de matières fait imprimer — vaille que vaille ! — des travaux qui ne sont pas encore réellement dignes de voir le jour. Une année notre *Bibliothèque* s'enrichira d'un ou de plusieurs fascicules importants comme dimensions, une autre année, au contraire, elle pourra ne pas en publier du tout.

Enfin, Messieurs, nous avons trouvé dans cette disposition l'avantage de faire paraître de temps à autre des travaux indépendants, de longue haleine, qui pourront marquer dans la production scientifique et littéraire de notre temps, faisant honneur et à la Société et à leurs auteurs. Ces publications seront mises en vente à un prix relativement élevé, aux personnes étrangères à notre Société, comme il est fait par la *Société de l'Histoire de France*, la *Société de l'École des Chartes* et d'autres de grande valeur, en sorte que les hommes curieux d'histoire et de littérature trouveront un motif nouveau à être reçus parmi nous, puisque ce sera le moyen de se procurer ces études dans les conditions les plus avantageuses.

Tel est, Messieurs, le projet qui, après mûre réflexion, a été adopté à l'unanimité par votre Comité de rédaction, et ratifié, au point de vue de nos finances, par M. Ludovic Racine. Le Comité recevra avec gratitude les observations et modifications que vous voudrez bien y apporter et sera heureux de continuer à l'avenir, par son zèle et son dévouement, de justifier la confiance que vous avez bien voulu lui témoigner.

Le rapporteur :

Frantz Funck-Brentano.

Montfermeil, 29 février 1896.

Délibération du lundi 16 mars 1896. — La Société des Études historiques réunie en assemblée générale de ses membres, au lieu ordinaire de ses séances, hôtel de la place Saint-Germain-des-Prés, le lundi 16 mars 1896, après avoir entendu l'exposé qui précède : Considérant que les propositions adoptées, à l'unanimité, par son Comité de rédaction, tendent à réaliser des améliorations pratiques et utiles à l'heureux développement des travaux et du personnel de la Société, sans compromettre l'état de ses finances ; — Considérant, d'ailleurs, qu'elles soutiennent, en les fortifiant par des mesures plus complètes et plus étendues, la division en quatre fascicules déjà suivie en fait pour l'année 1895, ainsi que la séparation en deux parties des mémoires et procès-verbaux ; Considérant que la publication à part sous le titre de *Bibliothèque de la Société des Études historique* de travaux personnels et originaux permettra de donner une réelle valeur scientifique aux publications adoptées par le Comité de rédaction ;

Adopte les conclusions du rapport qui vient de lui être présenté par M. Frantz Funck-Brentano, vote des remerciements au Comité et au rapporteur et dit que ces dispositions deviendront, pour l'avenir, le règlement de la publication de la *Revue*.

Fait et délibéré en séance, le 16 mars 1896.

Le Secrétaire-général :

Gabriel Joret-Desclosières.

L'Administrateur : Ludovic Racine.

ÉTUDES CRITIQUES

Occupation de Hanovre par les Français
pendant la Guerre de Sept Ans

Bibliographie : Von Hessel, *Der Schlesischerkrieg und das Furstenthum Hannover*, Hanovre 1879. — Schæfer, *Geschichte des Siebenjaehrigen Krieg*, Berlin 1867. — *Mémoires de Frédéric II, roi de Prusse*. — Chevrier, *La campagne de 1757*, Paris. — Von Ulrich, *Die Stadt Hannover im Siebenjaehrigen Krieg*, d'après les archives de la ville de Hanovre. *Publications de la Société historique de Basse-Saxe*, Hanovre, 1894.

Nous assistons à la première phase de cette interminable querelle de rois qu'on nomme la guerre de sept ans. Le roi de Prusse vient de conclure avec le roi d'Angleterre Georges II, qui est en même temps électeur de Hanovre, le traité de Westminster, du 16 janvier 1756; et à cette alliance, la France et l'Autriche ont répondu par le traité de Versailles, signé le 9 mai de la même année. L'impératrice Elisabeth de Russie se préparait ouvertement à la guerre et on savait que ses préférences la poussaient du côté de la cour de Vienne.

Par suite de ces divers traités, l'Electorat de Hanovre entrait dans la lutte, malgré les réclamations des habitants, qui soutenaient que leur prince Georges II faisait la guerre à la France comme roi d'Angleterre uniquement, mais non en qualité d'Electeur de Hanovre (1). En vain, les ministres hanovriens demandèrent-ils le bénéfice de la neutralité pour leur pays ; les cabinets de Vienne et

---

(1) Ces réclamations furent reproduites au cours de la campagne et notamment en août et septembre 1757, auprès de la cour de Vienne. Heinrich Wuttke. *Die drei Kriegsjahre 1756-58*, p 349, et Schæfer, *op. cit.*, vol. 1, p. 376 et 383.

de Paris restèrent sourds à leurs réclamations et l'Electorat dut se préparer à supporter le fardeau de la guerre. Néanmoins, il échappa aux rigueurs de la campagne de 1756, qui se déroula tout entière en Saxe.

L'armée française, qui se concentrait pendant l'hiver de 1756-57 sur le bas Rhin, laissait croire que la Westphalie serait bientôt exposée à son tour à une attaque des ennemis, et le duc de Cumberland parut le 16 avril 1757 à Hanovre pour prendre les mesures nécessaires à la défense de l'Electorat. Un mois plus tard, une armée mi-partie d'Hanovriens et d'Anglais vint camper sur la ligne du Weser, sous le haut commandement de ce général et occupa cette position défensive jusqu'à la fin de juin. La défaite des Prussiens à Kolin, en Bohème, enhardit le maréchal d'Estrées, commandant de l'armée française du Rhin, et le 25 juillet il offrit la bataille au duc de Cumberland, sous Hastenbeck. Bien que le résultat fut resté douteux (1), les Hanovriens battirent en retraite précipitamment la nuit suivante et se retirèrent sur les frontières de Schleswig Holstein, découvrant ainsi la ville de Hanovre, laissant l'Electorat sans défense à la merci des Français. Rien n'était organisé pour soutenir un siège : les greniers de la ville, épuisés par les passages fréquents de troupes, étaient vides, les murailles étaient en assez mauvais état et le manque absolu d'ouvrages extérieurs rendait toute défense régulière impossible ; enfin le duc de Cumberland, estimant que les pertes matérielles qui résulteraient de la résistance de Hanovre seraient loin de contrebalancer les avantages stratégiques possibles, retira les troupes régulières, ne laissant comme garnison que 400 invalides et 600 hommes d'une compagnie de garde nationale, mal armés et possédant peu de

---

(1) Frédéric II, dans ses *Mémoires*, t. I, p. 489, dit que les Français perdirent la bataille et que M. d'Estrées ordonnait déjà la retraite quand on vit les alliés se retirer d'eux-mêmes sans motif. Von Ulrich, *Die Stadt Hannover im Siebenjæhrigen Krieg*, p. 190, est de cet avis, ainsi que Schaefer, *Geschichte des Siebenjæhrigen Krieg*, vol. 1, p. 363 et le récit officiel du grand état-major allemand publié en 1824, vol. I, p. 321, etc., etc. Chevrier, *La campagne de 1757*, p. 122-124, dit que les Français furent tout le temps vainqueurs, et, malgré un moment de panique, par suite d'un retour offensif des Hanovriens, forcèrent ces derniers à la retraite.

munitions. Force fut donc de se préparer à recevoir les français dans les moins mauvaises conditions pour la ville et ses habitants.

D'abord, une notable partie de ceux-ci émigra, les uns par crainte d'être enrolés par force pour la défense de la ville, les autres pour remettre leurs personnes et leurs biens à l'abri des ennemis ; les archives de la ville furent dirigées vers Stade (1), et le sénateur Schwacke organisa la répartition des logements pour le cantonnement des français. L'hôpital du Saint-Esprit fut évacué et destiné à recevoir les malades de la colonne ennemie. Bien plus, « afin de montrer aux français quel soin on a pris pour leur prouver que les magistrats et la population n'ont aucune pensée hostile à leur endroit, le conseil municipal décida que les bourgeois remettraient à l'Hôtel de Ville toutes les armes qui sont en leur possession, et un caporal de la garde nationale fit savoir dans chaque maison, l'une après l'autre, que celui qui userait de brusquerie ou d'impolitesse envers les français serait envoyé à Hameln pour travailler aux chantiers ». Enfin, des provisions de tous genres furent commandées dans les campagnes environnantes. Le 1ᵉʳ août, c'est-à-dire six jours après la bataille de Hastenbeck, la garnison hanovrienne de Hameln, qui avait capitulé avec les honneurs de la guerre, traversa Hanovre et se dirigea vers le nord pour rejoindre l'armée du duc de Cumberland ; le 4, un parlementaire apporta de la part du duc de Randan, lieutenant-général, l'ordre d'expédier à l'armée française alors à Springe : 25 tonneaux de bière blanche et plusieurs voitures de farine, lard, saucisses, jambons, fromages, beurre et sel, ce qui fut fait. Deux jours après, un trompette français parut devant la ville, il apportait une nouvelle lettre de Randan, réclamant cette fois en termes fort polis la remise immédiate audit trompette de six livres de poudre de riz de première qualité, 1/2 livre de la meilleure pommade, 60 jeux de cartes françaises à jouer et 4 mains de papier buvard.

Telles furent les premières réquisitions de l'armée française sous

---

(1) Petite ville au nord-est de Hanovre, sur les frontières du Holstein.

Hanovre. Nous ne pouvions passer sous silence cette anecdote, bien qu'elle ne soit point à l'honneur de notre armée (1).

Que penser de ces officiers qui réclamaient avant toute autre chose, de la poudre de riz, des cartes à jouer et de la pommade? Les nombreuses défaites qu'ils essuyèrent au cours de cette guerre allaient bientôt prouver que leurs capacités militaires étaient aussi minimes que leur démoralisation était grande. Toujours est-il que cette réquisition, prélude de l'occupation de Hanovre, jette un jour curieux sur les mœurs militaires de l'armée du roi Louis XV.

Le général Von Sommerfeld, commandant de Hanovre, fit droit de suite à la demande des Français et prit les dernières mesures pour les recevoir le lendemain. Notamment, il décida que le jour de leur entrée « les enfants, les jeunes gens, seraient tenus dans l'inté- « rieur des maisons et ne feraient pas de bruit. Les maisons seront « fermées afin de ne pas exciter à la maraude. A la porte de chacune « d'elle, une personne raisonnable, sérieuse et convenable se « tiendra, pour n'ouvrir qu'aux soldats munis de billets de loge- « ment. » Quelques jours auparavant, le général-major Von Platten et le conseiller secret Von Hardenberg s'étaient rendus au quartier général du maréchal d'Estrée pour négocier le traité de capitulation. Connaissant les habitudes de ce général, ils se munirent d'une somme de mille ducats et de plusieurs tonneaux de vieux vin du Rhin, qu'ils lui offrirent à titre de don personnel, pour le bien disposer en faveur de la ville (2).

Cependant d'Estrée refusa d'accepter les conditions de la capitulation, et se contentant de recevoir les présents des envoyés, il continua sa marche. Ce fut son dernier acte militaire pendant cette campagne, car le jour même le maréchal de Richelieu vint le relever de son commandement. Le 7 août, la Convention fut signée par lui

---

(1) Von Ulrich, *op. cit.*, page 193. tient ces détails des archives de la ville de Hanovre, il n'y a donc pas lieu d'en douter. bien que les auteurs cités à la page précédente n'en parlent point, n'ayant sans doute pas consulté les dites archives.

(2) Von Ulrich, *op. cit.*, page 194. ajoute ces mots : « On savait bien qu'il était impossible de rien obtenir des généraux français, sans espèces sonnantes (textuellement sans *bases* sonnantes. » — Schæfer, *op. cit.*, vol. 1, page, 366.

et les deux envoyés hanovriens, le maréchal s'engageait à ne commettre aucun dégât en ville, à faciliter le commerce, à respecter la foi religieuse, à laisser en fonctions les autorités administratives et judiciaires et à respecter les propriétés du roi d'Angleterre, de la ville et des particuliers. La maraude serait sévèrement interdite, en échange, l'armée vivrait aux dépens de la ville et serait logée chez les particuliers et dans les édifices publics.

Mais le maréchal, un de ces généraux courtisans, dominé par la Pompadour, et que ses soldats appelaient le *Petit Père la Maraude*, ne songeait point à renoncer à ses habitudes personnelles et fort peu à réprimer celles de ses subordonnés (1).

Enfin le 9 août 1757, l'avant-garde française, commandée par le duc de Chevreuse, parut à la porte de Calenberger. Les gardiens posèrent à terre leurs fusils et leurs cartouchières ; en même temps les 1,000 hommes de la garde nationale furent réunis au manège ; le chevalier de Pons occupa la porte avec ses grenadiers, et le duc prit possession de Hanovre. Quelques troupes de ligne de Brunswick, qui se trouvaient encore en ville, furent faites prisonnières, mais les gardes nationaux rentrèrent chacun chez eux, après avoir fait serment de ne point porter les armes contre la France pendant trois ans. Le commandant de place, von Sommerfeld, garda son épée et resta prisonnier sur parole.

Dans la soirée, tous les postes étaient occupés par les français, et la plus grande partie des officiers de l'armée, qui avaient suivi l'avant-garde, de leur propre initiative, prirent quartier chez l'habitant. En même temps qu'eux, les marchands qui accompagnaient l'armée établirent leurs boutiques portatives dans les rues et exposèrent leurs marchandises, qui consistaient d'après les archives de la ville : en 49 eaux de senteur ; 10 quintessences ou esprits ; 6 essences pour faire les liqueurs ; 4 vinaigres de toilette ; 10 élixirs ;

---

(1) Tout cela est malheureusement vrai, les historiens allemands ne sont pas seuls à le constater : Chevrier, *Histoire de la campagne de 1757*, le dit formellement p. 132.

Les mémoires du duc de Luynes abondent de détails à ce sujet, et nous rencontrons presque à chaque page des cas d'extorsion d'argent des officiers supérieurs.

23 pommades différentes ; 14 poudres parfumées ; 9 poudres ordinaires ; 20 boites à la Bergamotte ; 8 sachets de senteur pour porter sur soy ; 29 sortes de petit artifice d'Italie et des Indes ; corbeilles, jarretières et sacs parfumés, bracelets, jeux de cartes avec le petit panier garni galamment, éponges fines pour le corps et la barbe, etc., etc. (1).

On voit par cette énumération de quelle importance étaient pour les officiers de cette époque les menus objets de toilette et de coquetterie ; il leur était impossible de faire campagne sans tout un attirail de jolies femmes, et les traficants de ces objets ne devaient jamais s'écarter des colonnes et des cantonnements.

Mais passons aux réquisitions d'un caractère sérieux ; l'avant-garde réclama la livraison immédiate de 30 bœufs, 45 tonneaux de bière et 12 cordes de bois, plus du grain et des munitions à livrer journellement au camp français établi à Linden, faubourg de Hanvore. Le commissaire à la guerre, Lonchamp, eût une violente altercation à ce sujet avec les conseillers de la ville ; des officiers envahirent même la salle des séances ; il fallut céder et s'engager à leur livrer coûte que coûte ce qu'ils réclamaient ; seulement le duc de Chevreuse défendit à ses officiers de pénétrer désormais dans la salle du conseil de ville. En même temps, il mit à l'ordre du jour qu'à partir de sept heures du soir les hôteliers et débitants ne pourraient tolérer les soldats chez eux ; que les jeux de hasard, auxquels les militaires s'adonnaient alors avec passion, seraient prohibés, enfin que les personnes qui toléreraient dans leurs immeubles des tables de jeu pour les officiers seraient sévèrement punies. Grâce à ces mesures, l'ordre put être maintenu.

Sur ces entrefaites, le duc de Richelieu fit son entrée solennelle à Hanovre le 12 août, entouré d'une suite chamarrée d'or, salué par le bruit des canons de la ville ; il ne fit qu'y paraitre et retourna de suite établir son quartier général au château de Platen, à Linden, où le gros de l'armée française était campée et cantonée. La ville de résidence, ou vieille ville, resta réservée exclusivement aux

---

(1) Cette liste figure dans Von Ulrich, *op. cit.*, p. 200-201.

officiers notamment aux trois princes du sang qui accompagnaient l'armée : savoir, le duc d'Orléans, le prince de Condé et le comte de la Marche ; aux généraux, avec leur nombreux état-major ; à l'intendant général Lucé, suivi d'une armée de commissaires ; enfin à des officiers malades ou blessés. Ce n'était pas un mince embarras que de loger un prince du sang en campagne : le duc d'Orléans à lui seul avait 350 chevaux, le prince de Condé, plus modeste, se contentait de 225 ; le duc d'Orléans exigeait journellement 500 livres de viande pour sa suite (1). Heureusement, dès le 17 août, il quitta Hanovre avec son cortège coûteux, pour faire une cure aux eaux d'Aix-la-Chapelle.

Toutefois les autres officiers n'étaient pas aussi encombrants ; d'allure gaie, en tenue de société, bien pommadés, la mouche à la joue, les cheveux ornés de rubans aux couleurs claires, ils passaient la journée à se promener par la ville, à en admirer les curiosités (2) si nous devons croire leurs lettres adressées en France, Hanovre leur plaisait assez ; « tout compte fait, écrit l'un d'eux, on peut dire que la ville est jolie ; les rues sont propres et larges, mais tortueuses ; les maisons bourgeoises sont toutes construites dans le style allemand, avec des pignons surplombants et parées de nombreuses fenêtres. Dans la vieille ville, il n'y a point de belles places ; ce ne sont que ruelles s'abouchant dans des rues un peu plus larges. L'hôtel de ville manque d'intérêt ; la nef de l'église est assez grande, mais privée d'ornements. Les Etats de Hanovre ont dans la vieille ville un magnifique palais où ils tiennent leurs séances. Le roi d'Angleterre possède aussi une très belle maison, qu'il habite lorsqu'il est de passage ici : on la nomme le Palais. Le dehors est très beau, le dedans assez bien agencé et meublé. »

Nous ne pouvons, faute de place, nous étendre sur cette correspondance, si intéressante qu'elle soit. Pour occuper leurs soirées,

____

(1) Chevrier, *op. cit.*, p. 140. — Von Ulrich, *op. cit.*, p. 209.

(2) Von Ulrich, *op. cit.*, p. 210 à 215. Les divers ouvrages allemands cités précédemment ne donnent point de détails concernant l'occupation de Hanovre ; nous nous en rapportons donc au travail de M. Von Ulrich.

les officiers réclamèrent bientôt l'organisation de représentations théâtrales. Le maréchal de Richelieu désira leur donner satisfaction, il apprit qu'une troupe de comédiens français destinée à charmer les soirées du roi d'Angleterre, quand il se trouvait à Hanovre, résidait encore en ville malgré la guerre et l'absence du monarque. Les archives de Hanovre ont conservé les noms de ces acteurs, c'étaient : MM. Lecoq, Demonvel, Delisle, Landois, Duportail, Cressent et Mmes Demonvel, Desgraviers, Hartcken, Cressent et Champvalon, les premiers touchaient 4 à 600 thalers, les seconds 4 à 500 thalers par an (1). La comédie française contait annuellement 6,200 thalers au budget de l'Electorat. Naturellement le duc de Richelieu ordonna aux acteurs de reprendre leur place sur la scène ; et, comme d'après les conditions de la capitulation de Hanovre, le Palais Royal, qui contenait la salle de théâtre, était interdit aux français, on organisa une salle en ville, et du 16 août jusqu'au 28 septembre, les représentations théâtrales de la troupe françaises continuèrent sans interruption.

Quand il fallut plus tard payer les frais de toutes ces représentations, le surintendant général Lucé refusa net d'acquitter le montant de la location de la salle et des frais d'installation ; le Conseil de la ville ne voulut point le faire non plus, sous prétexte qu'il n'avait point à s'occuper des plaisirs des officiers français. Le conflit s'aggrava au point que le commandant de place décida que si dans les 24 heures la somme de 297 thalers, objet du litige, n'était point payée par la ville, le bourgmestre ou un membre du Conseil serait mis en prison.

Alors, pour prouver aux Français qu'ils ne cèderaient pas un pouce de ce qu'ils appelaient leurs droits, les échevins firent faire une collecte dans les maisons pour solder la somme. Georges II se vengea de ces comédiens qui avaient eu l'audace de jouer devant les ennemis de l'Angleterre : le 1er décembre suivant, il écrivit de les congédier sans exception.

----

(1) Tous les détails relatifs à ces représentations se trouvent dans Von Ulrich, p. 212 et suivantes. — Voir aussi Chevrier, p. 137.

Le duc de Richelieu ne campa point longtemps sous les murs de Hanovre ; dès le 21 août, il remit ses troupes en marche et continua la campagne, laissant comme garnison à Hanovre deux régiments d'infanterie et un de cavalerie, sous le commandement du duc de Randan. Une ère nouvelle de l'occupation française commence alors, et les qualités de cœur et d'esprit de Randan vont faire oublier pendant quelque temps aux bourgeois de Hanovre les misères de la guerre.

Les historiens sont unanimes à vanter les mérites de ce noble chef : « il sut gagner l'amour des citoyens et la confiance des magistrats et du gouvernement. Sa probité, son désintéressement, le maintien d'une discipline rigoureuse parmi la garnison française, et sa volonté d'épargner la ville le plus possible, l'ont fait appeler par la population : notre bon Randan ; notre sauveur, celui que nous ne devons jamais compter au nombre de nos ennemis » (1).

Pour bien affirmer son désintéressement, le duc de Randan renonça au traitement de commandant de place auquel il avait droit de par les statuts de la commune, ainsi qu'à tous les avantages matériels que lui conférait cet emploi.

Quel contraste entre la conduite de ce général et celle du maréchal-général-des-logis de Maillebois, par exemple, qui réclamait, sous prétexte d'indemnité « pour bien vivre », la somme de 20,000 thalers, soit presque le revenu annuel de la ville, et qui, après de longues négociations, conduites par le capitaine Seney, son aide-de-camp, recevait 3,080 thalers pour lui, plus 500 thalers et un cheval pour ledit Seney. Moyennant ce cadeau, Maillebois consentit à épargner de nouvelles demandes d'argent à la ville.

Citons encore le commissaire aux vivres Baudouin, qui, après avoir reçu en cadeaux deux muids de vieux vin du Rhin, fit appeler le bourgmestre Grupen et lui tint ce langage : Je suis un homme qui peut vous adresser de nouvelles réquisitions, si je le veux. Il est utile à la ville que je reçoive un présent.

(1) Schæfer, *op. cit.*, p. 385.

Les muids de vin ne suffisent pas. Je pense avoir droit à une gratification plus importante; demain matin j'en attends le paiement » (1).

Le bourgmestre, après avoir conféré avec ses adjoints, offrit 500 thalers à Baudouin, qui les accepta.

Le duc de Richelieu faisait mieux, il vendait des lettres dites de sauvegarde aux gens des environs, moyennant 11 ducats par mois et parvint ainsi à encaisser environ 16,000 ducats.

Un exemple venu de si haut trouva des imitateurs à tous les degrés de la hiérarchie. Chacun, selon son importance, essayait de pressurer les autorités, beaucoup y parvinrent, malheureusement.

Un certain Sullivan présenta un jour une liste des sommes qui étaient soi-disant dues à l'état-major général pour « traitement ou bien vivre » et montant à 5,000 thalers. On refusa de le payer, faute d'argent; pour gagner du temps, le bourgmestre lui versa 1,000 livres le 10 septembre comme cadeau, puis encore 100 thalers quelques jours plus tard; et enfin lorsque cet indélicat Sullivan quitta la ville le 7 décembre, il exigea et obtint un certificat du bourgmestre constatant que « le dit chevalier Sullivan, capitaine au régiment de Dauphin-infanterie, n'a jamais rien exigé, ni en argent, ni en quoi que ce soit, pendant tout le temps qu'il a été ici, que chacun se loue de sa droiture et de sa manière d'agir » (2).

Comme contraste avec ces tristes exploits, mentionnons la réponse du surintendant Lucé, auquel les communes voisines de Hanovre offraient 1,000 ducats, afin d'acheter son concours en vue d'une demande en réduction de réquisitions : « Je ne reçois de » l'or que de mon roi, leur écrivit-il, et dans son intérêt, je dois » dépenser ces mille ducats. Je vous les laisse pour payer une » partie des réquisitions qui vous sont imposées. Cet emploi est » plus digne et plus utile que celui auquel vous l'aviez destiné ».

Pendant les mois de septembre, octobre et novembre, ce fut un

(1) Von Ulrich, *op. cit.*, p. 205, 207, 208.

(2) Von Ulrich, *op. cit.*, p. 125. A rapprocher de la fameuse ode de Frédéric II au duc de Brunswick.

continuel va et vient de troupes françaises par la ville de Hanovre et il fallut toute l'énergie de Randan et son bon vouloir envers le bourgmestre pour éviter des désordres. On dut cantonner les soldats un peu partout, sauf chez les hôteliers et débitants de boissons. Cependant, comme ces derniers profitaient énormément du séjour des Français, ils eurent à payer un impôt de 1 à 8 thalers par mois, selon l'importance de leur vente. Les petites gens et les veuves furent épargnés autant que possible.

En ce qui concerne la police de la ville, Randan prit avec les magistrats des mesures violentes pour maintenir l'ordre, et nous savons entre autres choses que deux soldats furent condamnés à être fouettés de verges par leurs camarades placés en deux lignes tout le long de la rue-au-Lin, ils furent ensuite chassés du régiment. Le 7 octobre, un soldat qui avait volé fut pendu sur la place de l'Hôtel-de-Ville ; un autre eut la main droite tranchée, le 20 novembre, pour voies de fait et refus d'obéissance envers un officier. Une autre fois, trois militaires furent pendus ; enfin, le 13 décembre, cinq d'entre eux subirent la marque au fer rouge pour avoir chassé dans les environs de la ville (1).

Cette sévérité faillit coûter la vie à Randan ; un jour, un soldat resté inconnu, lui tira un coup de pistolet au travers de la fenêtre de son appartement et le manqua.

Si nous passons à l'administration des autorités françaises, nous voyons que les réquisitions régulières furent organisées dès les premiers jours de leur arrivée à Hanovre.

Une des plus importantes était celle du bois de chauffage : 1400 cordes, soit plus de 4200 stères, furent consommés par les troupes dans les trois derniers mois de l'année 1757. Les écrivains de l'époque constatent à cette occasion que les soldats français étaient très frileux.

Les réquisitions pour fournitures d'hôpitaux ne sont point totalisées, mais s'élevèrent à un chiffre considérable de charpie, linges et chemises. Tous les habitants durent y contribuer, et les juifs,

____

(1) Voir Ulrich, *op. cit.*, p. 237.

qui, par suite du continuel change de monnaie, avaient réalisé de gros profits, livrèrent 2000 draps de lits et 1000 chemises de soldats. Le commissaire-général Lucé réclamait 1,800.000 rations d'avoine et foin, plus 35,000 sacs de farine et 16,000 sacs de légumes divers. Sur les représentations des magistrats, il abaissa ses prétentions des deux tiers, et comme la ville et les alentours ne pouvaient livrer les quantités requises, le bourgmestre fit un traité avec des entrepreneurs israélites, qui, moyennant 791,665 thalers, procédèrent à des achats au dehors et exécutèrent les livraisons.

Pour terminer le tableau des exactions des français, moins rigoureuses pourtant que celles que Frédéric II exerça envers la Saxe, au cours de cette guerre (1), ajoutons une indemnité de guerre de 550,000 thalers à payer en 3 termes, les 20 octobre, 20 novembre et 20 décembre. Dans l'impossibilité absolue de réunir cette somme énorme pour l'époque, et la caisse de la ville étant complètement vide, les Etats de Hanovre implorèrent le maréchal de Richelieu et l'intendant Lucé pour obtenir une réduction; peine perdue. En désespoir de cause ils s'adressèrent directement au roi de France par l'intermédiaire de l'ambassadeur Danois près la cour de Versailles, Wedel Frys. On leur promit l'envoi d'un expert à Hanovre pour la fin de novembre. En attendant, les Etats décrétèrent un impôt personnel frappant toutes les classes de la société. Chaque adulte de 14 ans passés dut payer de 1/2 à 2 thalers, selon sa position sociale, les femmes payaient la moitié. Les juifs, sans distinction de sexe, étaient taxés à 1 thaler par personne. Malgré tous les efforts des Etats et la bonne volonté des populations, on ne put réunir que 91,000 thalers au lieu de 550,000. Nous verrons plus tard par quels moyens les français parvinrent à toucher une nouvelle partie de l'indemnité lorsqu'ils évacuèrent Hanovre. Il est bon de dire ici que de l'aveu des Hanovriens eux-mêmes, les réquisitions de tout genre exercées

---

(1) On sait que Frédéric II. lorsqu'il envahit la Saxe en 1756, fit passer l'armée saxonne tout entière dans les rangs des Prussiens et rendit les autorités responsables pécuniairement et disciplinairement pour les nombreux déserteurs. 7 millions de thalers furent payés aux prussiens par les diverses villes de Saxe au cours de la guerre, en plus des réquisitions en nature.

Schæfer, *Geschichte des Siebenjaehrigen Krieg.*

par le surintendant Lucé, ne dépassèrent point les limites raisonnables dans lesquelles sont circonscrits les droits du vainqueur, à l'exception pourtant de l'indemnité de 550,000 thalers qui était réellement hors de proportion avec les moyens du pays.

Vers la fin de décembre, le duc de Richelieu, qui depuis la défaite de Soubise à Rosbach, sentait son flanc droit découvert, quitta Zelle, sur les frontières du Mecklembourg, et vivement poursuivi par le duc de Brunswick, recula jusqu'à Hanovre, où il vint prendre ses quartiers d'hiver.

Le 30 décembre 1757, le maréchal, à la tête d'un état-major de 26 généraux et suivi de toute son armée, fit son entrée en ville pour la seconde fois depuis cinq mois.

Le conseiller Heiliger, au nom des deux magistrats (1), lui tint le discours suivant en français :

Monseigneur,

Les magistrats de la ville de Hanovre vous renouvellent l'assurance de leurs respects à l'occasion de votre arrivée.

Puisse la ville qui gémit sous le fléau de la guerre trouver dans vous un conservateur ! Puissent les magistrats, toujours pénétrés du plus profond respect pour votre personne et d'un zèle infatiguable pour le service, mériter votre approbation. Puisse le ciel, propice à nos vœux, toucher votre cœur de la compassion que méritent nos infortunes. Nous ne manquerons jamais dans ce comble de malheurs de soumission à vos ordres. Puissions-nous aussi jamais manquer de forces pour les exécuter ! » Richelieu, faisant allusion à la non exécution du traité de Klostersevern par le duc de Cumberland, répondit qu'il plaignait la ville et le pays

____

(1) Les deux magistrats dont il est question ici, n'appartiennent point à l'ordre judiciaire proprement dit, mais à l'ordre administratif; ce sont les bourgmestres de l'ancienne et de la nouvelle ville. On trouve à chaque page dans le texte le mot : « le Magistrat » toujours avec un M majuscule, suivant l'usage allemand, ce qui veut dire tantôt le conseil municipal pris dans son ensemble, tantôt le bourgmestre tout seul, ou l'un de ses syndics ou adjoints.

qui étaient victimes d'un manque de foi. Néanmoins, il ferait son possible pour alléger la misère, seulement le roi de France était piqué, ses ordres étaient sévères et l'armée devait vivre. « Nous le regrettons, mais nous devons obéir ». Il termina par ces mots : On ne peut refuser la compassion que mérite notre situation, parce qu'elle ne dépend point de notre faute ; mais il en fut toujours ainsi et si *peccant Reges, plactuntur achivi.* »

Le souvenir de la récente défaite de Rosbach (1) ne semble point avoir été bien cuisant pour les français, car pendant les cinq semaines que Richelieu passa dans Hanovre, les plaisirs et les fêtes se succédèrent sans interruption. Bals, dîners, représentations théâtrales se renouvelaient chaque jour, et pour relever encore la gaîté, trois pièces de canon placées sur la grande place, appuyaient de leur voix sonore les toasts portés dans la salle des festins (2).

La troupe théâtrale ayant été congédiée par Georges II, comme nous l'avons dit plus haut, trois acteurs, MM. Monvel, Cressent et Landois, organisèrent avec le duc de Fronsac, fils de Richelieu, une nouvelle série de représentations. Cette fois elles eurent lieu dans la salle du théâtre du château. Il fallut forcer la porte, au mépris de la convention de capitulation du 13 août, jeter bas une muraille afin de permettre à l'état-major du duc de tenir en entier dans la salle trop petite pour le recevoir. Les Hanovriens n'assistèrent jamais à ces représentations ; y parurent seulement quelques filles de bourgeois, assises au rang des fauteuils, occupés habituellement par les dames de la Cour.

Malgré le grand nombre de troupes réunies dans les faubourgs de la ville, l'ordre ne fut pas troublé un seul instant ; ceci ressort nettement d'un rapport fait le 11 janvier 1758 par le ministre de Hacke à ses collègues. « Je ne puis me plaindre d'avoir été gêné en quoi que ce soit dans l'exercice de mon emploi. Le maréchal est poli envers tout le monde et maintient le bon ordre, les rues sont si tranquilles qu'on ne pourrait deviner que le quartier-général est

(1) 5 Novembre 1757.

(2) Von Ulrich, *op. cit.,* p. 224.

ici ». Par malheur, le duc de Randan avait quitté Hanovre dans les derniers jours de 1757 et Dumesnil lui succéda comme commandant de place. Aussitôt, les rapports se tendirent entre les magistrats et ce dernier, surtout à cause de son caractère entier et du désir qu'il avait de se faire payer tous les services qu'il croyait rendre. Ce fut pis encore lorsque le duc de Richelieu, redoutant d'être attaqué dans ses quartiers d'hiver par le duc de Brunswick (1), résolut de mettre la ville en état de défense. A cet effet, il prescrivit aux magistrats de laisser remplir d'eau les fossés de la ville et de les entretenir constamment libres de glaces. La tâche était dure par le froid qu'il faisait et tous les ouvriers durent y concourir. Richelieu réquisitionna aussi 20,000 palissades de neuf pieds de long, mais sur les représentations des magistrats, finit par reconnaitre l'impossibilité matérielle de cette livraison.

De nouvelles difficultés s'élevèrent en même temps du fait du surintendant Gayot, successeur de Lucé. Il réclama en janvier la solde des 550,000 thalers, dont 91,000 seulement, on s'en souvient, avaient été payés. Gayot menaça de faire des visites domiciliaires et de saisir l'or, l'argenterie et les meubles des bourgeois ; il prendrait « jusqu'à leur chemise » disait-il. En vain, le conseil proposa de donner 30,000 thalers par mois, aussi longtemps que les français occuperaient le pays. Gayot refusa la proposition, il lui fallait de suite 400,000 thalers, car il n'ignorait point que l'évacuation ne tarderait guère ; les prussiens avaient repris la campagne dès les premiers jours de février et l'armée française allait être obligée ou de se replier sur le Weser, ou de marcher à leur rencontre.

Effectivement, le 2, Richelieu reçut notification de son rappel et de son remplacement par le comte de Clermont ; le 8 il quitta Hanovre et le 21 rentra dans Paris, où le roi l'accueillit favorablement, malgré le piteux résultat de la campagne (2). Mais si par son incapacité il avait couvert la France de honte, il rapportait person-

(1) Ferdinand, duc de Brunswick, général au service du roi de Prusse, né en 1721, mort en 1792, le bras droit de Frédéric II pendant toute la guerre de sept ans.

(2) Chevrier, *op. cit.*, p. 150.

nellement un riche butin enlevé aux allemands et le Pavillon dit de Hanovre témoigne des bénéfices que lui procura cette guerre. Le commandant de place Dumesnil le suivit le 13 février; avant de partir il eut l'imprudence de réclamer aux juifs un cadeau volontaire, qu'ils lui refusèrent hardiment; il adressa ensuite la même demande au ministre de Hacke, qui le reçut aussi mal, et l'intendant général dut s'éloigner sans avoir obtenu la moindre gratification des hanovriens. Le chevalier d'Anville et le major de place de la Raynie furent plus heureux, ils extorquèrent, toujours sous forme de cadeau volontaire, le premier 200, le second 100 thalers aux magistrats.

Enfin parut le comte de Clermont, chargé de ramener en arrière les troupes françaises. Aussitôt la face des choses changea : ce prince, que les soldats nommaient le général des Bénédictins (1), affecta un désintéressement rare et prescrivit des mesures rigoureuses contre la maraude et les infractions à la discipline. Il défendit aux juifs et aux commerçants, sous peine de pendaison, sans autre forme de procès, d'acheter quoi que ce fut aux soldats.

Cependant il fallait songer à la retraite: le comte de Clermont la décida le 18 février, quatre jours seulement après son arrivée à Hanovre.

Le lendemain, le duc de Randan, de retour de son voyage à Paris, reparut et reprit son emploi de commandant de Place, vacant depuis le départ de Dumesnil. L'adresse que les magistrats lui présentèrent est si curieuse que nous ne pouvons nous empêcher de la reproduire en entier, en respectant son style et son orthographe :

Monseigneur,

La joye que vous voyés briller sur les visages des députés, du magistrat et de la bourgeoisie, est l'image naïve du contentement inexprimable que la ville ressent en se voyant de nouveau soumise

---

(1) Il était abbé commandataire de Saint-Germain-des-Prés, et bien que favorisé par Mme de Pompadour, était plein de bonnes intentions et d'une probité remarquable.

au gouvernement de Votre Grandeur. Dans les calamités qui nous accablent, nous comptons pour une marque spéciale de la protection divine, la consolation qu'elle nous accorde en nous rendant un gouverneur, l'amour et les délices du genre humain, l'objet de notre vénération éternelle. Permettés-nous, Monseigneur, de vous assurer que les sentiments de respect et de reconnaissance envers vous, subsisteront dans les cœurs de tous les habitants aussi longtemps que leur ville, tribut plus flatteur pour une grande âme et monument plus durable que le marbre et le bronze mêmes (1).

Il est heureux en effet pour la ville de Hanovre que le bon Randan soit arrivé à un moment où la réclamation des 400,000 thalers devenait d'autant plus pressanté que l'évacuation s'approchait davantage. Grâce à son entremise, le comte de Clermont consentit à ne recevoir que 100,000 thalers comptant, quitte à discuter plus tard quant au surplus. Encore fallait-il les trouver. Les habitants reçurent l'ordre d'apporter à l'Hôtel-de-Ville leur argent monnayé, leur orfèvrerie d'or et d'argent, leurs montres, médailles, linges en pièces, bijoux, voitures, chevaux, dont quittance leur serait donnée par les magistrats. Le tout devait être estimé par des experts assermentés et vendu publiquement le 28 février.

Grâce au patriotisme des habitants, 52,000 thalers en espèces furent réunis de suite et on ne dut pas avoir recours à l'ordonnance ci-dessus, chacun resta en possession de ses objets précieux.

Cependant les prussiens s'approchaient en deux masses; le prince Ferdinand menaçait la gauche, le prince Henri de Prusse (2) paraissait sur la droite du Maréchal. Le 23 février, la position des français était intenable, car ils ne pouvaient dans leur état de désorganisation et privés de cavalerie, aller offrir la bataille au duc de Brunswick (3).

La retraite s'imposait, immédiate, si on ne voulait pas être coupés du Weser et du Rhin. Les magistrats avaient une peur affreuse que

(1) Rapporté par Von Ulrich, p. 286, d'après les archives du Hanovre.

(2) Henri de Prusse, frère de Frédéric II.

(3) Chevrier, *op. cit.*, p. 160. — Schæfer, *op. cit.*, p. 388.

les derniers jours de l'occupation fussent marqués par des excès de la soldatesque et des pillages.

Grâce au sang-froid de Randan et à la sévérité du comte de Clermont il n'en fut rien, seulement les 48,000 thalers restant dus furent l'objet d'une énergique réclamation de la part de ces généraux. Croyant que des trésors étaient cachés dans la maison des Etats provinciaux, Gayot, l'intendant général, envoya 40 mineurs et canonniers la fouiller de fond en comble ; ils arrachèrent les parquets, creusèrent le sol des caves et des cours, mais ne trouvèrent absolument rien. Le Palais Royal, l'Hôtel des Comptes et la Chancellerie de la guerre subirent le même sort sans plus de résultat.

Ne pouvant plus rien obtenir des magistrats, Clermont se décida à emmener des otages, qui seraient prisonniers jusqu'à la paix ou jusqu'à complet réglement des 48,000 thalers restant dûs ; il désigna le ministre de Hacke, le conseiller provincial Von Munchhausen et le conseiller privé Von Hardenberg pour le suivre dans sa retraite. Cette résolution plongea la ville et les magistrats dans une profonde stupéfaction. Le Conseil de la ville envoya aussitôt le conseiller Von den Busche, suivi de son secrétaire, pour supplier le comte de Clermont de ne pas donner suite à son projet : « Mais que voulez-vous que je fasse, leur répondit le général, il est d'usage de prendre plusieurs garants ? »

L'envoyé lui représenta qu'il était impossible qu'il emmenât comme otage M. de Hacke, à cause de sa qualité de ministre d'Etat de l'Electorat ; les bourgeois de la ville devraient bien lui suffire. Après une longue discussion, Clermont déclara : « que touché de notre amitié pour le ministre, il ne pouvait pas se refuser à nos prières, que M. de Hacke resterait, et que nous pourrions de sa part aller lui porter cette nouvelle. »

Il fut donc décidé que MM. Munchhausen et M. de Hardenberg suivraient seuls le quartier général comme otages.

Naturellement, afin de ne rien laisser d'utile entre les mains des prussiens, qui n'étaient plus qu'à deux journées de marche de Hanovre, le général français ordonna de détruire toutes les armes et munitions qui se trouvaient à Hanovre et qu'il ne pouvait emporter faute de charrois. Ainsi, on fit sauter le magasin à poudre, les canons des remparts furent encloués et jetés bas de leurs affuts, seul le gros canon nommé l'homme sauvage, placé devant l'arsenal, échappa au sort commun. Les boulets et les balles furent noyés dans la Leine. Puis, le brigadier Saint-Mars, suivi d'une compagnie de sapeurs, demanda la clef du magasin de l'Hôtel de ville, et procéda à la mise hors de service des armes que les bourgeois avaient livrées lors de l'arrivée des français. Malgré les réclamations des magistrats, toutes les armes, même les fusils de chasse et les pistolets furent faussés et leurs crosses fendues. Rien n'échappa à la rage destructive des sapeurs, et lorsqu'ils se retirèrent, ils ne laissèrent d'intact qu'un des lourds marteaux qui leur avait servi et qu'on plaça dans les archives « comme souvenir de cet abus de pouvoir ». Pour terminer, deux mille boisseaux de farine qui se trouvaient sur la place du Marché allèrent dans la Leine rejoindre les balles et les boulets (1).

Nous devons reconnaitre que ce dernier méfait a été exécuté sans l'ordre de Clermont qui en ressentit un vif courroux. Pour en atténuer un peu les conséquences, Randan fit distribuer aux pauvres quelques voitures d'approvisionnement, ainsi que 1,000 sacs de farine appartenant aux français.

Enfin le jour du départ se leva ; le 27 février les colonnes quittèrent Hanovre, sans commettre aucun dégât et sans insulter les habitants « Il y eût même, s'il faut en croire une lettre particulière des Archives « de Nienburg, des scènes touchantes : Des soldats, tristes de quitter « ces quartiers, pleuraient en prenant congé de leurs hôtes ; « quelques-uns durent être emmenés de force, on en vit se pendre « au cou de leurs hôtes, et ne plus pouvoir s'en séparer » (2).

Dans la soirée du 27, les régiments français, au nombre de 8,000 hommes, quittèrent la ville et allèrent à Linden rejoindre le reste de l'armée qui y était campé.

(1) Relativement à l'évacuation de Hanovre, voir Von Hessel, *op. cit.*,p.120-135.
(2) Lettre citée par von Ulrich, *op. cit.*, p. 295. La conduite des français en cette occurence nous paraît assez singulière, mais comme il s'agit d'un témoin oculaire qui a écrit la lettre, la bonne foi de M. Von Ulrich ne saurait être surprise.

1

A cinq heures du matin, le lendemain, le comte de Clermont sortit en personne de Hanovre et le duc de Randan le suivit deux heures plus tard.

Il était grand temps de battre en retraite, car dans l'après-midi du même jour, la pointe d'avant-garde des prussiens, sous forme de 30 hussards noirs, nommés « têtes de mort » entra en ville au milieu des acclamations des habitants. En un instant, les fenêtres s'illuminèrent, chacun se pressait pour voir les libérateurs et bien des souffrances causées par sept mois d'occupation furent compensées par la joie de cette soirée inoubliable pour les Hanovriens.

Qu'étaient devenus les otages destinés à être emmenés en captivité? Nous avons dit que MM. de Hardenberg et Von Munchhausen devaient répondre du paiement de 48,000 thalers ; un autre personnage leur fut adjoint comme garantie des traitements que recevraient les malades français laissés dans les hôpitaux de Hanovre.

Le sénateur Detmering, tel est son nom, suivit la mort dans l'âme le quartier général français. Le 15 mars, le bourgmestre Grupen envoya une lettre à Randan, alors à Hameln, pour lui demander de bien vouloir renvoyer Detmering, attendu que le commissaire Pontet, laissé à Hanovre, certifiait que les malades ne manquaient de rien. Randan s'exécuta, mais quand on voulut communiquer cette bonne nouvelle à Detmering, il resta introuvable. Il avait pris la fuite la veille, et après une série d'aventures singulières rentrait à Hanovre deux jours après. A sa vue, le bourgmestre Grupen entra dans une grande colère, et furieux du manque de foi de Detmering, lui enjoignit, sous peine de confiscation de ses biens, de retourner de suite au camp français. Accompagné d'un trompette, Detmering reprit le chemin du Weser ; mais Randan touché de son infortune le mit définitivement en liberté.

Cette anecdote honore en même temps les français et le bourgmestre de Hanovre.

Von Hardenberg et Von Munchhausen suivirent Randan jusqu'au Rhin, sans que les États de Hanovre aient consenti à payer les 48,000 thalers restant dûs et à entrer en négociations avec les français au sujet du solde de 300,000 thalers. Même le premier de ces messieurs eut un congé sur parole de deux mois et vint dans sa ville natale pour essayer d'arranger l'affaire, mais les États ne purent se décider à payer une indemnité de guerre à un ennemi absent et hors d'état d'appuyer ses réclamations par les armes. De plus, le roi d'Angleterre, consulté, défendit de payer quoi que ce soit et offrit simplement l'échange de ces messieurs contre des prisonniers français. Clermont n'accepta point la proposition et Von Hardenberg se constitua prisonnier une seconde fois entre les mains du duc de Randan (1).

En résumé, quelque dures qu'aient parfois été les réquisitions des français, elles ne peuvent être taxées de cruelles, et les Hanovriens, qui accueillaient les Prussiens comme des libérateurs, perdirent bientôt leurs illusions. Les soldats de Frédéric II furent plus exigeants encore que les français ; il fallut leur donner à boire et à manger gratis, tandis que nos troupes se contentaient chez l'habitant de la place « au feu et à la chandelle » et du logement.

P. COQUELLE.

---

(1) Nous n'avons pu savoir à quelle date il rentra dans Hanovre. M. Von Ulrich ne le dit pas, de même pour l'autre otage Von Munchhausen.

LECTURES ET MELANGES

Allocution de M. Moireau

Président de la " Société des Études Historiques "
à la Séance du 29 avril 1896

La *Société des Études Historiques* vous remercie, Mesdames, Messieurs et chers confrères, de l'empressement que vous mettez en avril, comme vous l'aviez fait en février, à répondre à son appel.

Si pour notre part nous éprouvons un plaisir un peu égoïste à vous voir réunis en si grand nombre autour de nous, vous trouverez, je pense, dans cette affluence même, la preuve palpable que la vitalité de notre Société ne cesse de s'affirmer.

J'ajoute qu'elle s'affirme cette année d'une manière particulièrement énergique.

Alors que, l'an dernier, le nombre de nos adhérents nouveaux, titulaires, associés libres ou correspondants, avait déjà dépassé largement celui de 1894, il nous est venu, dans les quatre premiers mois de 1896, presque autant d'adhésions que dans toute l'année 1895.

Un très précieux contingent pour notre principal corps d'armée, — je veux dire pour l'histoire érudite, austère, pour l'histoire qui ne se contente pas d'être un art, mais aspire à la dignité de science, — nous a été fourni depuis une année par les archives et les bibliothèques.

Nous avons là tout un bataillon, — le terme est peut-être excessif, — disons toute une escouade, de jeunes savants, laborieux, zélés, avides de payer leur bienvenue dans la Société par une contribution qui lui fasse honneur.

Leur zèle nous donne de belles espérances. Déjà leur action s'est exercée par la proposition de certaines réformes visant la rédaction de notre Revue, réformes que les membres plus anciens de la Société, après mûr examen, ont définitivement approuvées, parce que, sans rien changer à la physionomie aimable de notre publication, les innovations adoptées accentueront son caractère d'œuvre sévèrement historique par l'heureuse addition de fascicules isolés, consacrés à des travaux entièrement originaux.

Que si nous nous engageons ainsi dans des dépenses un peu plus fortes de publication, vous en bénéficierez tous, mes chers confrères, titulaires, associés libres et correspondants, puisque vous recevrez, en échange de votre cotisation, un ensemble de publications d'une plus grande valeur, et pourrez apprécier par là le mérite de la réforme, plus que par les détails que j'en donnerais ici.

Rassurez-vous, d'autre part. L'état de nos ressources financières autorise la tentative de prodigalité où le zèle laborieux de quelques-uns de nos collègues nous veut entraîner.

J'ai salué avec plaisir le contingent d'érudits qui est entré si vaillamment dans nos murs, se rangeant sous la bannière d'un des plus brillants lauréats du concours Raymond.

Nous avons encore d'autres recrues à vous présenter. Il nous en est venu de tous les districts du monde intellectuel, car notre Société, ne l'oublions pas, si elle est avant tout historique, — son nom même l'y oblige, — est largement ouverte à toutes les manifestations de la pensée, estimant qu'elles sont toutes de notre domaine, puisque, toutes, elles concourent forcément, soit à la découverte, soit à l'expression de la vérité historique.

Nos statuts, c'est-à-dire la loi et la raison de notre existence sociale, comprennent, dans le champ de nos études, non seulement l'histoire proprement dite et ses annexes, la géographie, l'archéologie, l'épigraphie avec l'ethnographie, etc., mais aussi l'histoire des langues et des littératures, les sciences philosophiques et sociales, et toutes les ramifications de la création artistique.

Nous avons parmi nous, en même temps que des savants et des archivistes, — je dirais presque des professionnels, — des poètes, des peintres, des sculpteurs, n'oublions pas les musiciens; vous l'allez bien voir tout à l'heure, et vous trouverez, je n'en doute pas, à cette constatation, un grand plaisir.

Notre société se recrute ainsi dans toutes les carrières où s'exerce l'activité intellectuelle, et nous nous honorons fort de compter, parmi nos collègues, un si grand nombre d'hommes qui ont marqué honorablement ou brillamment leur place dans la vie militaire, au barreau, dans la magistrature, dans la pratique de l'art médical. On vient à nous des plus hauts rangs de l'administration, de l'Université, de l'armée et jusque de la marine ; et ce qui nous amène ces associés, c'est le même goût chez tous pour l'étude désintéressée et reposante, et l'égale aptitude à prouver, la plume à la main, la sûreté et la vivacité de ce goût.

C'est pour une bonne part à ces laborieux de la vie active, pour qui l'étude est un délassement, que nous avons dû jusqu'ici et que nous continuerons à demander les travaux qui font le charme, trop peu connu peut-être, de notre *Revue* : récits charmants et ensoleillés de voyages aux pays du Midi, analyses délicatement ingénieuses, infiniment subtiles des écoles à travers lesquelles a évolué notre littérature nationale, découvertes pittoresques dans les dessous de l'histoire officielle, recueils de pensées rappelant nos moralistes des siècles derniers, excursions philosophiques dans la fable ou dans l'art.... on pourrait poursuivre indéfiniment l'énumération ; ne veux citer personne, ne pouvant citer tout le monde, mais vous savez bien quels noms et quels travaux j'aimerais particulièrement évoquer.

Voudrai-je définir d'un mot ce qui me semble devoir être le grand objet de notre ambition ?

C'est que le concours que nous entendons donner à la science historique dans la mesure de nos forces soit de plus en plus sérieux et digne de ce qui s'accomplit autour de nous, dans les centres mêmes de la grande érudition.

Mais ce que nous ne voulons à aucun prix, c'est que cette science devienne chez nous revêche, rébarbative.

Il y a un an, mon très distingué prédécesseur dans ce fauteuil, M. Welschinger, vous parlait de la vérité dans l'histoire. Vous n'aurez sûrement pas oublié de quels accents il foudroyait les historiens, ou soi-disant tels, qui ne rendent point à cette divinité le culte le plus humble.

« Nous sommes entourés, disait-il, de chercheurs infatigables, de travailleurs passionnés qui fouillent les bibliothèques et les archives, qui découvrent chaque jour des documents précieux et en font généreusement part au public. »

Et il ajoutait : « La vérité déplait à quelques-uns.... dites-là quand même. Pour combattre et confondre l'erreur, servez-vous des textes, des documents, ces armes indisdensables.... n'imitez-pas ces écrivains frivoles qui, usurpant le nom d'historiens, etc... »

Voilà certes de l'austérité et des conseils marqués au coin de la science la plus rigide.

Ce culte de la vérité exclut-il cependant la grâce, l'agrément, la joie du récit élégant, plein de vie, d'humour et de pittoresque ? Demandez donc cela à l'auteur du *Roman de Dumouriez*, et des *Histoires de guerre et d'amour du baron de Cormatin*, au narrateur des *Aventures du comte d'Entraigues* et de la *Saint-Huberty* !

Combien il justifie lui-même, ce sévère censeur, les gracieux préceptes de son propre prédécesseur à la présidence de notre Société, M. E. Rodocanachi !

« Nous chercherons à être graves, nous disait-il en 1894, sans devenir ennuyeux... Nous devons présenter les recherches les plus sérieuses sous l'aspect le plus attrayant, dissimuler la science sous l'art, laisser à l'histoire les grâces et les séductions de la forme, prouver que, si elle doit être la plus exacte des sciences, elle est aussi et restera toujours le plus varié, le plus dramatique, le plus passionnant des romans. »

M. E. Rodocanachi, vous le savez, a prêché d'exemple, avec des œuvres aussi sévères au point de vue de l'érudition que charmantes de forme et de récit, les *Corporations ouvrières à Rome, Courtisanes et Bouffons au* xvie *siècle,* et en dernier lieu, cette délicate et artistique biographie de *Renée de France.*

Qu'il y ait toujours un charme romanesque dans l'histoire, même la plus véridique, n'en avons-nous pas la preuve dans ces livres classiques, qu'on relira toujours, quoi qu'en puisse dire l'érudition moderne : l'*Histoire Romaine* de Tite-Live, les *Annales* de Tacite, *La conquête de l'Angleterre* d'Augustin Thierry, l'*Histoire des ducs de Bourgogne* de de Barante, l'*Histoire de France* de Michelet, *Le Consulat et l'Empire* de Thiers, l'*Histoire du peuple d'Israël* de Renan ?... et, pour rentrer dans notre Société, le dernier chapitre, le dénouement, donné par un de nos collègues, du roman du *Masque de fer* ?

MESDAMES, MESSIEURS,

J'ai à vous aviser rapidement, sans préjudice des communications fort importantes en un point spécial, que va vous faire M. Flach, rapporteur cette année, du concours pour le prix Raymond, d'un épilogue agréable que nous avons été amenés à donner au concours de l'an dernier.

Voici ce que disait, il y a un an notre rapporteur, au sujet du mémoire auquel il proposait de donner une récompense. Je vous rappelle que le sujet du concours était : *Les relations des villes impériales avec l'empire d'Allemagne aux* xvie *et* xviie *siècles.*

« L'auteur, disait le colonel Fabre de Navacelle, a fait preuve d'une érudition remarquable et d'une connaissance approfondie de la littérature historique allemande... Mais nous craignons que le temps ne lui ait manqué pour mettre dans l'ordre logique et classer suivant leur importance, relativement à la question posée, les faits qu'il a ainsi relevés... En résumé, il a paru nécessaire de renvoyer le mémoire à son auteur pour qu'il le refonde... Mais, en vue de reconnaitre l'effort très méritoire qui apparait dans son estimable travail, la Société a décidé de lui remettre la moitié du prix (soit une somme de cinq cents francs), à titre d'encouragement, en l'engageant à lui représenter le mémoire complété avant le 31 décembre 1895. »

L'auteur du mémoire était M. Mauvezin, professeur d'histoire au collège d'Auxerre. M. Mauvezin a repris et refondu son travail, le complétant d'après les précieuses indications que lui avait données le rapport de la Société, et, à l'époque fixée, nous étions en possession de son nouveau manuscrit.

De l'avis unanime de la commission, le nouveau mémoire est très supérieur à celui qui nous avait été présenté la première fois. La Société a pu se féliciter de la décision qu'elle avait prise, puisqu'elle a ainsi provoqué l'éclosion d'une œuvre de réelle valeur. Elle est heureuse de récompenser M. Mauvezin en lui attribuant le complément du prix dont la moitié seulement, comme je viens de le dire, lui avait été conférée il y a un an.

Un dernier mot. Notre secrétaire général, si sympathique et si imperturbablement dévoué à son œuvre, le plus dévoué à coup sûr des secrétaires-généraux, M. Gabriel Joret-Desclosières, à qui je vais donner la parole pour l'exposé de la situation de notre société, traçait devant vous, dans notre seconde réunion générale de 1895, une esquisse de ceux d'entre nous qu'il appelait les anciens. Il vous parlera tout à l'heure des nouveaux. Ne croyez pas que cette distinction se rapporte spécialement à l'âge. Elle a trait surtout à la date d'entrée de chacun de nous dans la Société.

Parmi ces anciens il en est toutefois quelques-uns qui ont vu passer une grande partie de l'existence de la *Société des Études Historiques*, et notre Société, vous le savez, a ses titres de noblesse et son antiquité, plus de soixante ans, *grande œvi spatium*, si vous me permettez une citation latine pendant qu'il en est temps encore ; car, au train dont vont les choses, on prétend qu'avant peu autant vaudra citer de l'hébreu.

Notre secrétaire général possède une telle verdeur d'esprit et de caractère comme d'allure physique, qu'on peut difficilement le ranger parmi les anciens ; et c'est peut-être pour cela qu'il n'a pas parlé de lui l'année dernière. Mais comme il y a longtemps cependant qu'il est dans notre société, il omettra je gage de parler de lui tout à l'heure. Il y aura donc dans son exposé une lacune que je dénonce par anticipation.

Aussi bien n'avancerai-je rien que vous ne sachiez en disant que si nous vivons, si nous prospérons, c'est bien à lui que nous le devons. A lui en revient le principal mérite, comme aussi presque toute la peine. Son dévouement à une tâche de tous les instants est infatigable, mais c'est un dévouement si allègre toujours, et si enjoué, qu'on finit par le trouver naturel et qu'on en arriverait presque à oublier de lui en savoir gré.

De lui cependant et de ses compagnons fidèles des premières heures, de tout ce groupe qui a droit à nos plus affectueux respects, on peut dire avec certitude qu'il est le plus ferme appui de la *Société des Études Historiques*, comme il en est la tradition et l'honneur même.

AUGUSTE MOIREAU.

Rapport de M. Joret-Desclosières

Secrétaire général

Mesdames, Messieurs,

Nous pouvons calculer 365 chances contre une que vous n'avez pas gardé, et cela est bien naturel, le souvenir du compte-rendu de l'année dernière, lu à pareille date le 29 avril 1895.

Nous vous présentions alors le personnel actif de notre Société — commençant par les *anciens,* nous ajournions les *nouveaux* à cette réunion de 1896.

Au nombre des chers confrères ayant occupé la présidence de notre compagnie, à côté du colonel Fabre de Navacelle, doyen d'âge, de M. le premier président Barbier, réorganisateur de 1872 et que j'ai le plaisir de saluer à cette séance. de MM. Wiesener, Henri Welschinger, Emmanuel Rodocanachi, de Boisjoslin, Jacques Flach, Eugène Marbeau, Camoin de Vence, à côté, disons-nous, de ces collaborateurs de tous les jours et de toutes les heures, dont nous avions esquissé la physionomie littéraire et historique, nous placions un excellent ami de nous tous : M. Arthur Loiseau, professeur honoraire de l'Université, titulaire pendant longues années d'une chaire d'enseignement au lycée Michelet de Vanves. Nous avons éprouvé récemment la douleur de perdre cet excellent confrère et nous lui avons rendu les honneurs que méritaient : son dévouement à nos travaux, son caractère de laborieux investigateur, explorant de préférence les origines et les développements des littératures françaises et étrangères. Lauréat du prix Raymond, en 1879, histoire des origines de la langue française et de son développement jusqu'à la fin du xvie siècle, M. Loiseau compléta cette étude en pénétrant les littératures étrangères ; notamment les œuvres chaudes et imagées des écrivains du Portugal et du Brésil. La place de M. Arthur Loiseau restera vide à nos séances privées et publiques, son nom prononcé réveillera dans nos mémoires le plus honorable et le meilleur souvenir.

Vous me pardonnerez, mesdames et messieurs, d'évoquer, au début de cette soirée de fête, une pensée de deuil. Le devoir ne cède pas à la complaisance, et rendre hommage à la mémoire de ceux qui nous quittent devient la première de nos obligations.

Revenons maintenant à l'idée de l'année dernière. Reprenant la revue du personnel, parlons aujourd'hui des *nouveaux*, la réserve et l'espoir de l'avenir.

Ayant à vous citer une cinquantaine de noms, vous me permettrez d'user de concision et m'y inviterez même, j'en suis convaincu.

A tous seigneurs tous honneurs ! commençons par le Bureau.

M. Moireau, élu président en 1896, vous est déjà bien connu. Son livre : *Histoire des États-Unis de l'Amérique du Nord*, couronné par l'Académie Française, sa lecture très goûtée, ici même, sur la prétention des femmes au droit de suffrage, sa conférence : *Les Mémoires du général Marbot* ; l'allocution qu'il vient de vous adresser me dispensent de toute autre appréciation.

Notre vice-président, M. Frantz Funck-Brentano, sous-bibliothécaire à l'Arsenal, lauréat du prix Raymond, 1692, *Histoire des Lettres de Cachet* ; lecteur applaudi, l'année dernière, de l'élégante et ingénieuse étude : *La Devineresse, une féerie pour la réforme des mœurs sous Louis XIV*, M. Brentano, disons-nous, actif promoteur des améliorations signalées par M. Moireau, M. Brentano, zélé présentateur de jeunes et ardents travailleurs, ses amis, anciens élèves comme lui, de l'Ecole des Chartes, est appelé à tenir et porter haut notre drapeau, en sa personne le présent salue, avec confiance, les développements de l'avenir.

M. Jules Fabre, avocat à la cour d'appel, notre deuxième vice-président, s'est signalé, l'année dernière, par une histoire contemporaine du barreau de Paris ; toute saisissante de portraits choisis avec goût, esquissés d'une plume alerte.

Le monde du Palais au XIXe siècle, ses mœurs, son influence sur l'administration de la justice et les mouvements de la vie politique au temps de la Restauration et du régime de 1830 revivent dans cette histoire. Les lecteurs de notre *Revue* connaissaient déjà l'auteur de l'excursion aux rivages historiquement lamentables de Quiberon, le narrateur du premier voyage d'exil de Napoléon à l'île d'Elbe, ils retrouveront dans l'histoire du Barreau de Paris, depuis sa reconstitution en 1810, la preuve qu'il n'est pas inutile de venir s'exercer dans nos séances privées à de menus travaux, avant d'aborder une œuvre d'importance.

Nos deux secrétaires généraux-adjoints : MM. Dumont et Albert Vaunois, nous rendent des services signalés, l'un en rédigeant avec sobriété et scrupuleuse exactitude les procès-verbaux de nos séances privées ; l'autre en rapportant à nos réunions un écho des discussions agitées dans les Congrès de l'association internationale pour la protection de la propriété industrielle et littéraire. Solennelles assises présidées par l'éminent bâtonnier de l'ordre des avocats, M. Eugène Pouillet !

Il serait ingrat de quitter notre bureau sans vous rappeler que notre cher et vigilant administrateur, M. Ludovic Racine, vient de recevoir, à la très vive satisfaction de nous tous, au commencement de cette année, les palmes d'officier d'académie.

Ensuite de cet état-major de 1896, s'avancent en rangs serrés, exacts à nos séances mensuelles : MM. Mazerolle, archiviste à l'hôtel de la Monnaie, l'un des directeurs de la Revue : *La Correspondance historique et archéologique.* M. Mazerolle veut bien, au milieu de ses autres nombreuses occupations, accepter la lourde tâche d'analyser plus d'une centaine d'annuaires et de bulletins adressés par des Sociétés correspondantes de province, Ils abondent ces volumes en études générales et locales du plus réel intérèt. Elaborées consciencieusement par d'érudits travailleurs, vivant dans les milieux reposés de la province, elles donnent des particularités de la grande et de la petite histoire, qui, sans elles, dormiraient d'un éternel sommeil dans les poudreux casiers des archives départementales.

M. Coquelle nous appartient seulement depuis février 1895, et déjà son histoire de la Serbie et du Monténegro, sa récente lecture racontant l'occupation de Hanovre par les français ont affirmé l'utilité et la valeur de sa collaboration.

Vous avez certes encore à la mémoire, mesdames et messieurs, la très agréable conférence : *Folk-Lore*, ou *Les traditions populaires* que M. Loys Brueyre a bien voulu nous dire le 29 février dernier.

Je reste l'écho fidèle des impressions recueillies dans cet auditoire, bon appréciateur du talent, en rappelant que M. Loys Brueyre dut son succès aux qualités de vérité et de simplicité de sa mise en œuvre élégante et discrète, unies à la science des origines, aux rapprochements spirituels et ingénieux qu'il sut emprunter aux contes aimés qui bercèrent notre enfance.

M. Justin Bellanger, ancien lauréat du prix Raymond, nous a donné une étude : *Gaston Phœbus*, que vous retrouverez avec plaisir dans un prochain numéro.

M. Maxime Formont, attaché à la Bibliothèque Nationale, se repose des austères annotations du catalogue en composant des poésies dont vous allez avoir ce soir la primeur.

M. Tanon, président de chambre à la Cour de cassation, auteur d'une savante et très suggestive histoire des Tribunaux de l'inquisition, nous inspire le vif désir de voir les exigences de ses hautes fonctions de magistrature se détendre assez pour lui laisser le loisir de venir prendre part à nos séances privées et de se mêler à nos discussions.

M. Georges Dufour, momentanément éloigné de nous par ses travaux du Palais et ses obligations de conseiller général en Seine-et-Oise, nous revient avec une étude sur son pays natal : le Périgord. La découverte de statues antiques est l'inspiratrice de la lecture que vous allez entendre : *Un avant dernier mot sur la mythologie.*

Comme M. Georges Dufour, des confrères dont nous gardons le meilleur souvenir, se sont trouvés en 1895 empêchés de se manifester à nous autant que nous l'aurions souhaité. MM. Ferdinand Roux, très versé dans le fonctionnement social de l'ancien régime, le comte de Bricqueville, un dillettante possesseur d'une rare collection d'instruments de musique disparus, l'abbé Espagnolle, auteur d'un savant dictionnaire des origines de la langue française. M. F. Bellanger, généalogiste, qui s'est consacré à l'histoire de nos régiments territoriaux; l'abbé Casabianca, biographe d'après des documents nouveaux, de Christophe Colomb et du diplomate Pozzo di Borgo ; Louis Rivière, à qui nous devons de complets comptes-rendus d'ouvrages offerts et une intéressante étude : *Excursion dans les Alpes italiennes, les montagnes saintes;* Henri Dabot, faisant revivre avec un sourire aux lèvres et des larmes dans les yeux la chronique des élections de 1870 et les journées terribles du siège de Paris, suivies des lueurs sinistres des sauvages incendies de la Commune.

Espérons qu'ils reprendront, ces chers confrères, à la session de 1896-1897 le chemin de cette belle et bonne grande salle de réunion que l'administrateur de la Société d'Encouragement, M. Richard, met à notre disposition, obligeance dont nous tenons à lui adresser ici nos remerciements.

A la suite de ces distingués confrères vient la phalange de la 4ᵉ classe, beaux-arts, avec des compositeurs et des exécutants habiles à nous préparer ces auditions musicales, votre charme et votre délassement. Elle comprend, cette classe, MM. Arthur Coquard, encouragé par le succès de l'opéra la *Jacquerie*, William Marie, compositeur élégant, organisateur heureux de notre dernier concert, succès que nous allons remercier en lui décernant la médaille Duvert. Otto Bouwens, auteur de romances que vous avez applaudies l'année dernière et qui vous prépare pour 1897 un nouveau morceau.

Ai-je commis une indiscrétion en vous l'annonçant ? Si oui, veuillez ne le dire à personne.

MM. Houssay, Amand Mareschal, Verdunacki, Doria Peaucelle, associés libres que vous entendrez ce soir. Leur obligeance se sentira fortifiée par votre bienveillant accueil, elle sera secondée

par l'aimable intervention d'artistes du meilleur monde, Mme Truffaud, Mlles Perigot, Joly de la Mare, MM. Berton et Desfontaines.

Les uns se contentant d'égaler par leur talent des professionnels,
les autres déjà engagés sur la grande route qui mène à le
devenir.

Sachons nous borner, sous peine de vous imposer une fatigue
excessive. Permettez-moi de réserver pour le compte-rendu imprimé
la note consacrée à nos correspondants de province et de
l'étranger (1).

Le mouvement entretenu dans notre Société explique qu'elle ne
reste pas dans le délaissement, et l'accroissement progressif de ses
membres, venus comme l'a si bien montré M. le président Moireau
de tant de branches de l'activité intellectuelle et sociale, atteste que
point n'est nécessaire d'écrire l'histoire pour s'intéresser à ses
recherches et à ses enseignements. Avec le temps, elle remet l'histoire
toutes choses au point.

Ne pensez-vous pas que si à de bruyantes déclamations vulga-
risées par de tenaces entrepreneurs qui semblent vouloir gravir les
plus hauts degrés de la tour Eiffel, pour proclamer au monde
anxieux qu'ils viennent de découvrir..... le pont d'Iéna, on opposait
les annales sincères et complètes de l'action et de l'influence des
classes moyennes aidées de l'*infâme capital* pour parvenir à la
mise en œuvre des merveilleux progrès réalisés par le xixe siècle, il
n'y aurait pas dans cette recherche un salutaire enseignement? N'y
trouverait-on pas le texte d'une bonne plaidoierie concluant au
large bénéfice des circonstances atténuantes, subsidiairement
même, comme on dit au Palais, à la gloire d'un bel acquitte-
ment?

Quoi! Le siècle qui va finir léguera à ses héritiers la rapidité et

---

(1) Au premier rang nous devons citer MM. Hochart, Eugène Louis, L. Lucas,
Mauvezin, Pagart d'Hermansard, Prarond, Quarré-Reybourbon, Vachez, G. Vallée,
Vaudin, Le Coultre de Neufchâtel (Suisse), Albert de Montet, Justin Bellanger,
qui nous font parvenir leurs publications avec une obligeance digne de tous nos
remerciements.

l'économie des moyens de transport, l'instantanéité de la transmission de la pensée avec distances les plus extrêmes à travers les océans ; des procédés d'éclairage atteignant les dernières splendeurs de la lumière, la passion du dévouement de l'homme pour l'homme procédant des plus sublimes émanations du christianisme ; associations innombrables de bienfaisance, de protection, de sauvetage, de prévoyance et de colonisation. Assistance enfin à tous les degrès, pour tous et sous les formes les plus ingénieuses.

Ecrire une pareille histoire ne serait-ce pas faire étude belle, haute et juste?

N'autoriserait-elle pas à conclure par ce simple mot à l'adresse des détracteurs, imprudents et dangereux ennemis de la société moderne, voici notre œuvre, montrez la vôtre.

Si vous restez muets, inclinez-vous donc devant l'incomparable et persistante lueur de l'histoire, enseignant que le libre essor de l'initiative individuelle reste, à travers les siècles, le meilleur facteur du progrès.

Avant-dernier mot sur la Mythologie [1]

Le hasard qui sert parfois mieux les archéologues que les fouilles les plus habilements conduites, fit découvrir, il y a quelques années, à Périgueux, un buste en bronze de Diane et une statue en pierre de Mercure.

Diane, ou le peu qui en restait, fut trouvée dans la rivière de l'Isle, près des Thermes de Vésone, par des mariniers que rien ne préparait d'ailleurs à cette pêche d'un nouveau genre.

Quant à Mercure, il fut exhumé un beau soir d'automne des fondations de l'ancien palais épiscopal par des ouvriers occupés à un travail assez peu poétique : la construction d'un égoût !

Ces précieuses trouvailles, jointes à quelques autres de moindre importance, mirent le monde des savants périgourdins en émoi.

On se demanda si de la terre ou des eaux ne sortiraient point, après de nouvelles et patientes recherches, d'autres Dieux et Déesses, témoignant ainsi d'une migration générale de l'Olympe au gracieux vallon où s'épanouit la verdoyante cité des Pétrocores.

Diane et Mercure n'étaient-ils que des précurseurs? Derrière eux allait-on voir successivement paraître la longue théorie des divinités de la Grèce et de Rome?

Vain espoir ! On eut beau remuer un peu partout la terre, creuser même en maints endroits le sous-sol, c'est à peine si l'on put ramener à la lumière du jour quelques fragments de pierre sans grande signification, quelques éclats de poterie, sans destination nettement déterminée.

Diane et Mercure demeuraient toujours seuls, et depuis leur isolement n'a point cessé.

(1) Lecture faite à la séance publique du 29 avril 1896.

D'humeur plus vagabonde ou plus volage que les autres puissances déifiées du Paganisme, peut-être se sont-ils sentis trop à l'étroit dans les limites du sanctuaire que la piété de leurs premiers fidèles avaient tracées? Ainsi s'expliquerait la présence, à l'exclusion de tous autres, de Diane et de Mercure d'abord dans les colonies grecques, plus tard dans le sud et l'est de la Gaule.

Peut-être aussi les légions victorieuses de César les emmenèrent-elles à leur suite, s'efforçant par l'établissement du culte de deux des divinités les plus faciles à acclimater en Gaule de consacrer définitivement sur les territoires nouvellement conquis leur autorité moins militaire encore qu'administrative et religieuse.

Peut-être enfin, les archéologues périgourdins n'avaient-ils devant eux qu'un produit de la ferveur de quelque artiste gallo-romain, s'ingéniant à prolonger par les œuvres de son ciseau et de son ébauchoir l'agonie de la religion païenne.

Quoi qu'il en soit de la résurrection vainement espérée des autres Dieux de l'Olympe, ne pourrait-on tirer du simple rapprochement de ces deux divinités, symbolisant ensemble le Crépuscule et la Nuit, toute une série d'inductions permettant de reconstituer l'effort commun des nations pour s'élever des Dieux tangibles à la synthèse divine qui gouverne le monde aujourd'hui.

Moins ambitieuse, notre pensée, qu'attire le réveil des poétiques légendes du passé, se contente de saisir ici l'occasion de protester, au nom de l'histoire, contre le mépris où certains tiennent les choses de la mythologie antique.

Mépris inopportun, car c'est au moment où la science positive pénètre plus avant dans ce mystérieux domaine, que l'enseignement classique s'en éloigne davantage.

Pour peu que ce mouvement rétrograde s'accentue, nous n'aurons bientôt plus, en vue de satisfaire nos intelligences, jadis abreuvées à la source des humanités grecques et latines, que le Dictionnaire de la Fable ou les refrains joyeux de quelques couplets d'opérette.

Et pourtant ce n'est point là une étude aussi enfantine que la pédagogie contemporaine veut bien le dire. Ecrire une page quelconque de l'histoire des Dieux, ce n'est pas seulement toucher le cœur de l'érudit, c'est s'adresser à tout homme qui cherche dans l'évocation de tant de fables gracieuses un aliment aux besoins religieux, moraux ou poétiques dont toute âme humaine est plus ou moins remplie.

Quoi de plus vivant, du reste, quoi de plus sympathique que ces Dieux faits à l'image de l'homme !

Ce fut d'abord la nécessité de nommer les choses qui les créa. Une grande part du surnaturel a sa source en chacun de nous. Chez les Grecs tout part de l'homme et y retourne.

Rien donc de plus facile à analyser que ce travail créateur de l'humanité. On ne pense que par abstraction ; on ne désigne que par image ; et on n'imagine que d'après soi-même.

De là trois caractères qui se trouvent concentrés à l'origine dans chaque mot, partant dans chaque Dieu.

A tout ce qu'il considère l'homme donne, en effet, sa propre forme intellectuelle ou extérieure. Ce travail de l'esprit conduit à l'anthropomorphisme. Aucune religion primitive n'échappe à cette nécessité. C'est parce qu'Hésiode en est profondément imbu, qu'il attribue aux Dieux dans sa théogonie les maladies et les souffrances des mortels.

Ainsi créés pour représenter d'abord les forces élémentaires de la nature : l'air, la terre, l'eau, le feu, les Dieux prennent bientôt une telle consistance qu'ils finissent, s'isolant à mesure de leur principe initial, par acquérir une existence absolument indépendante de leur mythe originaire, existence faite de la synthèse des fantaisies et des broderies imaginatives de chacun.

Leur histoire devient dès lors aussi variée que celle du génie humain. Les théologiens ont fait place aux poètes. L'art, compagnon inséparable de la poésie, les prend sous sa tutelle à son tour.

Après des siècles de silence et de mort, on les voit renaître triomphants dans cette admirable époque qui a mérité pour cela même de s'appeler : la Renaissance !

Plus tard, au xvii° siècle, ils apparaissent comme l'unique modèle et la seule fiction, capables d'inspirer poètes et artistes.

Mais l'idée du surnaturel s'est progressivement effacée. La raison humaine ne voit plus dans ces créations mythologiques de la Grèce que des prototypes offerts au culte du beau.

Si lointaines pourtant que soient des productions exquises du génie d'un Scopas ou d'un Praxitèle les deux modestes statues de Périgueux, elles n'en ont pas moins de valeur aux yeux de l'historien.

Une première question, d'ailleurs, ici se pose : Lequel des mythes si variés de Diane réprésente le buste en bronze, pêché dans la rivière où quelque farouche iconoclaste sans doute le jeta ?

Est-ce la Diane d'Ephèse, divinité asiatique, ayant les Amazones pour prêtresses, féconde et nourricière, protectrice de la vie de famille, mais voyageuse émérite, venant jusqu'à Marseille grâce aux colonies grecques, s'installant aussi dans le temple de l'Aventin, construit pour elle par Servius Tullius ?

Est-ce la Diane de Tauride, rapportée du pays des Taures par Orestes et Iphigénie, possédant comme attributs deux cornes de taureau disposées en forme de croissant lunaire, et pour le culte de laquelle les jeunes lacédémoniennes se laissaient courageusement flageller ?

Est-ce la Diane d'Aricie, vieille divinité nationale italique, d'origine sabine comme Janus lui-même, déesse des Sources, de la Naissance et du Salut ?

Est-ce enfin la plus célèbre de toutes, la sœur d'Apollon, la vierge dorienne, le type de la divine chasseresse d'Arcadie ?

Cette dernière, d'ailleurs, se dédouble. Dans l'imagination des habitants de la Grèce, proprement dite, elle est surtout la protectrice des âmes virginales.

C'est pour conserver la chasteté chère à sa Déesse, que le bel Hippolyte, fils de l'Amazone Antiope, résiste aux séductions et aux prières enflammées de Phèdre. Il mourra victime de sa pureté. Mais son innocence, sa noble pudeur auront leur récompense. Il recevra à Trézène les honneurs divins, et pendant de longs siècles les jeunes vierges, avant leurs noces, couperont leur chevelure en son honneur, lui offriront le tribut de leurs larmes et le choisiront pour éternel sujet de leurs plaintives chansons.

Chez les peuplades plus barbares du nord de l'Hellade, la Déesse dorienne se transforme et devient la sombre Hécate, souveraine des morts et des ombres, recevant chaque mois des sacrifices d'un caractère expiatoire et purificatoire.

Mais, toutes ces variantes finissent par se fondre dans un type unique : celui de Divinité lunaire.

Diane-Phœbé a sa place marquée dans le monde sidéral, à côté d'Apollon-Phœbus, son frère.

Au-dessus d'elle rayonne le ciel, *Zeus*, le père, Zu-pater, Jupiter. Plus loin, Mercure est la lumière messagère du Printemps ; il est aussi le commencement et la fin du jour. Quant à Phœbus-Apollon, c'est lui qui conduit la chaude lumière de l'été, dont les rayons fécondent la nature tout entière.

Ainsi, dans ces dieux de lumière se personnifient les saisons. Bacchus, lui aussi, lumière d'automne, fait mûrir la liqueur exquise, le vin qui donne le bonheur, l'oubli de tout souci, rend la vie plus légère à supporter, accroît aussi la vertu, mais à la condition qu'il soit pur.

Enfin, le cycle solaire se termine par Hercule, lumière atténuée de l'hiver, qui met un terme aux influences paludéennes et terrasse les hydres monstrueux, objets de la profonde terreur des mortels.

Si, quittant les coteaux d'Erymanthe et les taillis du Taygète, la déesse, sœur d'Apollon, abandonne, pour s'élever dans les cieux, la poursuite des sangliers et des cerfs rapides, dès lors, c'est le mythe de Séléné et d'Endymion qui commence.

Endymion est un des nombreux noms du soleil, un de ceux qui se rapportent spécialement à l'astre du jour à son déclin.

Séléné, divine clarté, qui se montre à l'heure où le soleil se cache, en personnifie la déesse amoureuse. Mais son regard donnait la mort.

Elle vit le beau dormeur dans la caverne du mont Lathmos, l'aima et le perdit.

Et c'est ainsi qu'Endymion ou le soleil, levé dès le matin du sein de l'aurore, après une courte et brillante carrière, se coucha le soir venu, et, sous la caresse perfide des rayons lunaires, s'endormit et disparut pour ne plus jamais revenir dans cette vie mortelle.

La Diane de Périgueux était-elle tout cela ? Non certes, et cependant le groupe emblématique surmontant sa tête permet d'évoquer un peu de toutes les fables dont son souvenir s'accompagne.

Elle a la lyre formée de deux cornes d'abondance entrecroisées, attributs de l'Artémis tauride.

Sous l'épais bandeau de sa chevelure à peine calamistrée, les oreilles sont cachées. Est-ce pour mieux désigner la divinité peu accessible à la prière et demeurant impitoyablement sourde aux supplications des hommes ?

Sur un cou gonflé comme une colonne s'épanouit, sorte de chapiteau vivant, la tête de la Diane Périgourdine. Une légère inclinaison à droite tempère par un caractère de bienveillance l'absence de l'ouïe et la dureté de ces yeux fixes, qui lancent des regards rapides et droits comme des flèches.

Du vêtement on n'aperçoit que la partie supérieure. Comment le reste du corps était-il habillé ?

Le poète a dit :

Que lorsqu'on voit le pied, la jambe se devine ;

On ne voit ici que le buste. Cela suffit-il pour compléter ce qui manque ? Autant d'images de Diane, autant de toilettes différentes, et pourtant nulle ne doit être moins coquette que la Vierge sidérale.

Dans la grande époque de l'art, Diane est vêtue de la courte chemise dorienne. C'est déjà une transformation du costume primitif. Originairement elle apparaissait toujours enveloppée dans de longs vêtements.

Les anciens l'habillaient communément de ces robes aux plis régulièrement ordonnés, tombant en lignes symétriques et parallèles ; les modernes la déshabillent.

A mesure que les siècles s'allongent, c'est son vêtement qui se raccourcit. Est-ce un progrès ?

Avec les maîtres de la statuaire du grand siècle, Diane chasseresse n'a plus pour se vêtir que son arc et ses flèches : telle la Diane de Houdon.

Si Actéon vit pousser à son front des ramures de cerf pour avoir indiscrètement regardé la Déesse, combien, avec le simple appareil des Dianes du jour, mériteraient d'avoir le sort de l'imprudent Actéon !

Il est donc resté bien plus près de la vérité mythologique, l'artiste gallo-romain, qui fit la Diane-Arthémis de Périgueux en l'habillant de la tête aux pieds. Il s'est souvenu de la tradition, qui ne voulait point qu'on pût tirer des images représentatives de la Divinité autre chose qu'un enseignement et qu'un encouragement au bien.

Souvent à Athènes il suffisait d'un chef-d'œuvre pour déterminer un changement d'idées parmi les citoyens. Quintilien affirme que la vue du Jupiter d'Olympie réveilla au cœur des peuples la piété chancelante.

C'est un lieu commun de rappeler que jamais dans l'Art grec le reflet des passions humaines ne devait altérer la sereine majesté des statues.

Dans ses plus atroces souffrances, le Laocoon conserve un visage qui n'a rien de grimaçant. Vénus elle-même se refuse à l'éveil d'une pensée de libertinage quelconque. Apollon et Diane, sacrifiant les Niobides, ne manifestaient sur leur figure aucun sentiment de colère satisfaite.

D'ailleurs, les règles de proportion étaient déterminées d'avance. L'idéal de chaque statue de Dieu était soumise à certaines prescriptions touchant l'attitude, les emblèmes ou l'expression. L'artiste était contraint de s'y conformer, sous peine de commettre un acte d'impiété.

Si donc les Dieux de l'Olympe mythologique ne sont rien moins qu'exemplaires, la faute en est à la poésie et non à l'art. C'est la fantaisie des chantres populaires qui a corrompu le goût, en prêtant aux Divinités des passions capables de les rendre odieuses.

Quel pouvait être, toutefois, au point de vue religieux, le rôle de Diane et de Mercure en Périgord ? Leur consacrait-on un culte particulier ? Avaient-ils pour ainsi dire conquis l'indigénat ?

Non certes ; ni l'un ni l'autre n'y avaient leur temple. Ce qui paraît certain cependant, c'est qu'à Périgueux comme dans plusieurs autres villes de la Gaule, on sacrifiait à Hermès *strophaios* et à Hécate, gardiens tous deux des portes de la ville. Placés très vraisemblablement dans des niches à l'entrée et à la sortie des cités, on installait devant eux des tables, des trépieds ou de simples brûle-parfums, qui leur tenaient lieu d'autels.

Spécialement ici, la statue de Mercure avait dû être mise dans une sorte de niche-autel dressée près de la porte principale de Vésone.

S'il faut en croire César dans ses commentaires, Mercure était en effet particulièrement honoré des Gaulois, qui lui élevèrent un grand nombre de simulacres. C'était pour eux l'inventeur des arts et le guide des voyageurs.

Les marchands le plaçaient aussi à la devanture de leurs boutiques comme pour appeler sur leur négoce sa bienfaisante protection.

Mercure, Dieu du Commerce, ne ressemble plus guère à l'Hermès hellénique, type idéalisé de l'éphèbe. C'est le génie pratique des Romains qui a complètement transformé sa physionomie.

A Rome, il avait son temple principal à l'extrémité sud du cirque Maxime. Le jour des ides de mai était réservé pour les sacrifices à Mercure et à Maïa, sa mère.

Non loin de ce temple aussi se trouvait une source qui lui était consacrée. Le marchand y puisait de l'eau, trempait dans cette eau une branche de laurier, en arrosait sa tête et ses marchandises, priant en même temps Mercure d'écarter de lui-même et de son étalage tout l'odieux des fautes qu'il avait pu commettre.

A l'égal de Diane, la statue de Mercure, découverte sous les fondations de l'ancien palais épiscopal de Périgueux, nous offre un résumé de toutes les destinations et de tous les emplois que les mythographes du Dieu ont catalogués.

On trouverait difficilement une autre représentation sculpturale accompagnée d'autant d'attributs.

C'est à la fois le Dieu du gymnase, de la palestre, de la jeunesse, de la musique, de l'éloquence. C'est surtout le Dieu des marchands et des voleurs, ce qui n'implique pas nécessairement que ces deux expressions soient synonymes.

Il tient d'une main la bourse aux cordons déliés, d'où s'échappent des pièces de monnaie, symbole des larcins et du commerce.

N'est-ce pas, du reste, l'idée générale d'échange qui explique cette assimilation peu flatteuse? Un objet vendu ou volé passe dans les deux cas d'une main dans l'autre. C'est ce qu'on exprime encore d'une façon moins désobligeante en disant du Dieu qu'il est le médiateur bienveillant qui procure et favorise les communications, les échanges, qui préside aux principaux rapports des hommes entre eux, au commerce, aux affaires, à tout ce qui fait le développement et le bien-être de la vie.

Ici encore les poètes se sont surtout attachés à lui créer une légende anecdotique peu faite pour inspirer le respect que commande la piété.

Le jour même de sa naissance, Mercure n'avait-il pas déjà étrange précocité! — dérobé à la fois : le trident de Neptune, les flèches de Cupidon, l'épée de Mars et la ceinture de Vénus !

Ce fut sans doute pour clore une aussi belle journée qu'il vola les bœufs d'Apollon, ayant pris cette précaution adroite de les faire marcher à reculons jusqu'à Pylos, pour empêcher qu'on ne pût suivre la trace de leurs pas.

Rien de charmant comme les vers de l'hymne homérique, où Hermès, le Mercure ionique, se glisse sans bruit dans la caverne, lieu de sa naissance, passe par le trou de la serrure, à l'instar du jour naissant qui pénètre par tous les interstices, se couche dans son berceau, se pelotonne sous sa couverture, s'amuse avec les jouets qu'il a inventés.

Il est enveloppé de langes, et, quand Apollon le traîne devant Jupiter pour qu'il s'avoue coupable du vol des bœufs, c'est tout emmailloté qu'il l'emporte.

« Né d'hier, faible comme un enfant, s'écrie Mercure, comment ai-je pu commettre une semblable action ? »

— « Il ne faut pas que tu grandisses davantage », réplique Apollon.

Et Mercure, dans ce mythe solaire, restera toujours enfant, ne sera jamais que *le petit jour*, la première lueur du matin ou la dernière lueur du soir.

Mais rien ne lui sert de nier effrontément son dernier exploit. Jupiter, qui sait tout, lui ordonne de rendre ce qu'il a pris.

Mercure conduit alors Apollon dans la grotte où sont cachés les bœufs. Tandis que ce dernier les compte, Mercure se met à jouer d'un instrument qu'il vient d'inventer : la lyre, si bien qu'Apollon ravi veut le lui acheter.

Se souvenant à propos qu'il est le Dieu du commerce, Mercure saisit l'occasion de réaliser une bonne affaire, et obtient d'Apollon qu'il lui donne les bœufs en échange de sa lyre.

Ceci est la poétique du mythe. Son interprétation positive se trouve dans l'observation des phénomènes de la nature.

Que signifie au juste cette histoire du vol des bœufs d'Apollon? Rien autre que le spectacle des teintes lumineuses des rayons adoucis qui éclairent l'Orient et l'Occident avant l'approche ou après la disparition du disque solaire. Le mythe grec existe déjà dans le poème des Védas, où le même mot de la langue sanscrite veut dire à la fois : rayons et troupeaux.

D'où cette explication, qui calmera les scrupules des âmes honnêtes. Si Mercure est le Dieu du vol, c'est parce que Mercure est le Dieu du soir, et que le soir est comme un voleur qui *dérobe* tout à nos regards.

Dès lors, quelle sotte pudeur nous pousse à accuser ces pauvres Dieux qui n'en peuvent mais?

Blâmer les nombreuses amours du maître de l'Olympe, s'offenser des fréquents hymens de Jupiter et d'Aphrodite, n'est-ce point méconnaitre le rôle que joue dans cette incarnation des éléments les métamorphoses de la nature ?

Imaginez qu'on vienne dire de l'oxygène, dont les combinaisons sont infinies, qu'il est le plus dissolu des gaz, parce qu'il s'unit chimiquement à tous les corps !

Il en est des Dieux que la Grèce enfanta comme des phénomènes qui transforment incessamment les choses. Toujours ils sont en travail, et l'activité des générations successives se plait sans cesse à en modifier l'aspect pour les accommoder au goût du jour.

Suivons le cours des âges, les mythes vont devenir plus tard des contes, où les Dieux seront remplacés par des ogres redoutables et des princes charmants, où les Déesses se changeront en belles jeunes filles à l'aventureuse destinée.

Mais, dès l'origine, le mythe n'est point demeuré stationnaire, l'ingéniosité de l'esprit grec s'entendant à merveille à en développer toutes les conséquences.

Ce Mercure, qui a montré tant d'effronterie pour mentir le jour même de sa naissance et surtout tant de talent pour défendre une mauvaise cause, devient tout naturellement le patron des avocats... dans l'antiquité.

Que n'est-il point, d'ailleurs? Quelle Divinité accumule plus d'emplois, de responsabilités, de fonctions?

« Est-il un Dieu plus malheureux que moi? s'écrie-t-il dans Lucien. Dès le matin il faut que je me lève pour balayer la salle du banquet, puis, quand j'ai étendu les tapis pour l'Assemblée et que tout a été mis bien en ordre, je dois me rendre auprès de Jupiter pour recevoir ses ordres et les transmettre en haut, en bas, comme un vrai coureur. A peine de retour et tout couvert de poussière, vite, il faut lui servir l'ambroisie. Avouez qu'il est bien exigeant. Avant l'arrivée de Ganymède, l'échanson dont il a fait récemment l'emplète, c'était moi qui lui servais le nectar. Mais le plus désagréable de tout, c'est que seul de tous les Dieux je ne ferme pas l'œil de la nuit. J'ai encore pour besogne de conduire les âmes chez Pluton. Les travaux du jour ne me suffisent pas; ce n'est point assez d'assister aux palestres, de faire l'office de héraut dans les Assemblées, de donner des leçons aux orateurs, je suis préposé en même temps au service des pompes funèbres. »

Ajoutons que Mercure savait au besoin se faire le ministre complaisant des plaisirs de Jupiter, et nous n'aurons point épuisé, même au regard des attributs de la statue périgourdine, la longue série des fonctions réservées au céleste habitant de l'Empyrée. La présence d'un bélier sculpté à ses pieds nous le montre encore sous l'aspect d'un Dieu pasteur, protecteur des troupeaux.

Et maintenant que nous connaissons en détail le sens des deux statues de Diane et de Mercure trouvées à Périgueux, il nous sera facile de comprendre l'émotion que causa dans le monde de l'archéologie périgourdine la découverte de cette page arrachée au livre de l'Histoire des Dieux.

Aussi bien, peuple de race latine, ne pourrons-nous jamais, en dépit des programmes, nous désintéresser absolument de ces études qui nous tiennent par tant de côtés : par l'histoire, par la littérature, par l'art et par la poésie !

On nous menace d'en finir avec la mythologie. Demain peut-être le dernier mot sera dit.

Aujourd'hui, du moins, nous aurons eu cette excuse d'avoir essayé d'en dire l'avant-dernier.

Georges Dufour.

Notes et Documents

**Pages modernes pour servir à l'étude des origines
de la féodalité.** — Le Play a déjà fait observer que tous les âges
de la civilisation se retrouvaient à l'époque actuelle. Il a lui-même
montré l'organisation patronale des premiers temps de notre
histoire toute vivante dans les plaines de l'Oural ; mais il n'a pas
signalé de faits plus curieux que ceux qui ressortent de la constitution des Duchobortz, que nous trouvons décrite dans l'un des
derniers numéros de la *Gazette de Francfort* :

Le gouvernement russe regarde l'organisation des Durchobortz,
— qui demeurent dans les provinces du Caucase — comme dange-
reuse pour l'Etat. Les Duchobortz ne s'inclinent devant aucune
autorité, si ce n'est celle du chef qu'ils se sont choisis. Durant de
longues années le chef des Duchobortz fut un certain Kalmykow ;
son autorité était illimitée. Venait-il un ordre du gouvernement,
les Duchobortz s'adressaient à Kalmykow pour savoir dans quelle
mesure l'ordre devait être exécuté. Kalmykow transmettait l'ordre
à ses subordonnés et, dans ce cas, tout était fait au désir du gouvernement. Après la mort de Kalmykow, ce fut sa femme, Lukeria Was-
siljewna, qui devint le chef des Duchobortz. Elle était intelligente,
énergique, et son nom est demeuré vénéré. Son autorité fut peut-
être plus grande encore que ne l'avait été celle de son mari ; tant
qu'elle vécut la paix et la concorde furent parfaites parmi ses subordonnés. Quand elle se sentit sur le déclin de l'âge elle fit reconnaitre
par les Duchobortz, comme son successeur, un fils naturel de
Kalmykow, le jeune Werigin, et, quand elle mourut, Werigin fut
effectivement proclamé chef des Duchobortz. Le gouvernement
russe jugea le moment favorable pour miner l'organisation des
Duchobortz. Werigin disposait, comme chef, d'un capital en
argent destiné à l'administration commune. Le gouvernement
engagea les héritiers de Kalmykow à faire valoir leurs droits,
leur donnant à entendre qu'il soutiendrait leurs prétentions, l'or-

(1) 24 mai 1896. — Lettre datée de Moscou, 18 mai.

ganisation des Duchobortz n'étant pas reconnue par la loi. Les héritiers de Kalmykow s'empressèrent de réclamer l'argent, et comme Werigin refusa de le donner, il fut saisi et transporté on ne sait où. La plus grande partie des Duchobortz ne lui en resta pas moins fidèle, et Werigin, du lieu de son exil, parvint à faire passer régulièrement ses ordres à ses subordonnés, qui les exécutaient scrupuleusement. Les rapports entre le « grand parti », composé de ceux qui étaient demeurés fidèles à Werigin, et le « petit parti », les séparatistes, se troublèrent au point que des luttes sanglantes étaient à craindre. Le gouvernement intervint de nouveau par des moyens d'une simplicité primitive. Il mit en garnison, dans les localités occupées par les Duchobortz, des régiments de cosaques, en leur donnant l'autorisation de se comporter vis-à-vis des femmes et filles de la manière la moins réservée. Les cosaques ont, pour caractériser cette façon de « service militaire », un mot cru et expressif qu'il est difficile de reproduire. Simultanément les principaux parmi les Duchobortz étaient envoyés dans des villages écartés ; mais, là, les exilés se comportèrent avec tant de dévouement vis-à-vis de tous les pauvres et malheureux, que leur autorité ne fit que grandir et que, aujourd'hui, ils recrutent chaque jour de nouveaux partisans. Le gouvernement russe est de plus en plus embarassé.

Un prince, nommé D.-A. Chilkow, proche parent du ministre actuel des voies et communications, est regardé comme le conseiller secret des Duchobortz. Il est un des adhérents les plus éminents des doctrines de Tolstoï, et demeure depuis plusieurs années dans le Caucase, où il a été exilé, parce qu'il s'était avisé de partager sa fortune parmi les paysans pauvres. Il s'occupe des intérêts des Duchobortz de la manière la plus active. Le correspondant de la *Gazette de Francfort* dit avoir sous les yeux un mémoire rédigé d'une plume incisive et sarcastique, adressé au gouverneur de Tiflis, dans lequel le prince Chilkow accuse énergiquement les autorités locales de se comporter vis à vis des Duchobortz de la manière la plus inique et la moins légale, et même de se faire payer par les représentants du « petit parti ».   Frantz FUNCK-BRENTANO.

Projet de descente en Angleterre. — Lettre de Talleyrand(1).

— Une descente en Angleterre avait été projetée et étudiée, bien avant celle qui fut résolue par Napoléon en 1804 et abandonnée par lui l'année suivante pour aller cueillir les lauriers d'Austerlitz. Ce premier projet de descente était également l'œuvre de Bonaparte, qui en avait confié l'exécution au ministre de la Marine du Directoire, Forfait, de qui il avait su apprécier les services comme ingénieur à l'armée d'Italie ; mais ce qu'on ignore, c'est que les frais de cette première expédition qui n'aboutit pas (2) devaient être couverts par une souscription nationale. C'est ce que nous apprend la lettre suivante, signée de Talleyrand, accusant réception de la somme de trois mille francs souscrite par la colonie française de Hambourg.

Paris, le 27 Germinal de l'An VI (3) de la République Française, une et indivisible.

Le Ministre des Relations extérieures au citoyen Lagau, consul
général de la République Française,

En Basse Saxe.

J'ai reçu, citoyen, votre lettre du 3 de ce mois avec les pièces qui y sont annexées. ,

J'ai fait passer à la Trésorerie nationale les trois traites faisant ensemble 3.000 francs, dont elle doit verser le montant dans la caisse des dons patriotiques pour la descente en Angleterre, tant en votre nom qu'au nom des français immatriculés sur les registres du consulat de la République française à Hambourg. J'y ai ajouté copie de la liste des citoyens qui ont composé cette offrande.

Je n'ai pas besoin de vous dire avec quelle sensibilité j'ai vu cet élan d'un zèle pour la plus belle des causes.

Salut et fraternité,

Ch.- MAU. TALLEYRAND.

(1) Collection particulière de M. Louis Bridier.

(2) Napoléon avait emmené en Egypte l'armée prête à fs'embarquer sur la Manche, qui conserva, même en Orient, son titre d'armée d'Angleterre.

(3) 16 avril 1798.

COMPTES-RENDUS CRITIQUES

La France Chrétienne dans l'Histoire. Ouvrage publié à l'occasion
du 14ᵉ centenaire du baptême de Clovis. — Paris, Firmin-Didot et Cⁱᵉ,
1896, in-4ᵒ, XXIII — 684 pp. et 95 pl.

Il est bon, au moment où se célèbrent à Reims des fêtes solennelles en
mémoire de la conversion et du baptême de Clovis, de parler d'un livre,
La France Chrétienne dans l'Histoire, publié pour fêter le 14ᵉ centenaire
de ce grand fait.

Le cardinal-archevêque de Reims en a écrit l'introduction, et les
différents chapitres en ont été composés par une pléiade d'éminents
écrivains catholiques, sous la rédaction en chef, si je puis m'exprimer
ainsi, du P. Baudrillart, de l'Oratoire, un normalien qui après avoir fait
aimer à ses élèves l'étude de l'histoire, par la clarté de sa méthode et le
charme de sa science (j'en sais quelque chose), après avoir dans une
thèse justement remarquée étudié les rapports de la France et de
l'Espagne au commencement du xviiiᵉ siècle, entra à l'Oratoire, dont il
est déjà un des membres les plus en vue.

C'est de cet ouvrage que je voudrais dire quelques mots, et des deux
études que lui ont consacrées le P. Chauvin dans le numéro de janvier
1896 de la *Revue des Questions historiques*, et M. Gabriel Monod, dans le
numéro de mars-avril de la *Revue Historique*.

M. Godefroid Kurth, qui s'est adonné avec tant de succès à la critique
des sources de l'histoire à l'époque Mérovingienne a, détruisant une
légende mise en cours par l'historiographe Paul-Emile au xviᵉ siècle,
montré dans un récent ouvrage (1) que ce n'était pas à Tolbiac qu'il fallait
placer la rencontre de Clovis et des Alamans et où le roi Franc, voyant
la déroute des siens, invoqua le Dieu de Clotilde. A Tolbiac (aujour-
d'hui Zülpich, Prusse Rhénane), eut lieu un engagement, mais les Francs
qui combattaient contre les Alamans étaient les Ripuaires, commandés
par Sigebert, et Clovis n'y assistait pas. Malgré ses recherches, M. Kurth

(1) *Clovis*, Tours, A. Mame et fils, 1896, in-4ᵒ, XXIV — 360 pp. et pl.

n'a pu préciser le lieu où Clovis battit les Alamans. Or, dans la *France Chrétienne dans l'Histoire,* M. Kurth, au chapitre consacré par lui au baptême de Clovis place cette cérémonie dans l'église de Reims, dédiée par Saint Nicaise à la Vierge, au 25 décembre 496, sans, je ne dirai pas combattre, mais seulement mentionner les théories d'après lesquelles Clovis n'aurait pas été baptisé à Reims, et en second lieu Clovis, converti à la foi chrétienne, suivant en cela une coutume en usage chez les chrétiens des premiers siècles, ne se serait fait baptiser qu'en 507 ou 508, après Vouillé. M. Krusch, l'érudit qui s'est le plus occupé des Vies de Saints de l'époque mérovingienne dénie à la ville de Reims l'honneur d'être le berceau du christianisme français. Pour lui, cette gloire revient à la basilique de Saint Martin, à Tours. C'est dans une étude sur la *Vie de Saint-Vaast,* évêque d'Arras, que M. Krusch défend son hypothèse. L'auteur de cette Vie, Jonas, abbé de Bobbio, est le seul qui, avec le Pseudo-Frédégaire, indique Reims comme lieu du baptême du roi. Tous deux écrivaient au moins 125 ans après cette cérémonie, et méritent aussi peu de confiance l'un que l'autre : tous deux ont eu manifestement pour source l'*Historia Francorum* de Grégoire de Tours :

« At ille (1)..... narravit reginæ qualiter per invocationem nominis Christi victuriam meruit obtinere. Actum anno quinto decimo regni sui. (31) Tunc regina arcessire clam sanctum Remigium Remensis urbis episcopum iubet, et dipraecans, ut regi verbum salutis insinuaret (2) ». Si Clotilde fait venir de Reims, *arcessire jubet,* l'évêque Remy, c'est qu'elle ni Clovis n'y étaient, et, d'ailleurs, Grégoire de Tours ne nomme pas l'endroit où eut lieu le baptême.

Le P. Jubaru, S. J., qui n'accepte pas la théorie de M. Krusch, réplique d'abord que la *Vie de Saint-Vaast* n'est pas un texte dont il faille se défier autant que le voudrait M. Krusch ; de plus, et les travaux de M. Kurth l'ont démontré, Grégoire de Tours a puisé son récit dans une ancienne *Vie de Saint-Remy,* dont l'auteur, un Rémois, « écrivant dans la cité pleine encore des témoins du fait, n'a pas même dû penser qu'il fallût nommer la ville où l'évêque de Reims avait droit de donner des ordres pour le baptême royal ».

En tous cas, on est en droit de se demander pourquoi M. Kurth, qui a

---

(1) Clovis.
(2) Grégoire de Tours, *Histoire des Francs,* l. II, cap. 30 et 31, édit. Omont, Paris, Picard, 1893.

su attaquer et renverser la légende de Tolbiac, a si aveuglement accepté comme lieu et date du baptême de Clovis la ville de Reims et le jour de Noël 496. La description que nous donne l'auteur du « foyer » de Clovis est poétique, mais bien improbable ! « Ce qui agit sur Clovis, c'est le doux et chaste éclat des vertus chrétiennes que Clotilde fait briller auprès de son foyer » — « Ce que Saint-Remy faisait entendre de haut à Clovis…, une voix plus douce et plus tendre le lui répétait dans l'intimité de la vie domestique. C'était la voix de Clotilde, l'épouse aimée, qui avait su fixer la tendresse du jeune roi barbare ». Vraiment, cette douceur et ce parfait amour sont peu croyable du Clovis qui, une fois converti, faisait périr tous les autres rois francs pour réunir leurs royaumes au sien.

Dans ce livre, tous les chapitres qui retracent un ensemble général sont fort bien faits ; c'est dans ceux qui étudient particulièrement un point que la critique trouve le plus à reprendre. Parmi les premiers qu'on ne peut que pleinement admirer, je citerai le magnifique tableau de « la Gaule chrétienne sous l'empire Romain » tracé par M. l'abbé Duchesne, le savant éditeur du *Liber Pontificalis* ; le « Charlemagne » de M. Jules Roy, ou se trouve si clairement exposée l'administration du grand empereur ; la « Chevalerie » de M. Léon Gautier ; « l'Eglise et les sources de notre histoire », par M. F. Delaborde ; le « Saint-Louis » de M. Wallon ; la « Jeanne d'Arc » de M. de Beaucourt ; les trois chapitres du livre VII dus à la plume de trois ecclésiastiques, le R. P. Baudrillart, le R. P. Largent et M. l'abbé Pisani, sur la Renaissance catholique. C'est là qu'on peut voir ce que peuvent penser et écrire des prêtres que guide une critique éclairée et qui savent attribuer à chacun — ami ou adversaire, ce qui lui est dû, blâme ou louange.

A cet ouvrage, comme je l'ai dit plus haut, le R. P. Chauvin a consacré une longue étude, un panégyrique, pourrais-je dire, et c'est à quelques-unes de ces assertions que je voudrais répondre, soit par moi-même, soit et beaucoup mieux par des idées empruntées au compte-rendu de M. G. Monod.

Et d'abord, je m'en tiendrai uniquement à la période antérieure au XIXe siècle, renvoyant mes lecteurs pour la critique des derniers chapitres, « Les services rendus par la France à l'Eglise, et par l'Eglise à la France à l'époque contemporaine » au travail de M. Monod : ils trouveront là sur Pie IX et le Syllabus beaucoup mieux que je ne saurais dire. A mon sens, le titre : La France chrétienne dans l'Histoire est trop grand pour l'œuvre. C'est la France catholique qu'il aurait fallu dire et peut-être même la France ultramontaine. On voit dans tout l'ouvrage un parti-pris évident pour les théories ultramontaines qui s'est traduit par un silence significatif sur des personnages qui avaient droit à une mention dans une vraie *France chrétienne* : par exemple Abélard, Gerson, le cardinal d'Ailly au moyen-âge, Richelieu, Retz et surtout Port-Royal au xviie siècle, et tous ceux qui, au xviiie siècle, combattaient pour les privilèges de l'Eglise Gallicane. « Les idées chrétiennes ont eu en France des représentants dignes d'être admirés en dehors de l'orthodoxie. Je ne parle pas des protestants, bien qu'on ait le droit de dire qu'au xvie siècle le parti catholique ne peut opposer aucun de ses chefs, ni au point de vue de la piété, ni à celui de l'élévation morale, à un Coligny, à un Th. de Bèze, à un La Noue (1) ».

De plus, parmi ceux-là même qui ont été l'objet d'une étude, il y en a qui ont été un peu maltraités, l'ordre de Cluny par exemple. M. Chénon lui a consacré un chapitre dont la conclusion trop sévère pour cet ordre est trop laudative pour les Cisterciens. Et puis pour certains abbés l'auteur est très dur.

D'après ce qu'en écrit M. Chénon, le lecteur est amené à douter de la valeur de Pierre le Vénérable, qui au contraire fut un homme supérieur, laissant à sa mort la réputation d'un prélat de grande science et de grande piété. Ses lettres enfin montrent son grand esprit et la largeur de ses vues. Il fut pour Innocent II, dans sa lutte contre Anaclet, un appui aussi solide que Saint-Bernard. Sans doute l'abbé Pons de Melgueil avait fait grand tort à l'ordre de Cluny, mais la décadence n'entrait dans cet ordre que deux siècles après sa fondation, tandis que 50 ans à peine après la mort de Saint-Bernard, les excès des moines blancs rendaient nécessaire la réforme des Cisterciens. Et puis peut-être Saint-Bernard n'a-t-il réussi dans son entreprise que grâce à la réforme apportée par Cluny dans les mœurs monacales du xie siècle. Voilà la vraie grande œuvre qu'on ne saurait méconnaître : à ceux qui seraient seulement tentés d'en douter, il n'y aurait qu'à renvoyer au travail qu'un érudit allemand protestant, M. E. Sackur, a consacré à l'influence de Cluny sur le développement des idées religieuses en Europe (2). Et Cluny sera à jamais un des plus grands titres de gloire de la France chrétienne. Certes, Saint-

(1) Monod, *Rev. Hist.*, 1896, n° 2, p. 389.

(2) *Die Cluniacenser in ihrer kirchlichen und allgemeingeschichtlichen Wirksamkeit.....*, Halle, 1394, 2° vol. in-8°.

Bernard est un géant au milieu de son époque, mais il a été cruel pour ses adversaires malheureux, et son caractère emporté et autoritaire cadre mal avec l'épithète de *melliflus* que lui décernèrent ses contemporains. Dans sa lutte contre Abélard, les sympathies sont pour ce dernier, contre qui, une fois tombé, Saint Bernard s'acharne trop. Quand sa personnalité disparut, l'ordre Cistercien ne put se soutenir à l'apogée où Bernard l'avait porté du premier coup, et sa chute fut aussi rapide que lamentable.

La lutte du Catholicisme et de la Réforme est l'objet d'une magnifique étude du P. Baudrillart. Peut-être l'auteur exagère-t-il un peu la pureté des convictions des Ligueurs parisiens, mais à coup sûr moins que le P. Chauvin (1), qui écrit que « ces portefaix, ces goujats et ces femmelettes qui ont tenu en échec les gentilshommes du roi de Navarre, ne s'inspiraient d'aucune préoccupation d'intérêt, mais uniquement de leurs convictions ». Ces sentiments sublimes, ajoute l'auteur, les bourgeois de la *Satire Menippée* n'étaient pas capables de les comprendre. C'est pourtant à eux que l'histoire a donné raison contre les Ligueurs.

Il faudrait encore citer les remarquables chapitres de M. Doumic, sur « l'Idée chrétienne dans l'œuvre philosophique et littéraire du XVIIe siècle », et de M. Rebelliau sur la chaire chrétienne au même siècle. Dans l'étude de M. Emmanuel de Broglie sur les Bénédictins français on pourrait, tout en s'associant à toutes les louanges de l'auteur pour la congrégation de Saint-Maur, réclamer au moins une simple mention pour Dom Bouquet ou son successeur Dom Brial, le futur membre de l'Académie des Inscriptions, ou pour les Sainte-Marthe, qui ne sont pas cités à côté de leur Gallia Christiana, ou encore pour Dom Félibien ou Dom Lobineau, les historiens de Paris. M. l'abbé Sicard est un historien impartial de « l'Eglise de France pendant la Révolution », encore qu'il ne soit pas tendre, un peu à tort, je crois, pour la congrégation de Saint-Maur, « dont le rayonnement historique ne peut nous cacher l'état de langueur ni le relâchement où étaient tombés les moines ». Ce jugement cadre mal avec ce qu'écrivait cinq pages plus haut M. E. de Broglie.

Enfin pour la période contemporaine, laissant à chacun le soin, par ses propres souvenirs, de juger les études de M. Ollé-Laprune sur la « Vie intellectuelle du catholicisme en France au XIXe siècle »; de M. l'abbé Beurlier, sur les Œuvres catholiques ; du cardinal Perraud sur le cardinal

(1) *Revue des Questions Historiques*, 1896, 117e livraison, p. 211.

Lavigerie, je ne m'arrêterai qu'à une phrase de M. Etienne Lamy dans son chapitre sur « Le Saint-Siège et la France, Pie IX et Léon XIII ». L'auteur rendant notre pays responsable de l'impiété des autres nations au xviiie siècle dit que « nos philosophes avaient tourné la tête aux nations comme les jolis débauchés troublent les honnêtes filles ». Sans insister sur la légèreté de la comparaison, on peut répondre que si le xviiie siècle a été une époque d'impiété, de scandale et d'irréligion, c'est un peu à Bossuet, à l'austère marquise de Maintenon, et à tous les rigoristes de l'entourage de Louis XIV qu'on le doit, comme l'a si bien montré M. Brunetière, « en chassant les protestants et en écrasant le Jansénisme, Louis XIV a privé la France des plus efficaces contrepoids qu'elle pût opposer à l'impiété ou au relâchement des mœurs. »

Cet ouvrage, malgré une très réelle tendance à l'impartialité, exagère un peu le surnaturel dans notre histoire. Or, plus on augmente l'élément surnaturel, plus on diminue l'intérêt. Et ce défaut est encore accentué dans l'étude du P. Chauvin, surtout à l'endroit où il parle de la lutte entre la Réforme et la Ligue, dont j'ai cité plus haut quelques lignes. Mais peut-être pourrait-on regretter également que les critiques de M. Monod portent exclusivement sur le côté confessionnel, et que le savant historien n'ait pas repris certains autres chapitres de la *France Chrétienne*. Enfin, et sur le volume lui-même, on peut dire que le manque absolu de notes enlève tout caractère critique à l'ouvrage. En n'indiquant jamais d'une façon précise les références ou les sources, les auteurs se sont exposés à ce qu'un lecteur peu au courant des matériaux qui servent à écrire l'histoire, et c'est à ceux-là beaucoup plus qu'aux spécialistes que s'adresse la *France Chrétienne*, n'accorde pas une foi aveugle à certaines allégations.

Gaston Duval.

CHRONIQUE ET PROCÈS-VERBAUX

— Notre confrère, M. Ernest Mercier, auteur de l'importante *Histoire de l'Algérie*, couronnée par l'*Académie des Inscriptions et Belles Lettres*, a été élu maire de Constantine. La *Société des Études Historiques* adresse ses félicitations et à son membre correspondant et à la ville de Constantine, qui trouvera en lui l'administrateur le plus éclairé.

— L'*Académie Française* a décerné à notre confrère, M. Emm. Rodocanachi, une fraction du prix Halphen, pour son charmant ouvrage : *Renée de France, duchesse de Ferrare*.

— M. Rodocanachi a fait, le 19 mai 1896, au *Cercle Saint-Simon*, une conférence sur le *Sifflet au Théâtre*, qui date du temps des Grecs. Mais les Grecs en usaient en gens délicats : les sifflets dont ils se servaient étaient presque des instruments de musique. On en tirait des sons plus ou moins aigus suivant le degré de mécontentement qu'on voulait marquer. Et quel joli nom avait cet instrument : *Syrinx !* Les Romains en usaient au contraire avec brutalité, et en accentuaient l'effet d'un certain nombre de coups de verge dont ils faisaient frapper l'histrion sifflé. Le caractère religieux du théâtre en exclut le sifflet au Moyen-Age. Il trouva un refuge à l'Université, où une « exécution » par le sifflet, *sibillatio*, devint coutumière. On dut inscrire dans les statuts universitaires l'interdiction aux élèves de « siffler le recteur ou les autres docteurs en signe de mépris ». Avec la Renaissance le théâtre redevint laïque et le sifflet reparut. La représentation de *Phèdre* demeurera célèbre dans les annales du sifflet au théâtre. De nos jours le sifflet disparaît et, comme l'a très bien dit M. Rodocanachi, si quelque contemporain de Boileau revenait parmi nous, il serait étonné d'être obligé de donner pour sa place un peu plus de quinze sols et de se voir néanmoins refuser un droit qu'en son temps on payait en entrant.

— En mai 1896, notre confrère M. Loys Brueyre a fait à la *Société Philotechnique* une conférence sur le rôle des enfants trouvés dans la légende. Il a pris comme exemple la légende de Judas Iscarioth, d'après

Jacques de Voragine, et en a fait ressortir les traits de concordance avec la légende d'Œdipe et celle de Saint-Grégoire-le-Grand.

— Le 23 juin 1896, notre président, M. Aug. Moireau, a fait à la *Société de Géographie Commerciale* une importante communication sur *l'Industrie européenne et la concurrence des pays exotiques*. Avec l'autorité particulière qui s'attache à sa parole dans ces questions, il a montré l'exagération des périls dénoncés.

SÉANCE DU 15 AVRIL 1896, PRÉSIDENCE DE M. MOIREAU

Le procès-verbal de la dernière séance est adopté.

M. Joret-Desclosières donne lecture d'une lettre de M⁙ Loiseau, qui remercie pour les hommages rendus à la mémoire de son mari.

Sur la proposition de M. Moireau, il est décidé qu'il sera tenu une séance exceptionnelle le 16 mai.

Ouvrages offerts à la Société. — Diverses publications de Sociétés savantes qui seront analysées dans la *Revue : Compiègne pendant l'invasion espagnole* (1634), par M. Arth. Bazin.

Commission du prix Raymond. — La Commission, sur le rapport de M. Flach, a proposé de décerner à chacun des auteurs des deux mémoires une médaille d'or. Ces conclusions sont adoptées. Les auteurs sont MM. Combier et Mauvezin.

M. Fr. Funck-Brentano donne lecture, au nom de la Commission, d'un rapport sur les formes à donner dorénavant au concours. Les conclusions du rapport sont adoptées et la Société décide l'impression du rapport dans la *Revue*.

La Société adopte ensuite les propositions de M. Joret-Desclosières à l'égard de M. Mauvezin, pour le concours de 1895.

Médailles Duvert et Montaudon. — La Société adopte les propositions tendant à ce que ces médailles soient décernées : la première à M. William Marie, la seconde à M. Eugène Louis.

Candidatures. — Sont nommés associés libres : M. Charles Laurent, directeur général de la comptabilité publique au Ministère des Finances et M. Th. Funck-Brentano, professeur à l'Ecole des Sciences politiques ; membre correspondant : M. Ernest Mercier, maire de Constantine.

Lectures. — M. Bridier : Plusieurs lettres de l'époque révolutionnaire provenant de sa collection privée ; M. Dufour : *Une page de l'Histoire des Dieux* ; M. P. Coquelle : *L'occupation de Hanovre par les Français* (suite).

SÉANCE PUBLIQUE

Du 29 Avril 1896

La *Société des Études Historiques* a tenu sa deuxième séance publique annuelle, le 29 avril, dans la grande salle de l'hôtel de la rue de Rennes, 44. Siégeaient au bureau : MM. Auguste Moireau, président ; Gabriel Desclosières, secrétaire-général ; Jacques Flach, ancien président ; Racine, administrateur ; Georges Dufour, ancien vice-président ; Rodocanachi, ancien président. Étaient présents, accompagnés de leurs familles ou représentés par des amis : MM. Jos. Aubert, Michel Agelasto, J.-C. Barbier, premier président honoraire de la cour de cassation ; Ad. Bélanger, Elie de Biran, Bickélas, de Boisjolin, Otto Bouwens, Louis Bridier, Camoin de Lence, Mᵐᵉ Carthian, MM. abbé Casabianca, Colmet d'Aage, H. Labot, Doria, Peaucelle, G. Dufour, Mᵐᵉˢ Gabriel et René Desclosières, Espagne, MM. Dumont, amiral Théodore Dupuis, colonel Fabre de Navacelle, Fabre, docteur Fay, J. Flach, Maxime Formont, François, Georges Lemaire, conseiller à la Cour de cassation, Gombault d'Arnaud, Paul Griveau, Hénissart, Marcel Houssay, Edm. de la Heudrie. comte Lecourbe, Alb. Lefèvre, Docteur Legué, Stéphen Liégeard, Louiche Desfontaines, prince de Lusignan, Lèques, Eugène Marbeau, William Marie, Tommy Martin. Armand Mareschal, Alb. Mesnier, Aug. Moireau, Moutier, Muteau. Prosper Pein, Jules Périn, Ludovic Racine, Em. Rodocanachi, de Savigny. Michel Schilizzi, de Saint Thomas, Vaudin, Albert Vaunois, P. Villard, Vernudacki, Wiesener.

M. le président Moireau a ouvert la séance par une élégante allocution indiquant les réformes et les progrès réalisés par la *Société des Études Historiques* en 1895 et 1896, dues à l'initiative de notre vice-président, M. Funck Brentano ; il a signalé l'augmentation, de plus en plus accentuée, de notre personnel, et lisant ci-après ce satisfaisant exposé, on s'expliquera qu'il ait été accueilli par de chaleureux applaudissements. Continuant un compte-rendu commencé l'année dernière, et dans lequel il esquissait la physionomie historique et littéraire des *anciens*, le secrétaire général a parlé cette année des *nouveaux*, l'avenir de notre compagnie. Un mouvement de vive adhésion a souligné l'hommage rendu à la mémoire de notre excellent confrère M. Loiseau, récemment décédé, ainsi que l'allusion faite à la récompense obtenue, en janvier dernier, par notre administrateur, M. Racine. L'histoire des justices seigneuriales était le sujet du concours de 1895. Un magistral rapport de M. Flach, après avoir fait connaître le vrai caractère du sujet, a donné l'analyse des mérites et imperfections des deux mémoires présentés. Récompensés par deux médailles *ex-æquo* en or, les auteurs : MM. Combier, président honoraire du tribunal de Laon et Mauvezin, professeur au collège d'Auxerre, ont été appelés à recevoir cette récompense. En outre, M. Mauvezin ayant complété son étude, présentée l'année dernière, *Histoire de l'autonomie des villes impériales*, a reçu le complément du prix Raymond (500 fr.)

M. Georges Dufour a terminé la partie littéraire en lisant une spirituelle étude sous le titre : « *Un avant dernier mot sur la Mythologie* ». Aux cours de fouilles pratiquées, en Périgord, par des antiquaires, des statues de divinités païennes ont été découvertes, notre confrère a pris de cette occasion texte à dégager le symbolisme humain qui présida aux attributs des Dieux païens. Mars, Vénus, Jupiter, Diane, Mercure, replacés dans la fonction que leur attribuait l'invention des anciens, ont fait revivre pour un instant l'Olympe dans la mémoire de nos auditeurs. La mythologie disparait de l'enseignement classique, pour comprendre les poètes, les peintres, les statuaires, nos petits neveux devront recourir au Dictionnaire de la Fable, le dernier mot sera bientôt dit, M. Dufour s'est proposé de dire l'avant dernier.

Une audition musicale a terminé agréablement cette bonne soirée. Le concert du 29 avril présentait cette particularité qu'il était, en partie, exécuté par les membres de la Société : MM. Armand Mareschal, Houssay, Ludovic Racine, Vernudacki, Doria-Peaucelle, auxquels avaient bien voulu s'adjoindre : Mme Truffaud, Mlles Périgot, Joly de la Mare, MM. Lucien Berton et Desfontaines, du Conservatoire.

Nos auditeurs connaissaient déjà pour l'avoir applaudi dans plusieurs réunions le talent de pianiste de M. Armand Mareschal, ils l'ont retrouvé dans la brillante exécution de la valse de Moskoskie. M. Vernudacki, accompagné par M. Doria Peaucelle, a dit avec goût et ampleur le chant d'amour de la Valkyrie de Wagner et le matin de Th. Dubois. M. Houssay, accompagné par M. Ludovic Racine, a exécuté sur la flûte, avec une remarquable virtuosité, l'arrivée d'Orphée aux Enfers, de Gluck, et le 15e solo de concert de Tulou.

Mlle Joly de La Mare, que nous avions déjà eu le plaisir d'entendre, l'année dernière, a prouvé que ses amis ne se trompent pas sur l'avenir qui lui est réservé, elle a chanté l'Arioso, de Delibes, Par le Sentier, de

Dubois, Si mes Vers avaient des ailes, de Reynaldo Hahn, Si j'étais jardinier, de Chaminade, avec un goût et une maëstria particulièrement remarqués. M. Desfontaines, dans un intermède bien compris, a conquis l'auditoire par l'art de sa diction : Avril, sonnet de M. Stéphen Liegeard; Jamais plus, poésie de M. Maxime Formont, deux de nos confrères, et plusieurs autres morceaux bien choisis ont mis en relief le talent du jeune élève du Conservatoire.

Mme Truffaud (harpe), Mlles Périgot (violon et piano), M. Berton (chant), ont produit un bel effet en exécutant le quatuor Hymne à la Mer, composition de M. Berton. Ces distingués artistes, personnes du monde qui, sans être à vrai dire des professionnels, pourraient ou pourront le devenir, ont obtenu un beau succès. Dans deux autres morceaux Harpe et Violon, nous avons eu encore l'occasion d'applaudir Mme Truffaud et Mlle Jeanne Périgot. Remerciements à ces obligeants et distingués artistes. La *Société des Études Historiques* leur a fait un cordial accueil.

Pour conclure, bonne soirée inaugurant le concours des membres poètes et musiciens de la quatrième classe : beaux-arts.

R. G.

SÉANCE DU 16 MAI 1896, PRÉSIDENCE DE M. MOIREAU

Le procès-verbal de la dernière séance est adopté.

Candidatures. — Sont admis comme associés libres : M. le contre-amiral Dupuis, présenté par M. Daussy, M. Vidier, élève de l'Ecole des Chartes, présenté par M. Fr. Funck-Brentano ; comme membre correspondant : M. Tordi, à Florence, présenté par M. Rodocanachi.

Lectures. — M. de Boisjolin : *Falstaff,* d'après la comédie de M. Prarond. Un échange d'observations suit cette lecture au sujet du caractère universel ou plutôt européen du génie de Shakespeare, lequel, Italien sous beaucoup de rapports, s'inspire aussi des légendes du Moyen-Age et quelquefois des grands faits de l'antiquité et n'est vraiment Anglais que dans quelques pièces ; c'est en réalité l'homme de la Renaissance. Une discussion s'engage ensuite sur l'influence que Bacon a pu exercer sur Shakespeare ; quelques écrivains avaient même soutenu que Bacon était le véritable auteur des pièces de ce dernier ; en tous cas, il paraît avoir été son inspirateur ; le poète avait de longues conférences avec Bacon, dont le style et les idées philosophiques se retrouvent dans les pièces de Shakespeare. Celui-ci, d'ailleurs, a cessé de composer après la mort de Bacon.

— M Caron : *Le Collège de Montaigu au commencement du* XVIe *siècle.*
Des observations sont faites, à ce sujet, par les membres présents, sur
l'ascétisme de cet établissement et sur la vie frugale et même assez dure
que menaient à cette époque les étudiants,— sur l'affluence des jeunes
gens étrangers qui venaient de fort loin à Paris, malgré les difficultés des
communications, pour profiter des leçons de l'Université et auparavant
écouter la parole des maîtres illustres qui professaient sur la Montagne
Sainte-Geneviève, entr'autres d'Abeilard.

M. Moireau fait ensuite quelques communications relatives à la visite
par un de ses amis du couvent de la Trappe à Soligny,— sur le régime
austère de ces religieux, qui s'occupent principalement de la fabrication
du chocolat et de la culture de la terre.

Rapport présenté au nom du Comité de Rédaction

Messieurs,

Votre bureau annuel et votre comité de rédaction se sont réunis, avec
M. Joret-Desclosières et M. Ludovic Racine, notre secrétaire général et
notre administrateur, le 10 avril dernier, chez M. Moireau, notre président,
pour étudier quelques propositions qui avaient été faites tendant à donner
aux revenus du legs Raymond un emploi qui, demeurant conforme aux
volontés de notre généreux donateur, rendrait peut-être plus de services
aux sciences historiques, tout en contribuant à donner à notre Société
plus d'utilité et plus d'éclat. On avait été frappé de plusieurs inconvénients résultant de l'emploi fait actuellement des ressources que nous
devons à la libéralité de Henri-François Raymond. La somme dont nous
disposons annuellement, à savoir 1.000 francs, peut être assurément, si
elle est bien employée, un encouragement précieux à la production
historique, néanmoins elle n'est pas assez forte pour encourager — sous
la forme actuelle de questions mises au concours, exigeant des travaux
manuscrits et inédits — pour engager des hommes de valeur à consacrer
plusieurs années de leur vie à l'étude d'une question déterminée, avec
l'incertitude du résultat final, incertitude inhérente à tout concours.
Un autre inconvénient, non moins grave, est celui de provoquer plusieurs
mémoires sur un même sujet, risquant de se détruire l'un l'autre, en
sorte que bien du travail, du temps et de la peine auront été perdus.
Si, comme nous devons l'espérer, nous avons plusieurs mémoires répon-

dant à la question posée, mémoires fixant l'attention et l'intérêt, nous sommes obligés de partager le prix, qui se trouve ainsi réduit à des fractions minimes, risquant de mécontenter les concurrents mêmes que nous aurons couronnés et qui ne trouveront pas une rémunération en rapport avec le travail qu'ils auront produit. Il peut se faire enfin, comme il arrive cette année, que nous mettions au concours une question à l'ordre du jour parmi les érudits et les historiens et que, entre la date de la publication du sujet fixé et celle où le prix doit être attribué, paraisse un ouvrage qui épuise à peu près le sujet, et, du même coup, anéantisse notre concours.

Nous inspirant de la pensée exprimée par Henri-François Raymond dans son testament, que les revenus de son legs pourront être employés indifféremment à récompenser des mémoires ou des ouvrages, et nous inspirant des dispositions que la *Société des Études Historiques* a prises relativement au legs Raymond, dispositions qui figurent dans nos règlements et qui sont devenues chez nous traditionnelles, à savoir, d'une part :

Encourager les efforts sérieux des travailleurs, — honorer, le plus qu'elle le peut faire, la mémoire de M. Raymond, en donnant à sa libéralité l'emploi le plus utile et toute la publicité dont elle dispose, — faire contribuer cette précieuse ressource à la conservation et au développement de la *Société des Études Historiques*, à sa prospérité scientifique et financière ;

D'autre part, combiner le prix avec une attribution de médailles en se réservant la faculté de ne le distribuer qu'en partie ;

Nous avons l'honneur de soumettre à votre approbation le projet suivant :

Chaque année, conformément à l'usage suivi, chacune des quatre classes de la *Société des Études Historiques* mettra au concours un ouvrage répondant à sa spécialité : la formule sera établie de la manière la plus large, en sorte que des travaux divers, tout en se rapportant à un même ordre d'idées et à une même époque historique, pourront concourir. Ces travaux seront soumis à la commission que vous désignez annuellement, à laquelle s'adjoindront, selon l'usage, le bureau annuel et les secrétaires de la Société.

Ces travaux pourront être présentés soit sous forme de manuscrits complets et achevés, soit sous forme de plan avec indication de sources et de références et un commencement d'exécution. Ce pourront être des travaux originaux ou des publications de documents et textes avec étude personnelle. La Société, en réunion mensuelle, décidera, sur rapport de la Commission, quel travail sera couronné. Le lauréat recevra une médaille d'une valeur dont le montant sera fixé chaque année. En outre la Société imprimera son ouvrage. Ces publications porteront le titre général : *Bibliothèque de la Société des Études Historiques*, avec sous-titre en caractères gras : FONDATION RAYMOND. L'impression se fera sous la direction d'un commissaire choisi par la commission parmi les membres titulaires. Les feuilles devront être revêtues de son *bon à tirer*. L'auteur recevra trente exemplaires de son livre, plus vingt exemplaires pour le service de presse. Chaque membre de la Société recevra un exemplaire.

Le restant, jusqu'à concurrence de quatre cents exemplaires — y compris les exemplaires distribués — sera vendu au profit de la Société. Après l'épuisement des quatre cents exemplaires l'auteur rentrera dans la propriété de son ouvrage.

Les membres titulaires, selon la saine tradition de la Société, seront exclus du concours.

Les avantages qui paraissent résulter de ce projet, d'ailleurs bien conforme au testament de François-Henri Raymond et aux traditions de notre Société, sont les suivants :

La Société ne couronnera que des travaux muris et dignes d'être imprimés;

Elle ne se heurtera plus à plusieurs travaux faits sur le même sujet qu'elle aura provoqués et qui se détruiront réciproquement ;

La mémoire de François-Henri Raymond sera honorée dans la mesure la plus large par la publication d'une collection où paraîtront, sous son patronage, des travaux de valeur, se répandant au dehors de la Société même et prenant place sur les rangs des bibliothèques ; les membres de la *Société des Études Historiques* trouveront un avantage nouveau à figurer parmi nous, quand ils recevront annuellement un volume rempli d'intérêt, venant s'ajouter aux publications qui leur sont actuellement distribuées;

La Société elle-même, par la vente des livres, se procurera des ressources nouvelles qui seront à leur tour employées aux progrès de la science historique et aux progrès de la Société.

Telles sont, Messieurs, les considérations qui ont engagé votre bureau et votre comité à adopter le projet qu'ils ont l'honneur de soumettre à votre approbation.

Le Rapporteur,

Montfermeil, ce 12 avril 1896.   Frantz FUNCK-BRENTANO.

L'Éditeur-Gérant : Albert FONTEMOING.

ÉTUDES CRITIQUES

LES DEUX SKANDERBEG

Solution d'une question historique

Tant d'historiens depuis le XVe siècle (1) se sont occupés du héros albanais, qu'il semble impossible d'écrire même quelques lignes à son sujet; tout ce qui est susceptible d'intéresser ses admirateurs ayant été dit et redit plusieurs fois. Cependant une question de minime importance pour beaucoup de lecteurs, d'ordre tout à

(1) Depuis le premier ouvrage publié en 1480 par un anonyme et ayant pour titre *Scanderbegi Vita,* jusqu'à l'ouvrage publié en 1894, par M. Pisko, à Vienne, on compte 83 vies de Scanderbeg, dont, à la vérité, plus de la moitié sont des éditions nouvelles d'ouvrages déjà parus : telles les 4 éditions de Rocca et les 9 éditions françaises de Lavardin. De ces ouvrages purement historiques, 33 parurent au XVIe siècle, 19 au XVIIe, 14 au XVIIIe, enfin 16 au XIXe siècle.

En plus, il faut relever des articles de bibliographie très nombreux parus un peu partout dans les encyclopédies.

Les *Vies de Scanderbeg* sont écrites le plus souvent en Latin et en Italien, mais on en compte aussi plusieurs en Anglais, en Allemand, en Grec, en Français, en Espagnol, en Portugais, et une en Suédois (1788). Disons, pour être vrai, que tous ces ouvrages sont des traductions plus ou moins modifiées de la *Vita Scanderbergi,* de *Barletius,* parue en 1524 ou 1537.

Pour terminer, mentionnons 31 œuvres d'imagination, dont la première est de 1559 : *Complainte d'un prince d'Albanie* à l'encontre d'amour et sa dame, en français, et la dernière de 1870. Il y a des poèmes épiques, des tragédies, dont l'une jouée à Paris en 1735 et composée par Houdard de la Motte, (l'un des 40 de l'Académie française), des comédies espagnoles, enfin des romans anglais, sans omettre les *huit* éditions « revues et émondées » du poème latin de Bussières, de 1656 à 1730, et jusqu'à une tragédie en langue suédoise, datant de 1835.

Pour plus de détails sur la bibliographie de Scanderbeg, nous renvoyons à la curieuse et consciencieuse *bibliographie de Scanderbeg,* de l'écrivain serbe Pétrovitch, chez Leroux, éditeur à Paris (1881).

10

fait supérieur au contraire pour les chercheurs de la vérité historique pure, est encore en suspens. Nous allons essayer d'y apporter quelques éclaircissements et peut-être parviendrons-nous à la résoudre d'une façon satisfaisante. Avant de la poser, il est nécessaire de rappeler les principaux évènements de la vie si accidentée de Georges Castriot, dit Scanderbeg, prince d'Albanie.

Ouvrons dès à présent une parenthèse et constatons que l'origine même de la famille des Castriot a donné lieu à une controverse entre les historiens.

Comme beaucoup de grands hommes des époques plus ou moins reculées et sur lesquels les documents suffisamment nombreux et authentiques font défaut, Skanderbeg a vu son origine revendiquée par plusieurs peuples. Que les auteurs tels que Biemmi, Du Cange et Paganel, pour ne citer que les plus importants, aient eu une foi aveugle dans les assertions de Barletius (1), compatriote et presque contemporain de Skanderbeg, cela est assez naturel. Selon eux, Jean Castriot, seigneur de Kroja, ville située sur le Drin noir, dans la partie occidentale de l'Albanie et à quelque distance de la mer Adriatique, descendait d'une ancienne famille originaire d'Emathia, en Macédoine. Skanderbeg, son fils, représenterait ainsi l'élément albanais pur. Jusqu'en 1868, personne n'avait contesté cette question d'origine ; lorsque M. Kopf, professeur à l'Université de Kœnigsberg, a essayé le premier à prouver que Barletius et tous ses continuateurs s'étaient trompés. Dans l'encyclopédie grecque, publiée par Ersch et Gruber (2), il s'exprime de la manière suivante : Une comparaison critique de tous les travaux concernant Skanderbeg, depuis Pontanus jusqu'à Paganel, montre nettement que les sources documentaires ont complètement fait défaut à leurs auteurs, et qu'ils ont écrit plutôt du roman que de l'histoire. Fallmayer appuie cette thèse, quand dans son traité sur l'élément albanais en Grèce,

(1) Barletius, prêtre albanais, né à Scutari, en 1480, a écrit en 1525 ou 37 la première vie de Skanderbeg, signée d'un nom d'auteur ; on peut croire qu'il s'est inspiré de la *Skanderbergi Vita*, parue en 1480, à Venise, sous l'anonymat.

(2) *Griechenland in Mittelalter und Neuezeit*, collection Ersch et Gruber, section I tome 86, à Leipzig en 1868, p. 122-123.

il essaie de dépouiller le héros de l'auréole fabuleuse qui l'entoure, malheureusement il manquait de documents positifs, à part ceux de Chalcondyle le Bizentin, pour remplir les lacunes qui se trouvent dans l'ouvrage de Barletius. Plus heureux que lui, nous sommes en état, avec l'aide de l'histoire de la famille des Musachi et des documents vénitiens, de donner ici une biographie exacte du grand capitaine.

D'abord les Castriot ne sont pas d'une ancienne famille albanaise comme on l'a cru jusqu'ici, mais le héros national est de souche slave ; son ancêtre est le serbe Branilo, capitaine de la ville de Kanitza en 1368. Son fils Paul, mort en 1402, laissa comme fils, Alexis et Jean. Le premier reçut en dot de sa femme Hélène Thopia, en 1390, la ville de Kroja ; il en fut chassé bientôt et mourut en 1402, à Durazzo. Mais cette union avec la vieille famille royale d'Epire (les Thopia) donna un grand prestige aux parvenus slaves, vis à vis des Albanais, et Jean se battit si bien contre les Turcs, qu'il obtint de Venise le Comté de Mat (1) et passa pour un homme de grande influence aux yeux des Albanais. Des liens de famille avec les clans les plus puissants établirent son pouvoir fermement. Il épousa Voïsava, fille du seigneur serbe de Pologum, etc. Jean occupa Kroja, que les turcs avaient possédé peu de temps. »

Makuchew (2) partage l'opinion de Hopf, et Jirecek, dans sa célèbre Histoire des Bulgares (3), dit simplement : la famille de Skanderbeg était d'origine slave. Nous trouvons son aïeul paternel Branilo, en 1368, à la cour d'Alexandre, seigneur de Valona et de Kanitza. Son père Jean, comte du pays de Mat, se défendit contre les turcs ».

L'auteur ne s'étend pas davantage sur ce sujet, il affirme l'origine slave de Skanderbeg comme une chose indéniable et qui ne supporte pas la contradiction.

---

(1) Partie de l'Albanie située sur les rives du Drin noir.

(2) BASILE MAKUCHEW, *Mémoire sur les Slaves en Albanie*, en russe, rapport à l'Université de Varsovie en 1871.

(3) Chapitre XXIV, p. 368.

A notre époque, où l'élément slave s'efforce de ressaisir son ancienne importance politique dans la péninsule balkanique, il est bien naturel que les deux derniers auteurs cités, Makuchew et Jirecek, slaves eux-mêmes, veulent s'approprier le héros Albannais, en faire un Serbe.

Disons pour terminer que M. Pisko, en sa qualité de vice-consul d'Autriche à Janina, est admirablement bien placé pour porter un jugement sur la question. Or, dans son livre (1) il ne se prononce pas sur la question d'une manière définitive et se contente de dire que quelques nouveaux historiens font descendre Skanderbeg d'une souche serbe.

Il nous semble qu'elle ne peut pas être tranchée à cause du manque de documents. Mais pour nous, Jean Castriot descendait évidemment d'une tribu albanaise ; seulement, par suite de mariages avec des femmes d'origine serbe, le sang slave s'était introduit dans la famille des Castriot. Lui-même avait épousé Voïzava, fille d'un seigneur de Pologum, ville et territoire de l'ancien pays des Triballes et occupé alors par les Serbes, probablement situé entre la Bosnie et la Bulgarie, le sandjack du novi Bazar actuel (2).

Georges, plus tard Skanderbeg, son plus jeune fils, était ainsi serbe par sa mère et albanais par son père (3). Ces deux peuples ont donc le droit de le réclamer et voici, ce nous semble, qui peut mettre fin à la controverse.

Né en 1414, Georges montra, dès sa plus tendre jeunesse, un penchant marqué pour le métier des armes et surpassa ses trois frères aînés par des performances étonnantes. Il avait à peine neuf ans, lorsque son père, battu par Amurat II, dut se soumettre, et pour gage de sa fidélité livrer au Sultan ses trois fils comme

(1) *Skanderbeg, Historische Studie*, Vienne 1894, p. 7.

(2) Pisko (*op. cit.*, p. 127), discute l'emplacement des Triballoi. Voir aussi Du Cange *Historia Byzantina*, annexe au 1ᵉʳ chapitre, Castriotorum Familia.

(3) Les cinq sœurs de Skanderbeg portaient des noms slaves : de Mara, Djela, Angelina, Mamiza, Voïzava.

otages, savoir : Constantin, Stanicha et Georges. On ne fait pas mention de l'aîné, Reposius, qui resta auprès de son père à Kroja.

Elevé dans la religion mahométane, Georges gagna de suite les bonnes graces du Sultan par la vivacité de son esprit, son adresse et son endurance dans tous les exercices du corps. A l'âge de 18 ans, il recevait la dignité de Sandjack ou bey, le premier grade après celui de Pacha, pour ses remarquables prouesses dans la guerre d'Anatolie. Comme on avait changé son nom en celui de Alexandre, en turc Iskander, il est dès ce moment connu comme Iskanderbey, dont les chrétiens firent Skenderbeg. Chaque jour le faisait grandir dans l'estime de son maître; Amurat l'appelait « son bras droit, son œil, son cœur, le vrai et plus sûr défenseur et augmentateur de son Etat. »

Il vint alors prendre part aux combats contre les chrétiens et lui, renégat, se montra aussi valeureux vis-à-vis des Grecs et des Hongrois, qu'il l'avait été contre les Persans.

En 1432, Jean Castriot s'étant attiré le courroux d'Amurat, pour des motifs assez peu expliqués, le Sultan envoya une armée le châtier et s'emparer de Kroja. Le vieil Albanais périt dans la lutte et sa capitale tomba aux mains des Turcs.

Son fils aîné, Reposius, venait de mourir, assassiné par ordre du Sultan.

Comme d'un autre côté les deux frères, Stanicha et Constantin, étaient morts peu de temps auparavant à la cour du Sultan, qui, au dire des Albanais, les avait fait empoisonner, Skanderbeg se trouva l'héritier de la principauté de Kroja (1).

Amurat, qui avait pleine confiance en lui, l'aurait bien nommé Gouverneur d'Albanie pour le compte des Turcs, mais comme la guerre reprenait avec les Hongrois, il préféra, pour le moment, utiliser la bravoure de Skanderbeg contre ses ennemis, remettant à plus tard son établissement définitif et la récompense de ses bons

---

(1) On sait que d'après les traditions slaves en vigueur à cette époque, le frère succédait au frère, lorsqu'un monarque laissait plusieurs fils. Ainsi Skanderbeg devait régner après la mort de son père, au détriment de son neveu Hamsa, fils de Reposius, l'aîné.

services. Mais la triste fin de son père attristait Skanderbeg; il ne put se faire à l'idée de voir son ancienne patrie occupée définitivement par les Turcs, et tout mahométant qu'il était, son cœur saignait en face des malheurs de la chrétienté. Il résolut dès lors de trahir le sultan, mais attendit patiemment que l'occasion se présentât de lui faire le plus de tort possible et se tint en rapports secrets avec les Albanais, le pape Eugène IV et les Hongrois.

Cependant la campagne contre ces derniers se prolongeait avec des phases diverses; la guerre civile rageait entre Ladislas III, roi de Pologne, qui avait accepté la couronne de Hongrie et Ladislas le Posthume, héritier légitime du trône, qui défendait son héritage. Malgré cette déplorable situation intérieure, l'illustre Jean Hunyade, à la tête d'une vingtaine de mille hommes, tenait tête à toutes les forces du Padischah, les battait aux Portes de fer en 1442, et poussait ensuite une pointe le long de la Morawa. Une nouvelle rencontre eut lieu sur les bords de cette rivière. C'est l'instant que Skanderbeg choisit pour trahir les Ottomans, en se mettant d'avance d'accord avec les Hongrois, disent les Albanais. D'autres pensent qu'il ne prémédita point sa fuite, mais saisit simplement l'occasion de la défaite des Ottomans pour abandonner leur cause. Remarquons la présence l'une en face de l'autre de ces deux champions de la chrétienté : Jean Hunyade commande les Hongrois alliés aux Serbes; Skanderbeg guide la cavalerie du Sultan. Que la déroute des Turcs ait eu pour cause la défection de Skanderbeg, ou la supériorité des manœuvres de Jean Hunyade, le manque de documents rendant impossible la solution de la question, toujours est-il qu'à la fin de la bataille, l'Albanais fit saisir par quelques fidèles, Reis Effendi, commissaire du Sultan auprès de l'armée et lui ordonna de signer l'ordre au gouverneur turc de Kroja d'avoir à livrer cette ville à Skanderbeg; à peine le malheureux avait-il obéi qu'on le poignarda, afin qu'il n'eut point le temps de prévenir par un contre-ordre le gouverneur de Kroja.

Skanderbeg saute à cheval et, sept jours plus tard, tellement les communications étaient difficiles dans les montagnes Argentaro, arrive à Dibra, s'y arrête un jour et le lendemain paraît sous les murs de Kroja, avec uns suite de quelques Albanais. Le gouverneur les reçoit et, la nuit suivante, à un signal donné par Skanderbeg, les Albanais, cachés dans la ville, massacrent le gouverneur et la garnison.

Skanderbeg jette alors le masque et lance un appel retentissant aux chrétiens d'Albanie; tous se lèvent et accourent se ranger sous sa bannière. Une guerre de 24 ans commence, dont nous ne pouvons retracer les péripéties comme elles méritent de l'être (1).

Le premier acte fut la proclamation de Skanderbeg comme prince d'Albanie, dans une Assemblée de tous les chefs albanais et monténégrins tenue à Alessio, le 2 mars 1444. Sur ces entrefaites Amurat II fit une trêve de 10 ans avec les Hongrois et se retira en Asie Mineure, laissant le trône à son jeune fils Mahomet II.

La rupture de la trêve par les Hongrois, la rentrée en scène d'Amurat et la défaite des chrétiensà Varna mit Scanderbeg en péril; il quitta la Serbie qu'il était en train de traverser afin de se joindre aux Hongrois et rentra en Albanie.

Amurat II essaya alors d'obtenir un semblant de soumission de la part de Skanderbeg et lui écrivit une lettre commençant ainsi : Murad, empereur de tout l'Orient à Skanderbeg, *le plus ingrat des hommes* et dans laquelle il lui offre la paix et la paisible jouissance de Kroja, à la condition de lui rendre hommage comme vassal.

Le 14 juillet 1444, Skanderbeg, d'accord avec ses alliés, les chefs Albanais, lui répondit en l'engageant à renoncer à la foi mahométane et à embrasser la religion chrétienne; à cette condition, il le reconnaîtra son suzerain. Le sultan faillit étouffer de rage et jura d'exterminer son ancien favori et tous les Albanais; néanmoins, une attaque de Jean Hunyade le força de remettre à l'automne 1445 la campagne projetée contre Skanderbeg. Dès le début des hostilités la cavalerie ottomane, sous Fézir-Pacha, tomba dans une embuscade tendue par les Albanais dans la forêt de Mokri et fut presque anéantie. L'année suivante, Amurat envoya une nouvelle armée de

(1) L'ouvrage de M. Pisko, que nous avons déjà cité, expose en détail les 24 dernières années de la vie du Héros, et son livre est le plus complet et le plus documenté paru jusqu'à ce jour sur Skanderbeg.

20,000 hommes sous Mustapha-Pacha, qui établit son camp dans le bas Dibra (sur le Drin noir) pendant que ses cavaliers ravageaient le pays. Soudain, Skanderbeg parait avec 2,000 hommes, attaque le camp turc, l'enlève et chasse le Pacha en lui tuant 500 hommes (1446).

Mais le héros Albanais était destiné à combattre bientôt d'autres ennemis que les Turcs. Par suite de la mort sans héritiers de Lukas Zacharias, les Vénitiens prétendirent s'approprier son bourg de Dajna et se le firent céder par la mère du défunt. Les Albanais, furieux, voulurent reprendre la ville, et profitant de l'inaction momentanée des Turcs, vinrent mettre le siège devant Dajna, formidablement retranchée et défendue par les Vénitiens. Skanderbeg, à la tête de 14,000 hommes dirigeait les opérations. Une force égale de Vénitiens parut pour faire lever le siège ; Skanderbeg, laissant 4,000 hommes sous Dajna marcha à leur rencontre et les attaqua près de Scutari. La bataille entre chrétiens fut aussi acharnée que s'ils avaient combattu les infidèles et finalement les Vénitiens durent battre en retraite en perdant 2,700 hommes (1).

Rappelé sur ses frontières par une apparition des Turcs, Skanderbeg dispose 5,000 hommes au siège de Dajna sous les ordres de son neveu Hamsa et s'éloigne avec le reste de ses forces. Se réunissant aux corps d'observation du comte Urana, Skanderbeg attaqua les Turcs près d'Orozi, dans le territoire des Mirdites, et les défit complètement. Mustapha fut pris et échangé peu après contre une rançon de 25,000 ducats.

Au même moment où il remportait ce triomphe éclatant, les Vénitiens tentaient un retour offensif contre les 5,000 hommes laissés sous Dajna. Skanderbeg ramène vivement ses troupes du côté de Scutari, repousse les Vénitiens et ravage les environs de cette ville. La mauvaise foi vénitienne forçait ainsi l'albanais à tenir tête à deux ennemis à la fois. Venise offrit enfin la paix, qui fut signée le 18 octobre 1448; les Albanais renoncèrent à reprendre Dajna et reçurent des compensations territoriales le long du

____

(1) Pisko, *op. cit.*, pp. 37-38.

Drin. En outre Skanderbeg fut inscrit sur le livre d'or de Venise, avec le titre de généralissime de la République en Epire et en Albanie.

A la même date du 18 octobre 1448, Jean Hunyade, à la tête d'une armée hongroise, était battu à Kossowo (1). Cette défaite découvrait l'Albanie et permettait au sultan de se tourner avec toutes ses forces contre Skanderbeg, pour prendre sa revanche retardée depuis six ans.

Le héros se prépara à soutenir le choc de 150,000 hommes ; il prit la campagne avec 5,000 soldats et se porta au secours de sa forteresse de Svetigrad déjà assiégée par l'avant-garde ottomane. Fidèle à sa manière de combattre, Skanderbeg attira les assiégeants dans une ambuscade et leur tua 600 hommes (10 mai 1849).

Quatre jours plus tard, Amurat parait avec le gros de son armée, et canonne Svetigrad, pendant qu'il envoie une forte troupe en avant. Skanderbeg la surprend et la met en pleine déroute, puis il retourne à Kroja chercher des renforts et reparait le 28 en vue de Svetigrad, qui continuait à déjouer tous les efforts du Sultan. Pendant un mois, les Albanais attaquèrent continuellement les assiégeants, les décimant, les épuisant, les harcelant sans cesse. Dans la journée du 21 juin, les Turcs perdirent 8,500 hommes, tant dans un assaut infructueux contre la ville, que par suite d'une attaque de Skanderbeg sur leurs derrières. La garnison fut néanmoins obligée de capituler à cause du refus des gens de Dibra de continuer à se défendre (1), mais elle obtint les honneurs de la guerre et la libre sortie (juillet 1449).

N'osant pousser davantage une campagne qui lui avait déjà coûté 30,000 hommes, Amurat rentra en Macédoine et laissa momentanément Skanderbeg tranquille.

(1) Au lieu même ou en 1388, les Serbes avaient été taillés en pièces et leur empire détruit.

(2) Barletius, (op, cit., p. 140), raconte qu'un traitre acheté par les Turcs jetta un chien mort dans le puits ; les gens de Dibra, Albanais, très superstitieux, ne voulaient point boire de l'eau souillée par un cadavre d'homme ou d'animal, refusaient de boire l'eau de puits contaminée et il fallut capituler, car ils formaient la majorité de la garnison.

Il en profita pour songer à fonder une dynastie et se fiancer à Andronica, fille du prince Albanais Thopia Comnène, mais ne voulut pas l'épouser avant d'avoir reconquis Svetigrad, occupé par un corps ottoman. A la tête de 12,000 hommes, dont 1,200 que le roi de Naples, Alphonse V, lui avait envoyés, il vint l'investir à la fin de septembre, mais échoua complètement dans cette entreprise et dut lever le siège après avoir perdu 2,000 hommes, dont 1,000 blessés. Le 5 avril de l'année 1450 Amurat commençait le premier siège de Kroja, avec 160,000 hommes. M. Pisko nous apprend que le comte Urana défendait la ville et que ses 35 canons étaient servis en grande partie par les aventuriers français (1). Skanderbeg, avec 8,000 hommes, campait sur une hauteur voisine, et par de continuelles attaques, harcelait les assiégeants, leur tuant beaucoup de monde. Le dernier grand assaut du 12 septembre causa de telles pertes que le Sultan, déjà malade, se décida à demander la paix à Skanderbeg et lui offrit en outre son amitié, s'il voulait se reconnaître son vassal en lui payant un léger tribut annuel de 20,000 pièces d'argent. Le héros repoussa cette offre avantageuse comme il l'avait déjà fait en 1443, et plein de dépit, Amurat vaincu leva le siège de Kroja le 26 octobre.

La levée du premier siège de Kroja mit le comble à la gloire de Skanderbeg et le posa comme le champion invincible de la chrétienté; de tous les points de l'Europe arrivèrent des témoignages d'admiration et de riches présents. Le prince utilisa le moment de répit qui succéda pour épouser la fille de Thopia Comnène (26 avril 1451) à laquelle il était fiancé depuis près de deux ans.

L'anné suivante, le sultan Mahomet II, qui avait succédé à son père Amurat II, reprit la campagne contre Skanderbeg. Nous devons dire que ce dernier avait dans l'intervalle repoussé un traité d'alliance que lui offrait le nouveau Padischah et s'était ainsi attiré sa colère. Une armée de 25,000 hommes, divisée en deux masses, fut battue par Skanderbeg près de la forteresse de Modrica, et les Albanais restèrent de nouveau maîtres de la situation (21 juillet

(1) *Op. cit.*, p. 54.

1452). Quelques mois plus tard, grâce à l'entremise du pape
Nicolas V, Skanderbeg se réconcilia solennellement à Durazzo avec
les Dukajdins, princes Albanais qui entretenaient envers lui une
grande animosité et que l'opinion publique accusait d'avoir voulu
faire assassiner le héros.

Pour ne point perdre l'habitude de combattre les Turcs, Skanderbeg, au printemps de 1453, passa la frontière de Macédoine
avec 6,000 cavaliers et mit en déroute sur le sol turc une armée de
14,000 hommes qui se dirigeait vers l'Albanie.

Le siège de Constantinople attirant toute l'attention du sultan,
Skanderbeg employa l'année 1453 et la suivante à renforcer sa
situation en Albanie; il passa dans ce but un traité d'alliance avec
Alphonse V, roi de Naples, puis tenta d'enlever la forteresse de
Bérat, grâce aux secours d'artillerie que ce monarque lui avait
envoyés.

Ici se place une trahison de Moïse Golemi, jusqu'alors le fidèle
lieutenant de Skanderbeg, son bras droit, son conseiller dévoué.
Bien que comblé de marques de faveur et possesseur de vastes
territoires, il devint subitement jaloux de son maître et se mit
secrètement en rapport avec les Ottomans. Le siège de Bérat
échoua grâce à la trahison de Golemi qui se joignit ouvertement
aux Ottomans aussitôt après la levée du siège. Le héros en ressentit
plus de douleur que de colère; mais quels furent ses sentiments
lorsqu'au printemps de 1455, Golemi, à la tête de 14,000 Turcs,
pénétra en Albanie et vint prendre position au bas Dibra. Skanderbeg marcha à sa rencontre avec 10,000 guerriers. Le traître osa
paraitre seul sur le front de l'armée et défier son ancien maitre en
combat singulier. Skanderbeg s'avançait pour le combattre lorsque
Golemi s'enfuit lâchement. Inutile d'ajouter que ses troupes furent
battues à plate couture. Mal reçu par le sultan, Golemi vint la
corde au cou, suivant l'usage albanais, demander pardon au
héros, qui lui rendit ses biens et son rang dans l'armée. Cette
magnanime conduite de Skanderbeg l'honore autant qu'une
bataille gagnée. Mais un vent de trahison soufflait sur les chefs
albanais, fatigués par 14 ans de guerre ininterrompue. Georges

Stresius, neveu de Skanderbeg (1), vendit pour 30,000 pièces d'argent aux Turcs la forteresse de Modrica. On le condamna à la prison, puis on le gràcia. Ce n'est pas tout encore : le propre neveu de Skanderbeg, Hamsa, furieux de ce que la naissance d'un fils chez son oncle (2) lui enlevait ses droits éventuels à la couronne d'Albanie, passa aux Ottomans avec sa femme et ses trois enfants.

De toutes les trahisons, celle-ci fut la plus pénible pour l'Albanais. En juillet 1456, 50,000 Turcs, sous le commandement du traître Hamsa et d'Isa Pacha, envahirent l'Albanie et Skanderbeg dut aller combattre son neveu; la rencontre eut lieu près d'Alessio; les Ottomans perdirent la moitié de leur effectif et Hamsa fait prisonnier fut épargné par son oncle; mais envoyé en exil à Naples, il en partit bientôt pour retourner en Turquie, où le Sultan le fit empoisonner.

La fin de cette année 1456 et les suivantes ne virent, aucune nouvelle attaque des Ottomans, en revanche, Skanderbeg eut l'occasion d'intervenir efficacement dans les affaires de Naples. La mort de son ancien ami Alphonse V et l'accession au trône de son fils naturel Ferdinand eurent pour conséquence une guerre entre ce dernier et son compétiteur Jean d'Anjou. Skanderbeg envoya d'abord une troupe de 500 hommes dans le royaume de Naples pour grossir l'armée de Ferdinand, puis ensuite, ayant conclu un armistice d'un an avec Mahomet II, il passa la mer de sa personne en août 1461, et avec 2,000 Albanais, il vient guerroyer contre les Français qui appuyaient Jean d'Anjou. Combien de personnes savent que le grand Albanais fit la guerre à nos compatriotes, au sujet de la succession du trône de Naples? Disons de suite qn'il ne fut engagé dans aucune action sérieuse et que tout se borna pour lui à quelques escarmouches autour de Tarente, pour tenir en échec l'aile gauche des Angevins sous Piccinino. Rappelé en Albanie au bout de quatre mois, il reçut comme témoignage de reconnaissance de Ferdinand la terre de San-Pietro, en Galatina.

A la fin de l'été 1462, la guerre avec la Turquie reprit de plus

(1) C'était le fils de sa sœur Djela, mariée à Georges Stresius.
(2) Jean Castriot, fils de Skanderbeg, venait de naître, 1454.

belle ; les Albanais défirent encore les infidèles et on aboutit au premier traité de paix et le seul que Skanderbeg ait jamais passé avec la Porte. Mahomet II reconnut l'indépendance absolue de Skanderbeg comme prince d'Albanie et le pape Pie II ratifia la paix (1463).

Elle fut de courte durée, à cause de la guerre entre Venise et la Turquie. Skanderbeg et ses barons albanais, sollicités par l'archevêque de Durazzo, ne purent ou n'osèrent laisser leurs voisins en danger et la paix fut rompue par les Albanais neuf mois après sa conclusion.

En vain Mahomet II demanda au héros de ne pas recommencer la guerre (1), elle reprit au printemps de 1464 par une invasion de 14,000 Turcs sous le commandement du Pacha Balaban, renégat Albanais. Après un infâme manquement à la foi jurée, le Pacha fut définitivement battu, le 18 juin, et perdit les trois quarts de son armée. Skanderbeg courut les plus grands dangers et reçut une blessure au bras droit dans cette rencontre.

Balaban revint deux mois plus tard et éprouva une nouvelle défaite. Mahomet II, indigné et humilié des incessants revers que ses troupes essuyaient en Albanie, résolut d'en finir une bonne fois avec Skanderbeg et se mettant en personne à la tête d'une armée de 150,000 hommes, à la fin de juillet 1465, il investit Kroja.

Néanmoins, après un assaut infructueux, il quitta le siège avec une partie de ses troupes, laissant Balaban Pacha continuer l'investissement. Alors commence le second siège de Kroja, digne pendant de celui de 1450. La situation de Skanderbeg était désespérée, son armée réduite à 4,000 hommes ne lui permettait pas de dégager la place. Dans cette extrémité, il alla se jeter aux pieds du pape Paul II, et on vit le héros Albanais, vieux, découragé, implorant le secours du Saint-Siège pour sauver ses États (2). Le Pontife lui

---

(1) Voir sa lettre à Skanderbeg et la réponse de celui-ci dans Pisko, *op. cit.*, pp. 94-96. Cette lettre commence par ces mots : l'athlète du Christ, Georges Castriot, alias Skanderbeg, prince d'Albanie..... Cette réponse est très curieuse.

(2) Paganel décrit en termes amphatiques l'apparition de Skanderbeg à Rome. Voir son *Histoire de Skanderbeg*. Paris, 1855, p. 250.

donna quelqu'argent, des dignités, et sollicita les princes chrétiens de courir à la défense de l'Albanais. C'est tout ce qu'il pouvait faire pour lui, mais comme personne ne vint à son appel, Skanderbeg retourna en Albanie comme il en était venu, plus désespéré que jamais.

Tout ce qu'il obtint, c'est un corps de 4,500 Vénitiens. Il essaya alors de débloquer Kroja. Balaban voulut tenter une attaque avant l'arrivée des Albanais, mais il trouva la mort sous les murs de la ville. Les assiégeants battirent aussitôt en retraite, abandonnant définitivement le second siège de cette imprenable forteresse.

Cinquante années de luttes et de campagnes ininterrompues avaient épuisé le corps, pourtant si vigoureux, du héros Albanais, et au retour d'un voyage qu'il fit en 1466 à Venise, la fièvre le saisit à Alessio. Il y rendit son âme, le 27 janvier 1467, entouré de presque tous les chefs Albanais qu'il avait convoqués en conseil pour discuter les mesures à prendre contre les Turcs en vue de la prochaine campagne.

Avant de mourir il ordonna à sa femme et à son jeune fils Jean de se rendre à Naples pour prendre possession des biens que Ferdinand lui avait donnés et il plaça l'Albanie sous la protection de Venise. Ses dernières paroles furent pour demander ses armes et son cheval, car on venait de lui annoncer qu'un corps turc était en marche sur Alessio.

On connait l'exclamation de Mahomet II, en apprenant la mort de Skanderbeg :

« A moi l'Europe et l'Asie, malheur aux Chrétiens, ils ont perdu leur bouclier le bras qui les protégeait. »

Telle est l'histoire de Skanderbeg, comme l'ont exposée les divers historiens qui s'en sont accupés depuis Barletius jusqu'à nos jours. Elle semble digne de foi surtout à cause du témoignage du contemporain Barletius, encore que quelques-unes de ses parties soient assez romanesques. Or, voici qu'un savant professeur de la Faculté d'Innsbruck, M. Ludwig Pastor, la révoque en doute, et en quelques lignes détruit toute cette histoire en la reléguant au rang des légendes fantaisistes. Laissons-le parler en traduisant mot à mot ses paroles : « Après la mort du grand Hunyade, il ne resta plus sur le théâtre de la guerre en Orient qu'un seul adversaire qui réellement était digne de s'opposer aux Turcs : Georges Castriot, prince d'Albanie, connu sous le nom de Skanderbeg. L'histoire de ce héros surnommé par Caliste III l'athlète du Christ, a été méchamment défigurée par des romans panégyristes. D'abord, de nouvelles recherches y ont jeté la lumière.

« On sait maintenant sûrement que les Castriot n'étaient point, comme on l'a cru jusqu'ici, d'une vieille souche albanaise, mais que le héros de ce pays est d'origine slave. De même des sources documentées démontrent l'inanité de la légende courante qui montrait Skanderbeg donné en otage aux Turcs, gagnant la faveur du Sultan, puis après la bataille de Kunovica (1) fuyant dans sa patrie pour soulever ses compatriotes contre les Ottomans. *Loin de là, Skanderbeg passa toute sa jeunesse dans ses montagnes natales.* Sa lutte contre les Turcs commença avec la bataille de Dibra en 1444 ; cette victoire ouvrit pour l'Albanie une ère de prospérité qui dura vingt ans (2) ».

Suit un portrait de Skanderbeg au physique et au moral et une étude sur les rapports du Saint-Siège et de l'Albanie.

Ici se pose la question qui forme le principal objet de cette étude, et d'après ce que nous venons de voir, on peut la formuler ainsi :

Doit-on croire, avec tous les historiens, depuis l'anonyme auteur de 1480 jusqu'à 1886, que Skanderbeg, donné en otage par son père au Sultan, à l'âge de 9 ans, a été élevé à la cour ottomane, puis a trahi les Turcs lors de la campagne de 1442, c'est-à-dire à l'âge de 30 ans ?

Ou bien a-t-il passé toute sa jeunesse dans les montagnes d'Albanie, et n'a jamais été donné en otage, ni élevé dans la foi mahométane.

---

(1) Nous avons dit plus haut, d'après M. Pisko, que c'est dans un combat qui a précédé ladite bataille que Skanderbeg trahit les Turcs et non pas dans la bataille de Kunovica. Cette dernière eut lieu un mois environ plus tard.

(2) Ludwig Pastor : *Geschichte der Pæpste seit den Ausgang des Mittelalters,* 2 volumes, 1886, voir volume II, pp. 573-74.

Un auteur des plus distingué (1) l'a déjà posée dans un opuscule intitulé *La Légende de Skanderbeg*, paru en 1891, mais il reconnaît ne point l'avoir épuisée et attend de nouveaux documents.

Sur quels témoignages positifs s'appuie Pastor pour révoquer en doute l'histoire de Skanderbeg et la traiter de légende ? Sur aucuns ; il renvoie simplement par une note à Hopf, à Makuchew, et à Jirecek. Or, Hopf dit explicitement (2) : dès 1410, il (Jean Castriot) était si poussé à bout qu'il dut donner aux Turcs ses trois plus jeunes fils comme otages. Ils furent élevés dans l'Islamisme et combattirent plusieurs fois contre Venise. Georges, le plus jeune, avait passé sa jeunesse à la cour du Sultan ; il reçut le nom mahométan d'Iskander et revêtit la dignité de Bey, d'où son nom de Skanderbeg. Beau, intelligent, aussi expert dans les jeux chevaleresques que dans la connaissance des langues, il devint le favori d'Amurat II, qui lui confia 5,000 cavaliers. Bien que passé maître dans l'art de la dissimulation, il ne put bientôt plus cacher sa fierté et son amertume sous le joug étranger. Il devait en 1443 suivre l'armée turque qui fut anéantie à Nisch. Déjà la nouvelle lui était parvenue que ses compatriotes se soulevaient contre la Porte, il apprit également que son père était mort, sa mère en prison et que les Turcs voulaient s'emparer de son état héréditaire. Il profita de la défaite de Nisch pour retourner dans son pays et aider la révolte des Albanais. Il força le secrétaire du Pacha, le poignard sur la poitrine, de lui signer un firman du Sultan qui lui donnait l'investiture de Kroja, puis il le tua et s'enfuit avec 300 Albanais, etc., etc. »

Hopf est donc *au fond* d'accord avec Barletius et ses contimateurs, sur le point que Skanderbeg fut donné en otage aux Turcs *dans son enfance.*

Si nous examinons Makuchew (3) nous trouvons que Jean Castriot donna un de ses fils comme otage, qui se fit mahométan et combattit dans l'armée du Sultan jusqu'à la bataille de Kunovica. Ainsi les

---

(1) M. l'abbé Pisani, professeur d'histoire à l'Université catholique de Paris, très versé dans l'étude des questions orientales.

(2) *Griechenland in Mittelalter und Neuezeit*, p. 123.

(3) *Op. cit.*, chap. IV.

deux premiers auteurs invoqués par Pastor à l'appui de son affirmation sont absolument d'un avis contraire au sien.

Reste Jirecek, voici comment il s'exprime : « L'histoire de Georges, le plus jeune de quatre frères, a été défiguré méchamment par des romans panégyristes. Contrairement aux contes adoptés, d'après lesquels il aurait été donné comme otage aux Turcs, jusqu'à ce qu'il se soit enfui dans son pays, après la bataille de Kunovica, pour soulever son peuple contre les Osmalis ; on sait d'après des sources documentaires, que Georges a passé sa jeunesse en Albanie. Il commença ses guerres après l'assemblée des boyards albanais et slaves tenue à Alessio par un triomphe sur les Turcs dans la Dibra. » (1).

Quant aux documents dont parle Jirecek, il ne dit point quels ils sont, et il renvoie à Hopf et Makuchew, qui, nous venons de le voir, sont d'un avis *tout opposé* et affirment au contraire que Skanderbeg fut donné en otage dans son enfance.

L'unique témoignage de Jirecek, tout faible qu'il nous paraisse, est donc le *seul* sur lequel Pastor ait le droit de s'appuyer pour soutenir que l'histoire de Skanderbeg est une fable. Il n'a même pas invoqué les historiens ottomans, qui pourtant devaient bien connaître un peu de la vérité. En effet, Saad Eddin, chroniqueur turc, s'exprime ainsi : « Le prince d'Albanie avait un fils d'une belle figure et d'un esprit fort ouvert ; on le nommait Iskander. L'enfant *fut envoyé à la cour du Sultan* par son père, qui voulait donner une preuve de sa soumission et de son respect. Le Sultan l'éleva à un rang distingué parmi ses serviteurs et le regarda avec un œil de bienveillance. Après la mort de son père, il le nomma prince de son pays natal (2) ; mais Iskander n'avait pas l'étoile de la félicité, sa nature était portée au mal, aussi, oubliant les bienfaits du Sultan, il but le vin de la témérité dans la coupe de l'orgueil et sa main insolente s'étendit sur plusieurs provinces du domaine de son maître (3) ».

(1) JIRECEK, *Geschichte der Bulgaren*, Prague, 1876, chap. XXIV. p. 368.

(2) Pisko dit bien nettement que Amurat laissa entrevoir la possibilité de lui rendre le trône d'Albanie, mais remit la question à plus tard. *Op. cit.*, p. 12.

(3) Traduction de M. Pisani, *op. cit.*, p. 14.

11

Enfin, M. Pisco, dans son ouvrage, non seulement ne tranche pas la question qui nous intéresse, mais il ne la soulève même pas, il n'y consacre pas un mot, pour lui elle n'existe donc pas, il accorde pleine et entière créance à Barletius, à Biemmi et leurs continuateurs. Et cependant M. Pisco était peut-être le mieux placé pour obtenir une certitude absolue, puisqu'il habitait l'Albanie en qualité de consul d'Autriche.

Nous sommes de son opinion et acceptons sans aucune hésitation la version des auteurs latins, albanais et ottomans ; malgré les affimations contraire de Jirecek et de Pastor, car ces deux historiens sont les *seuls* qui aient écrit, sans fournir aucune preuve documentaire, qu'elle était inventée de toutes pièces par des panégyristes.

II

Comment admettre que des historiens de haute valeur comme Jirecek et Pastor, aient pu arriver à une solution si contraire à tout ce que leurs prédécesseurs avaient affirmé ? Car au fond de tout il y a une cause première, en matière historique comme en autre chose. Quel épisode ou quel point de l'histoire albanaise a inspiré des doutes sur l'authenticité de la version si longtemps accréditée ?

Nous savons déjà que Jirecek est l'auteur de la seconde version celle d'après laquelle Skanderbeg a passé toute sa jeunesse dans les montagnes natales, et nous avons vu que Pastor n'a fait que la répéter à 10 ans d'intervalle,

N'existerait-il point un autre personnage dont l'histoire ait présenté quelque analogie avec celle du héros albanais ? Les légendes, les pesmas ou chants nationaux des Slaves du Sud, ont pu par leur diversité, dénaturer les caractères de deux individus distincts, bien que contemporains, et les réunir en un seul, qui dans différentes provinces était différemment représentés, selon les traditions locales ou les besoins de la cause. Des chants peuvent célébrer les aventures d'un Skanderbeg élevé dans les montagnes albanaises et passant aux Turcs, vers l'âge de 30 ans, et sur ces données un historien arrive à conclure que ce personnage était le prince d'Albanie en personne.

De l'acceptation non contrôlée d'une légende semblable, il a pu révoquer en doute l'histoire qui le représentait comme livré en otage aux Turcs et trahissant le Sultan dans la suite (1).

Or, précisément, il y eut un autre Skanderbeg, parent par alliance et presque contemporain du premier, qui fut élevé dans ses montagnes natales, puis passa aux Turcs *à trente ans* ; mais c'était un prince monténégrin et non un prince albanais, et à cause de la similitude de nom et du rapprochement étroit de l'Albanie et du Monténégro, l'histoire de ce second Skanderbeg a pu produire une certaine confusion avec celle de son homonyme.

Ceci expliquerait la diversité d'interprétation et justifierait jusqu'à un certain point l'affirmation mise en avant par Jirecek ; savoir, que le prince d'Albanie ne fut jamais donné en otage aux Ottomans.

Disons que ce second Skanderbeg n'a été mentionné dans aucun grand ouvrage historique comme il méritait de l'être et que son véritable rôle n'est pas bien rapporté ni défini.

L'existence de ce personnage, le rôle qu'il a joué, quand on le rapproche de celui du grand Albanais, vont nous permettre de résoudre la question soulevée par Jirecek lorsqu'il attaque la *soit disant* légende du prince d'Albanie.

Il était le second fils d'Ivan-le-Noir, prince de la Zenta, nom que portait alors le Monténégro actuel et naquit vers l'an 1455 ; c'est-à-dire *douze ans avant* la mort du prince d'Albanie. Son nom chrétien était Etienne-Maxime Czernovitch, cousin des Castriot par sa grand-mère Voïsava (3) Castriot, sœur de Georges Castriot, dit Skanderbeg. Et comme Maxime passa son enfance et sa jeunesse dans les montagnes de la Zenta et de l'Albanie et fort jeune combattit les Turcs sous les ordres de son père Ivan-le-Noir, ceci se rapproche fort de l'affirmation de Jirecek citée plus haut.

(1) A l'époque où Jirecek a essayé de réfuter l'histoire de Skanderbeg, M. Miklosich n'avait point encore publié les documents dont nous parlons plus loin.

(2) Dans un précédent ouvrage : *L'Histoire du Monténégro et de la Bosnie*, nous avons déjà indiqué la solution de cette question, mais sans lui donner les développements qu'elle comporte (voir *op. cit.*, pp. 45 et 59).

(3) Pisco, d'après du Cange, la nomme Mara ; Auditch, dans sa Geschichte des Furstenthum Monténégro l'appelle Voïsava ; le nom importe peu, car il est prouvé qu'une sœur du grand Skanderbeg épousa Etienne Ier, Czernovitch, prince de Zenta.

Voici dans quelles conditions il se fit musulman et reçut le nom de Skanderbeg. Laissons la parole au chanteur des pesmas nationales serbes :

« Ivan, prince de la Zenta (1) se met en voyage, emportant trois charges d'or, afin de demander, pour son fils Maxime, la main de la fille du Doge de Venise. Le Doge se fait prier, mais trois années entières Ivan sollicite et prodigue ses trésors. Quand il ne lui resta plus rien, les Latins lui accordèrent la jeune fille. On fixa les noces à une année de là, pour avoir le temps de tout préparer et Ivan promit au Doge de revenir avec mille invités : « De mille il n'y en aura pas un de moins, lui dit-il ». Il revient ensuite à Zabliak, mais à peine a-t-il pris place, que ses yeux s'arrêtent sur Maxime. Quelle douleur subite est la sienne ! Pendant qu'il était au loin, la petite vérole avait sévi à Zabliak, elle avait attaqué Maxime, gâté, rendu hideux son blanc visage ; entre mille on n'eut trouvé personne de plus affreux que Maxime, le fils d'Ivan ».

Le chanteur slave dépeint ensuite le désespoir d'Ivan, qui a promis au Doge un gendre plus beau que tous ses compagnons, et maintenant il n'en est pas de plus laid. Sa femme l'engage à laisser la fille du Doge chez elle et à donner à Maxime une épouse serbe. Mais Ivan ne veut pas manquer à la parole donnée au Doge.

« Ainsi fut-il pendant un an et jusqu'au bout de neuf années entières personne ne fit mention de la fiancée. C'est long neuf années ! »

Le Doge écrit pour rappeler la demande en mariage et s'étonne du retard apporté à l'accomplissement de la promesse d'Ivan. Ivan tombe dans une cruelle anxiété, il demande conseil à sa femme qui lui dit entre autres choses : « Qu'est-ce qui t'a causé tant d'effroi ? la maladie a beau avoir défiguré Maxime, si tu as des amis sûrs ils se garderont bien de faire des réflexions là-dessus ; tu as une tour pleine d'or, dans tes caves du vin de trois ans, réunis tes invités, fais-en venir jusqu'à deux mille et quand les Latins verront une pareille escorte, Maxime fut-il aveugle, ils n'oseront te chercher dispute ».

(1) Ivan dit le Noir, prince de Monténégro et de la Zenta : 1466-1490.

Ainsi fut fait, Ivan lance ses invitations et réunit la foule des personnes qu'il doit emmener à Venise chercher la fille du Doge. Parmi elles se trouve le capitaine Jean, neveu d'Ivan, qui lui conseille de renoncer à ce mariage, par crainte que des disputes ne s'élèvent entre les Serbes et les Latins et lui conte un songe affreux qu'il a eu la nuit précédente.

« Songe est mensonge, répond l'oncle irrité et Dieu est vérité. Sache, mon neveu, que je périrai plutôt là-bas que de renoncer à ma bru et de congédier mes invités ».

Au moment de partir pour Venise, Ivan propose à Milosh Obrenovitch, qui est le plus beau des Monténégrins, de jouer le rôle de Maxime, de se faire passer pour lui et d'aller à sa place chercher la fiancée ; tandis que Maxime restera à Zabliak, Milosh passera pour Maxime aux yeux du Doge et de la fiancée, et au retour on découvrira à celle-ci le stratagème et la laideur de son époux.

Milosh répondit : J'engage ma foi devant Dieu que je ramènerai d'outre-mer ta bru, sans mauvaise aventure, sans dispute, seulement ce ne sera pas pour rien : tous les présents qui seront faits au fiancé, je veux que nul ne les partage avec moi.

— O Milosh, répond Ivan, personne ne touchera à ces présents que toi, je t'en donne ma foi plus ferme qu'un rocher.

Ainsi l'accord conclu, on ôta l'aigrette à Maxime, on la mit à Milosh et on s'embarqua sur la mer grise.

Reçu à Venise comme le fiancé véritable, Milosh est chargé de présents splendides ; entre autres celui de la belle-mère « de mauvais augure », elle apporte une chemise toute d'or.

Les fêtes terminées, les invités reprennent la mer et rentrent à Zabliak. Alors paraît Maxime sur un cheval sans taches ; mais la fiancée qui prend toujours Milosh pour son époux lui tend les deux mains. « Retire tes mains, ma chère bru, dit Ivan, pourquoi les poser sur un homme qui ne t'est rien ? cherche du regard dans la plaine, ce jeune homme qui monte un cheval noir, il a le visage gâté par la petite vérole, c'est celui-là qui est le jeune Maxime. »

Puis il avoue la supercherie qu'il a employée. La jeune fille est stupéfaite, néanmoins elle accepte d'épouser Maxime tout de même, mais à la condition que les cadeaux seront repris à Milosh et restitués à Maxime.

Nouvelle perplexité du vieil Ivan, qui a peur d'indisposer Milosh en lui reprenant les cadeaux, et grande colère de Milosh en apprenant les prétentions de la Vénitienne.

Tous ces présents je te les rends, dit-il, mais il y a trois choses que je n'abandonne pas : « l'aigrette qui est sur ma tête, la pelisse mouchetée, et la chemise d'or. Je jure par Dieu que ces trois cadeaux je les garde. »

Tous les invités félicitent le magnanime Milosh : seule la fiancée est furieuse, elle veut la chemise d'or pour Maxime. « Cette chemise que j'ai passée trois ans à tisser, et je croyais la porter à l'heure où j'embrasserai mon mari. »

Puis elle fait appel à Maxime et lui demande de faire restituer la chemise d'or par Milosh.

« Maxime, transporté de fureur, frappe les flancs de son coursier noir ; le noble animal bondit à trois hauteurs de lance et s'ouvre un chemin au travers de la foule. Milosh l'aperçoit et ne se doute point du sort qui l'attend. Comme il s'approche de Maxime, celui-ci le frappe de sa lance au front et le tue net. Puis il lui tranche la tête, la jette dans le sac à avoine de son cheval et s'enfuit avec la Vénitienne. »

A cette vue, les amis de Milosh tirent leurs épées et fondent sur les compagnons de Maxime, une épouvantable bagarre s'ensuit ; il y a des morts nombreux des deux côtés.

Maxime, l'auteur de cette querelle, n'osa plus ni épouser la fille du Doge, ni reparaître à la cour d'Ivan, son père. Il abandonna donc sa fiancée, « qui s'en retourna vierge chez son père », et lui s'enfuit chez les Turcs.

Le Sultan le reçut bien ; « pendant neuf années il servit le Sultan et lui fit sa cour, il obtint neuf domaines qu'il échangea contre un Pachalik avec le nom de Skanderbeg (1) ». Ce que le chantre des Pesmas Serbe raconte sur Skanderbeg Czernovitch semble appartenir à la légende plutôt qu'à l'histoire, et cependant ce personnage est men-

(1) Extrait du remarquable ouvrage de M. Dozon, intitulé : l'*Épopée Serbe.*

tionné par Andritch, l'historien national de Monténégro, comme ayant reçu l'investiture de Bajazet pour Secutari et la Basse vallée de la Zenta, plus celle de la Bojana, et il figure comme second fils du prince de Monténégro, Ivan-le-Noir, dans le tableau généalogique annexé à son livre (1).

Marino Sanudo (2), Valentinelli (3), Milakovitch (4), parlent de lui d'une manière qui ne permet point de douter de son existence, enfin, M. le professeur Miklosich, dans son livre : *Die serbischen Dynasten Crnojević*, reproduit des extraits de ces auteurs concernant Skanderbeg-Czernovitch.

Tous sont unanimes à dire qu'en 1496, grâce à l'appui d'une armée ottomane, il chassa du Monténégro son frère aîné Georges IV, qui s'enfuit à Venise, laissant au rénégat la possession incontestée de toute la vallée de la Zenta, avec la ville, et du lac de Scutari. Dès ce moment, Skanderbeg s'intitule Sandjack du Monténégro, de la côte de la mer et de toute la terre de Diocletie. Pendant qu'il jouit de la partie la plus riche et la plus fertile de la principauté, son cousin germain, Etienne II, fils de Georges III, cherchait un asile dans la Berda montagneuse et s'intitulait aussi prince de Monténégro, bien qu'il n'en possédât que quelques nahias ou districts, avec Cettigné pour capitale.

Nous ne savons pas grand chose du règne de Skanderbeg ; tout ce que les historiens italiens cités plus haut rapportent, c'est que son frère Georges IV essaya en vain par ses intrigues de reprendre possession de ses Etats. Le Sandjack vécut en bonne intelligence avec son cousin germain Etienne II. Qu'aurait-il été chercher sur les plateaux arides de la montagne noire, lui qui possédait la splendide vallée de la basse Zente, la blanche Scutari et son lac, la

---

(1) Audritch, poète serbe, vécut dans la première moitié de ce siècle et écrivit une *Geschichte des Furstenthum Monténégro,* que nous avons citée dans notre histoire du Monténégro et de la Bosnie. Voir *op. cit.,* pp. 9-10.

(2) MARINO SANUDO, *Diario,* vol. I, p. 402 et suivantes.

(3) Extraits des *Exposicione des rapporti fra la Republica-Veneta et gli Slavi meridionali,* vol. I.

(4) *Istorja Czernagora,* p. 75.

côte de la mer Adriatique depuis Cattaro jusqu'à l'embouchure du Drin noir.

Ainsi, de 1496 jusqu'en 1516, il y eût en même temps un Czernovitch monténégrin régnant à Cettigné, et un autre Czernovitch Sandjack à Scutari pour le compte du Sultan.

Le règne du renégat se prolongea bien au-delà de 1516, et la dernière mention qui est faite de ce personnage date de 1526 et se trouve dans Valentinelli (1). Il vivait donc encore à cette époque et la date de sa mort est impossible à fixer faute de documents.

Mais nous possédons mieux encore que tous les témoignages des auteurs italiens ou serbes : ce sont des lettres écrites par Skanderbeg lui-même en l'année 1523 ; elles sont authentiques et ont été publiées par M. Frantz Miklosich (2). Leur analyse formera la dernière partie de cette étude.

III

Voici comment ces lettres arrivèrent à la publicité :

« Il y a quelques années, dit M. Miklosich, j'eus connaissance, grâce à la bonté de mon estimable ami, le conseiller de cour et bibliothécaire de la cour, M. le chevalier von Birk, d'un certain nombre de lettres conservées dans les archives de la chancellerie (maintenant archives du Ministère des Finances d'Autriche). Elles étaient en langue serbe, datées de 1523, signées par Skanderbeg-Czernovitch, qui s'intitulait sandjack du Monténégro, de la mer, etc., etc., et adressées aux Doges et à la seigneurie de Venise, ainsi qu'à d'autres personnes habitant cette ville. Une traduction en langue allemande du XVIᵉ siècle était annexée à ces lettres (3). »

Nous regrettons de ne pouvoir donner ici une traduction complète de cette correspondance, cela nous mènerait trop loin et sortirait du cadre d'une simple étude, nous nous contenterons d'en citer quelques extraits.

D'abord, l'adresse est d'un style fort poli ; ceci s'explique par le fait qu'en 1523, Venise et le Sultan étaient en paix.

(1) VALENTINELLI, *op, cit.*, chap. VIII, p. 233.
(2) *Die Serbischen Dynasten Crnojević*, pp. 4 à 51.
(3) FRANTZ MIKLOSICH, *op. cit.*, p. 3. Ces lettres n'ont jamais été mentionnees ni traduites en français.

« Aux puissantes et très hautes Altesses, maitres de pays soumis, grands seigneurs, ducs et excellents seigneurs, demeurant dans les nombreux palais de Venise, le seigneur Skanderbeg Czernovich, Sadjack de la Montagne Noire, de la mer et de toute la Dioclétie, envoie son salut.

Voici l'intitulé de la lettre :

« Que le Seigneur donne des jours et des années à vos Altesses et Excellences. Amen ».

Vient ensuite une répétition des formules de salutations ci-dessus :

« Vous savez que vous avez conclu la paix avec Soliman le grand, puissant empereur ; vous dites qu'aucun ennui ne doit survenir au Sultan du fait de vos villes et châteaux et que tout traitre, transfuge ou cultivateur du grand empire qui s'enfuit chez vous doit être rendu au Sultan.

« Or, des provéditeurs, qui habitent dans vos villes, ne se conforment point à vos ordres, car des sujets turcs se sont réfugiés dans vos villes de Cattaro, Bar, etc. Je vous demande de me remettre les gens du Sultan, pour qu'ils reviennent dans les terres que le Sultan leur a données; or, vous ne voulez pas me les rendre et vous les gardez dans vos villes pour les faire travailler ; cela porte au Sultan un préjudice annuel de plus de 500 florins. Vous savez aussi que j'ai écrit trois fois à vos Altesses pour qu'elles m'envoient leur syndic pour s'assurer du tort fait au Sultan. Vous m'avez promis de m'envoyer un homme honnête de chez vous pour traiter cette question, et vous ne l'avez pas encore fait.

« Mais vos Altesses savent ce que dit le Saint Evangile (1), savoir que personne ne doit retenir le bien d'autrui ».

Skanderbeg continue à réclamer les fermiers du Sultan sur ce ton pendant une page, puis passe à une autre affaire.

« Il y a de vos gens qui viennent ici vendre du sel aux sujets du Sultan, et le sel du Sultan reste invendu, cela fait un grand tort à mon maître, car le sel impérial se vend 3 à 4 pfennings, et vous en

---

(1) Assez étonnant dans la bouche d'un renégat ; mais on sait que les mahométans reconnaissent une haute valeur morale aux Evangiles.

offrez à un pfenning ; en conséquence, notre sel nous reste, tandis que le votre se vend à sa place.

« Le juge et le percepteur l'ont répété à Stamboul. Donc veuillez dire à vos gens qu'ils ne vendent plus de sel aux sujets du Sultan ».

Skanderbeg se souvient encore que 27 ans auparavant il a chassé son frère Georges IV du trône et il termine ainsi :

« Altesses, ayez pitié des enfants de Georges, car il peut arriver un jour qu'ils méritent vos faveurs (1) ».

La seconde lettre est beaucoup plus courte que la première. Elle débute par les mêmes formules de salutations et nous y lisons : « Donc je vous envoie le voyvode Alexandre pour vous présenter mes hommages et je reste le vieil ami de vos seigneuries. Je vous envoi ainsi le voyvode notre serviteur, avec 1500 florins, pour qu'il achète pour mon compte des étoffes de bonne qualité et des vête- ments, du velours et autres habits pour nos besoins et ceux de notre cour. En conséquence, je vous demande de trouver un marchand de votre ville pour vendre ces objets à notre voyvode Alexandre.

« En plus, je vous prie de me faire la grâce de ne pas percevoir la taxe de sortie habituelle sur ces marchandises. »

La suivante n'est plus adressée aux Doges, mais au très haut, né de famille impériale, seigneur Andrea Gritti, de la part de son serviteur Skanderbeg, etc., etc. Suit une longue et pompeuse formule de salutations et enfin les lignes suivante : « Vous savez que j'envoie à Venise mon serviteur le voyvode Alexandre. Vous n'ignorez pas non plus que j'ai écrit trois fois à la Seigneurie, parce qu'elle retient des fermiers du Sultan. Dieu sait que c'est un préjudice annuel de plus de 500 florins pour nous.

Il le prie ensuite de bien vouloir intercéder en sa faveur auprès des Doges, afin qu'il obtienne satisfaction sur ce point et lui recom-

(1) Georges IV était mort en Anatolie vers 1514 ; sa veuve, la fille d'Antonio Erizzo, habitait Venise avec ses enfants. Voir à ce sujet l'*Histoire du Monténégro,* pp. 62-64.

mande d'avoir soin de son voyvode et de le mettre en rapport avec un
marchand pour ses achats de vêtements et d'étoffes ; enfin, d'appuyer
sa pétition en faveur d'une détaxe pour la sortie des marchandises.

La quatrième épitre est à l'adresse du même Andréa Gritti, voici
son contenu : « Votre Excellence sait que j'envoie mon serviteur
Etienne et que son frère Silva est mort à Venise. En conséquence,
je demande à votre Excellence, comme à mon maître, de bien
vonloir négocier pour que la succession de son frère décédé soit
remise à mon serviteur, et ce à cause de notre amitié ».

A remarquer que les formules de politesse et de salutations sont
plus longues que la lettre elle-même.

Nous passons ensuite à une correspondance de famille. Skanderbeg avait une sœur cadette, nommée Antonia, épouse d'un
seigneur Monténégrin du nom de Hyéronimus (1).

« A mon beau-frère, le seigneur Hyéronimus et à ma sœur
Mme Antonia, le salut amical de Skanderbeg Czernovitch. Au noble,
sage, et bien doué par Dieu, à mon cher beau-frère et à notre sœur,
etc., etc., j'envoie mon salut amical et cordial. Nous n'avons point
de nouvelles de votre santé : maintenant je vous envoie deux
fromages et deux truites par mon serviteur.

Je me recommande à votre bonne volonté et à votre amour comme
un vieil ami, comme chair et sang.

« Mon cher beau-frère et ma sœur, écrivez-moi au sujet de vos
affaires et de votre santé, et en quel lieu vous êtes, agissez avec moi
comme avec un ami. »

L'avant-dernière lettre est adressée à notre belle, aimable, bien
douée de Dieu et chère dame Elisabeth et au seigneur Salomon (2).
Salut cordial. Dieu vous donne sa grâce.

(1) Il n'est point expliqué comment la sœur de Skanderbeg se trouvait à Venise
en 1523 ; aucun des auteurs cités ne s'occupe de ce personnage, ni de son mari.

(2) Elisabeth Erizzo, veuve de Georges IV et son fils aîné Salomon.

« Je vous envoie de nouveau deux paniers de fromages et cinq mille poissons, plus trois fromages ; et je me recommande à votre bonne volonté et à votre amitié.

« Faites-nous savoir ce dont vous avez besoin et écrivez-nous afin que nous sachions comment vous vivez dans ce pays étranger. Le voyvode Alexandre nous dira ce que vous lui prierez de nous transmettre. Mais sachez que celui qui ne se tourne pas vers le soleil n'est point réchauffé par lui. »

La dernière lettre émanant de Skanderbeg est écrite dans le même ordre d'idées, elle s'adresse au : « noble et sage, honoré de tous et bien doué de Dieu, et notre ami le comte Etienne, interprète du grand palais et de leurs Excellences les seigneurs de Venise, de la part de son frère, Skanderbeg Czernovitch, et., etc., cordial et amical salut de confraternité. »

Il lui rappelle leur ancienne amitié et lui recommande à ses bons soins le voyvode Alexandre, porteur de lettres pour la seigneurie et sa famille.

« Et par amitié, je vous envoie deux truites et me recommande à votre bonne volonté et à votre estime ».

Telle est la correspondance de Skanderbeg Czernovitch.

Pour un homme qui a renié sa foi, chassé son frère de ses états héréditaires et s'est fait le vassal et l'instrument du Sultan, il faut reconnaître qu'elles ne témoignent que de l'estime et de l'amitié pour ses anciens correligionnaires.

Elles éclairent d'un jour curieux les rapports entre les chrétiens et les turcs, lorsqu'ils ne se trouvaient point les armes à la main, en face les uns des autres, à l'époque si tourmentée de leurs luttes séculaires.

Nous voyons qu'on pouvait être renégat et ne point nécessairement arracher de son cœur les sentiments de l'amitié et les liens de la famille. Ses lettres à sa sœur Antonia et à Elisabetth, la femme de celui qu'il avait si odieusement forcé à s'exiler, en font foi.

Au reste, ce Skanderbeg Czernovitch ne ressemblait en rien à son homonyme l'illustre héros albanais. Il ne possédait point son caractère entier et inflexible ; tout renégat qu'il est, il désire passer néanmoins pour un honnête homme et s'efforce de s'en donner les airs. Témoin les cadeaux envoyés à ses parents et à ses amis, qui sont assez maigres et témoignent pourtant d'une certaine bonne volonté.

L'ambition seule l'a poussé dans le camp des Turcs et une fois ses désirs de posséder satisfaits, il redevient humain et bon envers sa famille.

Comment ces lettres écrites à Scutari, remises semblable au voyvode Alexandre pour leurs divers destinaires à Venise, sont-elles venues s'échouer dans les archives de la chancellerie à Vienne ?

Ceci n'est point la partie la moins intéressante de cette affaire. Grâce à M. Miklosich, nous allons le savoir. Il cite in-extenso (1) trois documents en allemand du XVIᵉ siècle. Le premier est un rapport fait par un commissaire autrichien à Krain, et racontant par quelle suite d'aventures ces lettres et le porteur desdites tombèrent entre ses mains. Voici une traduction abrégée de ces documents.

Hyarominus de Zara et Beham Tchedo, avec un de ses parents, avaient frêté un bateau pour naviguer dans l'Adriatique, sous le commandement de Tchedo. Surpris par un orage, il se réfugia dans le port de Badua, alors possession vénitienne et située sur la côte monténégrine, non loin de Scutari.

Un messager turc, accompagné de deux serviteurs, monte à bord et visite le bâtiment. Comme il n'y avait que lui en partance pour Venise, le podestat vénitien de Budua fit embarquer de force le messager turc et ses deux secrétaires avec ordre de les transporter à Venise moyennant 12 ducats pour le transport. »

Le voyvode Alexandre et ses domestiques, car c'étaient eux, partirent donc ainsi porteurs des lettres et des cadeaux de Skanderbeg.

« Mais arrivés en face du port de Merano, alors possession autri-

(1) *Op. cit.*, pp. 3 à 39.

chienne (1), le patron du navire Tchedo voulut jouer un bon tour aux Turcs qu'il avait à bord. Ayant jeté l'ancre, il se glissa dans une barque et alla prévenir le gouverneur autrichien qu'il avait un messager turc sur son navire. Il faut savoir qu'en 1523 l'Autriche soutenait une guerre acharnée avec la Porte, mais que Venise était restée neutre.

Le gouverneur de Merano, enchanté de l'occasion, fait armer quatre canots et cerne le navire, monte à bord et s'empare des trois Ottomans. On les met en prison et l'évêque de Laybach est prévenu de cette capture. Les autorités de Merano procèdent ensuite à l'interrogatoire des Turcs et s'aperçoivent qu'ils sont des « personnes convenables » qui pourront donner des renseignements utiles sur les forces du Sultan, qui faisait alors le siège de Rhodes.

En conséquence, les autorités ont décidé de bien les traiter et de les envoyer à Neuestadt.

« Comme des lettres adressées à la seigneurie et à d'autres personnes de Venise se trouvent en leur possession, nous les avons ouvertes et fait traduire et envoyons inclus lesdites lettres et leur traduction ; quant aux deux domestiques nous n'avons rien pu en tirer, ce sont gens grossiers, c'est pourquoi nous les avons envoyés au château de Laybach pour que vous en disposiez ».

L'argent du voyvode Alexandre et tous les objets lui appartenant furent remis entre les mains du capitaine de Mérano, quant aux animaux (les truitres et autres), ce dernier les fit vendre afin qu'ils ne se gâtassent pas.

« Comme le messager avait en outre sept chiens et quatre faucons qu'il portait à Venise, nous vous envoyons quatre chiens et un faucon par le capitaine Christophe Valderstein ».

A ce rapport, daté du 4 màrs 1523, est annexé le procès-verbal de deux interrogatoires : le premier fait en présence de l'évêque de Laybach, le second dirigé par le grand chancelier et conseiller de cour de Basse-Autriche.

Il y a quelques passages à citer dans ces deux interrogatoires, car ils ont trait à un évènement historique de premier ordre, le siège de Rhodes.

(1) Merano appartient aujourd'hui à l'Italie.

« L'envoyé a dit être un sous wachy ou voyvode (1) commandant à 20 villages, et avoir été envoyé par son maître, le Sandjack Skanderbeg Czernovitch, en ambassade à Venise ».

Suit l'objet de son ambassade que nous connaissons déjà par les lettres de Skanderbeg.

« Interrogé si Rhodes était perdue, il répondit *non*.

« Si le Sultan y était en personne et avec quelles forces et quelles pertes il avait subies, répondit : Le Sultan s'est retiré de sa personne depuis deux mois, laissant dans l'ile Perin Pacha avec 45,000 hommes. Il y a construit une forteresse ou bastille avec cinq cents maisons, puis est retourné à Constantinople, emmenant avec lui cinq mille soldats ; le sultan a eu 200,000 hommes devant Rhodes.

« Questionné sur le point de savoir si le Sultan fait la guerre en quelqu'autre endroit, contre qui et avec quelles forces, le prisonnier répondit que l'empereur avait l'intention, Rhodes prise, de se diriger avec sa flotte et son armée, vers l'Italie et Naples. Au cas où il ne prendrait point Rhodes, il irait passer l'été en Hongrie (2).

« Sur la question des rapports de Venise et du Sultan, l'envoyé répondit seulement qu'il portait sept chiens et quatre faucons, afin de bien disposer la seigneurie envers son maître. Il dit aussi ne point savoir si les Vénitiens ont donné aide et conseil à Soliman, car leur flotte n'a point quitté ses ports. Il ignore également si le Sultan a l'intention de se tourner vers l'Autriche.

« Interrogé sur l'àge du Sultan, Alexandre répondit que c'était un homme de 30 ans, très brave dans les combats et à l'assaut et possédant un ascendant considérable sur ses soldats.

« Interrogé sur quelle position son maitre entend garder envers l'Empereur d'Autriche (Charles-Quint) et ce qu'il lui prépare, il a repondu que le Sultan se conformerait à sa conduite, et si les princes chrétiens s'unissaient contre lui il leur ferait la guerre.

Au sujet du nombre des vaisseaux turcs devant Rhodes et leurs pertes pendant le siège, nous apprenons par Alexandre qu'il y avait

----

(1) Dignité serbe correspondant à peu près à celle de baron.

(2) On place communément le siège de Rhodes en 1522 ; d'après ces documents absolument authentiques il aurait eu lieu en 1523 seulement.

cinq cents voiles, dont 21 furent coulées à fond ; les Turcs perdirent environ 47,000 hommes, tant à l'assaut que sur mer (1).

Il ajouta alors que le Pacha de Bosnie disposait de 10,000 hommes tant infanterie que cavalerie, et avec les troupes du Pacha de Mostar, environ 25,000 au total, qui avaient l'ordre de garder la frontière croate et rien de plus.

Le second interrogatoire, dririgé par le conseiller de Basse-Autriche porta sur 17 questions, auxquelles le prisonnier fit les réponses suivantes :

1º Le voyvode Alexandre confirme ses premières déclarations ci-dessus reproduites ;

2º Au sujet des 1500 florins qu'il portait à Venise et que le capitaine de Mérano lui a pris, il dit qu'il y avait en tout dans ce sac 200 ducats, mais combien d'or dans le chiffre il ne le savait point, car son maitre avait fermé et scellé le sac lui-même ;

3º Il n'a reçu aucune autre mission que de porter les lettres à Venise ;

4º On lui a pris à Goerz cinquante ducats ;

5º Il répète qu'on ne l'a chargé d'aucune mission à Venise ;

6º Son maître lui a donné l'ordre de demander à ses connaissances de Venise si elles étaient contentes au milieu des Chrétiens ;

7º L'envoyé répond que les Vénitiens ont toujours leur ambassadeur auprès du Sultan, et même sous les murs de Rhodes ;

8º Les Vénitiens ont leur flotte à Candie et à Chypre et n'ont aidé ni les Turcs, ni les défenseurs de Rhodes ;

9º Si Rhodes ne reçoit point de secours d'Espagne, les Turcs espèrent bien s'en emparer ;

10º Le Sultan est d'avis, s'il prend Rhodes, d'organiser une flotte, d'y embarquer son armée ; si au contraire il échoue dans ce siège, il se tournera vers la Hongrie et l'Autriche ;

11º Soliman fait construire 2,000 petits bateaux pour les employer sur le Danube ;

12º Les Tartares dans le camp devant Rhodes sont au nombre de 15,000 et les Sofys, 10,000 ;

13º Le Sultan dispose de 80,000 chevaux ;

(1) C'était au début du siège ; les pertes totales des Turcs furent du doubles.

14º 15,000 cavaliers gardent l'Algérie pour le Sultan.

Les trois dernières questions ont trait aux forces Ottomanes de Bosnie.

****

C'est donc la chancellerie de Basse-Autriche qui entra en possession des lettres de Skanderbeg, après l'interrogatoire de l'envoyé. Naturellement elle ne les fit point parvenir à leur destination et les consigna dans les archives où elles demeurèrent insoupçonnées pendant près de 300 ans, jusqu'au jour où M. Miklosich les livra à la publicité, dans leur forme originelle en serbe avec la traduction allemande de 1523.

Nous ne savons plus rien concernant Skanderbeg Czernovitch, si ce n'est que plus heureux que Skanderbeg Castriot, l'illustre albanais, ses descendants se perpétuèrent à Scutari jusqu'aux premières années du xixe siècle. Ils combattirent avec acharnement contre les Monténégrins dans toutes les guerres où ces derniers défendirent leur patrie contre les Turcs et ne cessèrent de revendiquer le Monténégro *tout entier*, comme faisant partie de la succession de leur aïeul.

Nous n'avons point encore fini avec les Skanderbeg, car il en est encore un *troisième* qui, peut-être, existe encore à l'heure actuelle et fut un des acteurs de la longue guerre entre le Monténégro et la Turquie, de 1876 à 1878. Lorsque le Prince de Monténégro mit pour la seconde fois le siège devant Niksitch, le 22 juillet 1877, cette place était commandée par un renégat hongrois nommé Sandor, auquel les Turcs avaient donné le nom de Skanderbeg (1). Il capitula après une brave défense de 48 jours ; malheureusement il ne nous a point été possible d'obtenir des renseignements plus complets sur ce troisième Skanderbeg, qui comme ses deux homonymes, combattit les chrétiens après avoir embrassé l'islamisme.

Cette coïncidence de noms et de situation entre les trois personnages est au moins singulière, et s'il nous était possible de fouiller dans les archives Ottomanes, peut-être y trouverions-nous encore d'autres renégats ayant porté le nom glorieux de Skanderbeg.

P. COQUELLE.

(1) Voir SPIRIDION GOPCEVITCH : *Der turco-montenegrinishe Krieg*, vol. II, p. 92.

LECTURES ET MELANGES

Les Commissaires de la Convention aux armées

Je lis dans Jules Simon à propos de Michelet et de son *Histoire de la Terreur :*

« Il n'y a pas d'erreur possible sur la sentence qu'il prononce..... je voudrais qu'il y eût apporté plus de passion et d'éloquence... la malédiction de la Terreur, par Michelet, aurait retenti à travers les siècles ! elle nous aurait débarrassés des profonds philosophes qui vont répétant que la Terreur a sauvé la France ».

Il est certain que la France a miraculeusement résisté à l'Europe coalisée au temps de la Terreur — qu'elle a résisté avec une armée désorganisée, des finances déplorables, sans administration régulière, sans troupes expérimentées et instruites, au moins en grande majorité. Comment ont été conjurées tant de choses contraires ? L'admirable religion patriotique qui anime ses soldats suffit-elle à l'expliquer ? — Ne parlons pas de la campagne de 1792 : à Valmy, à Jemmapes, l'armée française combattait des armées peu préparées à une résistance sérieuse. Mais la campagne victorieuse de l'an II eût-elle été possible sans une direction tout à fait en dehors des conditions ordinaires ? où faut-il la chercher ?

Je crois, et ce n'est pas sans surprise que je suis arrivé à cette conviction, que ce succès très extraordinaire, très inattendu, fut obtenu grâce à l'autorité attribuée aux commissaires de la Convention et au pouvoir à peu près absolu et sans contrôle qu'après la première campagne ils purent exercer sur les hommes et les choses.

En faisant appel à la passion patriotique qui règne dans l'armée avec toute la ferveur d'une religion nouvelle, on obtient d'elle une endurance, un dévouement, une abnégation admirables. — Mais pour que ces hautes vertus puissent lui conquérir le succès, il fallait faire face aux difficultés de tous les jours, assurer, très imparfaitement sans doute, mais suffisamment, les vivres, les vêtements, la solde. — Ajoutons qu'il fallait pourvoir, le mieux possible, au commandement !

Pourvoir au commandement ! et, cela, par des politiciens ignorants des choses militaires, sans aucun respect des règles qu'on regarde, non sans raison, comme essentielles dans les circonstances normales.

Eh bien ! à la fin de cette merveilleuse campagne, nous trouvons, à la tête des quatorze armées de la République, des chefs à la hauteur de leurs éminentes fonctions. La main, si souvent brutale des commissaires, a élevé hors des rangs des hommes d'élite.

C'est que, quand le danger et l'action sont de tous les instants, ceux qui, en y prenant part, ont la charge de désigner des chefs, en viennent toujours, même malgré eux, à choisir les plus capables.

Ce n'est pas au commencement de 1793 que la Convention laisse agir ses commissaires et que ceux-ci exercent une action utile. Ceux qui ont préparé et suivi le siège de Valenciennes sont recherchés, accusés, même quand l'un d'eux s'appelle Carnot, et risquent de partager le sort du général Custine, guillotiné sans le moindre prétexte. En Vendée, c'est Rossignol et Léchelle qui sont imposés comme chefs à l'armée. Marceau, Kléber sont dénoncés comme réactionnaires. Suspects en politique, comme le seront, au nord ou en Italie, Hoche et Bonaparte, ils n'en deviennent pas moins les chefs de l'armée de l'Ouest. « A moi, dit Marceau à Kléber, la responsabilité et l'échafaud : c'est toi qui exerceras le commandement réel ».

Essayez de vous figurer la tâche immense accomplie dans les choses de la guerre pendant cette merveilleuse campagne, et chargez de cette tâche les bureaux d'une administration régulière. Vous serez forcés d'admettre des retards continuels là où toute résolution doit être immédiate. Vous verrez tous les mouvements paralysés, les chefs hésitants devant le lointain contrôle des bureaux. Vous comprendrez qu'il fallait, pour que s'accomplît la tâche immense imposée à l'armée et au pays que, sur chacun des théâtres de la guerre, il existât un pouvoir absolu investi d'une complète initiative pour appeler les hommes, réquisitionner sur place tout ce qui leur était nécessaire, remplacer à tout prix les chefs peu capables et appeler, sur place aussi, les talents et les caractères que révélaient les opérations de chaque jour. A travers beaucoup de fautes, de crimes même, vous verrez apparaître des éléments indispensables du succès. Vous ne jugerez pas inutiles le dédain des traditions et des droits acquis, l'ignorance même des règles habituelles d'administration. Votre esprit de justice sera souvent blessé. Mais vous serez moins disposés à détourner les yeux de l'action, si souvent abusive, des commissaires de la Convention. Il en existait d'ailleurs qui se montrèrent gens de cœur et de talent, sachant soutenir le moral de tous, chercher et obtenir le mieux en toutes choses : c'étaient de « bons tyrans », le meilleur, dit-on, des gouvernements.

Et la Terreur? et l'échafaud menaçant tout général qui se laisserait vaincre ou, même ne profiterait pas suffisamment d'une victoire ? quelquefois même ceux qui gênaient simplement des adversaires politiques ?

On peut, j'espère, sans le faire intervenir, obtenir pour la patrie en danger, les avantages qu'a donnés la substitution, aux bureaux centralisateurs, de l'initiative rapprochée le plus possible, de l'exécution. Louvois, en 1678 (siège de Gand), Louis XIV, lors de la campagne de Denain, déléguaient tous les pouvoirs aux maréchaux d'Humières et de Villars. On a regretté qu'à la fin de l'Empire, Napoléon, empêché par cela même qu'il était un gouvernement régulier, n'eût pas remplacé par des chefs nouveaux des maréchaux fatigués et désireux de jouir de biens glorieusement acquis. On s'est dit que, dans la guerre de 1870, des commissaires conventionnels présents à l'armée de Metz eussent remplacé Bazaine, peut-être par Changarnier, que désignaient les préférences de l'armée. Gambetta, en l'absence des bureaux presqu'entièrement enfermés à Paris, fit organiser sur place des corps de mobiles par les autorités locales, préfets ou généraux : il donne des commandements en chef à Chanzy et Faidherbe, et fait dire ainsi aux officiers Prussiens qu'ils ont eu affaire, dans la première partie de la guerre, à des armées sans généraux, et dans la seconde, à des généraux sans armées. Moins dégagé des règles, moins absolu que la Convention, il put cependant en dehors des pratiques habituelles, faire naître une armée qui, si elle ne sut pas vaincre, sut, du moins, honorer la défaite.

Reste, pour la Terreur, un avantage appréciable : faire taire les ambitions et stimuler singulièrement l'ardeur et l'intelligence des jeunes chefs que le dévouement à la patrie et l'amour de la gloire ont décidés à accepter le redoutable honneur du commandement. En principe, il faut tâcher d'obtenir sans elle cet avantage. En histoire, il est impossible de le lui dénier entièrement. Je me souviens qu'un vieux conventionnel auquel je demandais comment il se faisait que les honnêtes gens du Centre eussent abandonné, pour suivre les Montagnards, les Girondins dont ils admiraient le talent et qu'ils préféraient, sans conteste, à leurs adversaires, me répondit : « les Montagnards pouvaient soutenir la guerre, les Girondins ne l'auraient pas pu ».

Quels conseils donner, en définitive, pour l'action la plus utile en cas de danger de la patrie? Pour tout ce qui est administration, il conviendrait peut-être d'envoyer à chaque armée des délégués du ministère, investis de tous les pouvoirs d'ordonnateurs secondaires. Pour le commandement en chef, surtout pour les mutations à faire au cours des hostilités, une solution générale me semble impossible et je renonce à l'indiquer.

Colonel FABRE DE NAVACELLE.

Falstaff

A PROPOS DE LA COMÉDIE D'APRÈS MERRY WIVES ET KING HENRI IV,

DE M. ERNEST PRAROND (1)

L'étourdissante dextérité de M. Ernest Prarond dans l'art des vers se déploie en cette pièce où il a rassemblé toutes les singularités qui font du Falstaff de Shakespeare un personnage de théâtre et un type humain. Il extrait ce héros de la Comédie des *Joyeuses Commères de Windsor* et de la tragédie de *Henri IV*, de même qu'on a fait un drame de *Don César de Bazan*, jugé trop considérable pour demeurer au troisième plan dans *Ruy-Blas*. L'œuvre de M. Prarond est une adaptation, comme on les aime aujourd'hui, de fragments des deux pièces où a rayonné le rire du grand Will.

C'est un lieu commun chez les Anglais que leur Shakespeare est encore plus étonnant comique que tragique. Franchemement, cela ne saurait être. Quand les deux puissances du pathétique et du ridicule sont alliées dans un même génie, l'art qui l'emporte est celui d'émouvoir la pitié. Le génie ne peut pas contredire le sentiment général de l'humanité. Les parties plaisantes de Shahespeare relèvent plutôt de la bouffonnerie que de cette moquerie méprisante qui est le vrai comique et qui a son objet propre, l'absurdité des opinions. C'est par là qu'Aristophane, Lucien, Rabelais, Swift et Voltaire sont justes juges. Molière l'est aussi quand il attaque les travers des mœurs qui sont sous la dépendance des erreurs de jugement. L'absurde est le vrai sujet de la comédie. Le comique des caractères est plus froid ; il n'y a pas tant à rire de la manière dont les gens sont faits. Ils sont surtout risibles quand ils veulent se faire croire ou nous faire croire ce qui n'est pas. Les bassesses naturelles de l'âme ne sont pas comiques ; c'est plutôt objet de médecine. Le comique de situation est inférieur ; il est même pénible, car il équivaut à railler une disgrâce involontaire, et les génies un peu nobles s'en abstiennent.

(1) Paris, Lemerre, 1895.

Shakespeare est grand poète comique par l'extrême netteté dont il a fait reluire la sottise des courtisans, des provinciaux, des hommes d'État, des acteurs, des abrutis de carrière, des intrigants. Mais plus souvent sa bouffonnerie donne un plein relief à l'ignominie des caractères ou à la drôlerie des situations, ce qui tient plutôt de la farce. A ce genre de comique se réduisent trop ordinairement les poètes dramatiques qui se croient obligés de mêler le rire aux larmes, sous prétexte que ces deux expressions sont mêlées dans la vie. Ce mélange ne peut se faire, en art, que dans le roman, qui dispose de toutes les ressources des autres formes et qui a le temps d'expliquer. Mais le théâtre est un art abstrait et rapide, et c'est avec raison que les anciens exigeaient de lui l'unité d'impression.

Falstaff, et tous les personnages qui tournent autour, sont des égoïstes madrés ou niais, que leur vice ou leur sottise enveloppe dans des quiproquos. Cependant Falstaff est assez compliqué. C'est un cynique, qui est du monde, gentilhomme, fonctionnaire, militaire ; il exploite ses situations et surtout ses défauts naturels. Car il n'y a rien que les hommes sachent mieux mettre en valeur que leurs faiblesses, et dès qu'ils se découvrent une disposition gênante pour autrui, ils s'en font une politique. Il a manqué à Shakespeare, pour tirer à la fois tout le ridicule et tout l'odieux d'un tel être représentatif (*representative man,* et non pas " surhumain "), une société plus compliquée que la sienne par les spécialités officielles. Alors, et seulement alors, peut ressortir du conflit ou plutôt du concert des ambitions basses et des planitudes vaniteuses, le cynique imposant et respecté de l'Age des Règlements.

Par la même raison d'une société encore libre et flottante, les autres personnages sont peints de traits généraux à l'excès, et leurs ridicules se fondent en gaîté, ce qui sort de la comédie ; le vrai comique est triste. On croit lire dans ce *Falstaff* un conte de Boccace transposé, ou un conte de La Fontaine anticipé. Ce qui persiste du génie septentrional, c'est la miraculeuse poésie de la vie rurale et forestière, et voletant au-dessus des humains, le peuple aérien des Esprits élémentaires, survivants d'un paganisme à peine exorcisé, génies légers et trompeurs qui attendent nos passions au tournant de routes mystérieuses.

Toute une Angleterre ainsi réapparait, qui, depuis trois siècles puritains, peu à peu s'est effacée, sous la lourde raison et la froide morale : *Old England, Merry England*, la vieille, la joyeuse Angleterre, en ses superstitions capricieuses et ses mœurs plaisamment débraillées.

Peut-être l'Angleterre puritaine est-elle plutôt la vraie, plus directement issue du vieux naturel Scandinave, austère et pensif, qui descendit de ses glaces pour moraliser sur le continent romain, Montesquieu le croit du moins, et, comme il dit, pour « briser les fers forgés au Midi ». Il est étrange, et pourtant vrai, que le plus complet et le plus éclatant poète de l'Angleterre, l'extraordinaire créateur de formes déconcertantes, est moins exclusivement anglais que des génies moindres, Cromwell, Milton, Daniel de Foë, Wesley, Carlyle. Si l'on parvient à prouver que Shakespeare fut conseillé, documenté, dirigé au jour le jour, et beaucoup d'Anglais le croient, par l'onduleux homme d'Etat, le dignitaire à qui les convenances interdisaient le théâtre, le Chancelier aux Oracles, cette collaboration si originale confirmerait encore le caractère universel, bien plus que national, de la multiple Fable philosophique et poétique qui porte, dans les nomenclatures de la gloire, le nom du comédien. La Renaissance était une patrie qui éclipsait toutes les autres. En France, le génie national n'a ressaisi sa force personnelle, et par là déployé sa seconde floraison, qu'après que se fût dissipé l'éblouissant mirage qui tenait l'Europe enchantée. Ni Rabelais, ni Ronsard, ni Jean Goujon ou Bernard Palissy, ces êtres d'une époque universelle, ne furent aussi français que Corneille ou Puget, Watteau ou Voltaire, ces esprits sans similaires en toute autre région.

Pourtant les génies de la Renaissance portent les lumières qui plus tard, au temps réfléchis et méthodiques, éclairent la route des nations. L'énigme de la double Angleterre n'est nulle part mieux posée que par le sphinx du Nord, dans ces tragédies historiques Shakespeare déroule en tableaux guerriers, politiques et funèbres, ces féeriques aventures, les duels de dynasties, la conquête de France, la guerre des Deux-Roses, les rois Français, les rois Anglais. Évidemment la vraie Angleterre, on ne peut pas s'y tromper, c'est la *Rose blanche*, aristocratique et libérale; mais il semble que Shakespeare ait un faible pour la *Rose rouge*, royale et populaire, à voir comme il ramène en triomphe Bolingbroke réclamant ses droits, comme il escorte, invisible, Marguerite d'Anjou en fuite au fond des bois, son enfant dans les bras. Par une ironie de l'histoire, c'est une dynastie de la Rose rouge, les Tudors, qui convertit l'Angleterre au protestantisme, si quelque pouvoir officiel a pu décider d'un mouvement aussi national. Shakespeare a passé pour catholique; on lui a découvert une origine galloise, et un critique de notre Bretagne, M. Rio, a édifié sur ces probabilités des théories ingénieuses. L'Angleterre, au temps de Shakespeare, était mal détachée de la France. Elle y est revenue encore, ainsi sous la reine Anne, toute sa littérature copie le siècle de Louis XIV ; ainsi après la révolution française, Burns, Godwin, Sheridan, Byron, Shelley, s'orientèrent de notre côté. Nous étions le scandale du monde, et ils n'eurent pas honte de nous.

Philarète Chasles avait raison de dire qu'aucune histoire des littératures de l'Europe moderne ne peut plus se faire à part, tant se soulèvent de l'une à l'autre de flux et de reflux. Aussi doit-on accueillir avec reconnaissance les adaptations, traductions, analyses, qui font tomber devant les idées la barrière des idiomes ; et au lieu de répéter *qu'on ne traduit jamais bien*, devrait-on proclamer, au contraire, qu'on ne traduit pas assez. Une traduction, libre et même infidèle, et ce genre doit être admis, quoique nous préférions la fidélité *à la vitre*, peut réunir beaucoup de mérites, et remettre au jour le chef-d'œuvre, suivant le point de vue nouveau du traducteur. L'histoire s'intéresse au *Falstaff* français que nous donne le poète qu'est M. Prarond, et le mythographe revoit avec saisissement les scènes et les visions qu'évoqua le céleste Will dans son cercle de vieux villages et de magiques forêts.

JACQUES DE BOISJOSLIN.

Lettres de la duchesse Sophie de Hanovre à sa gouvernante Mᵐᵉ von Harling (1658-1670)

Le docteur Ed. Bodemann a publié récemment, à Hanovre, une
série de 89 lettres de la Duchesse Sophie de Hanovre, plus tard
Électrice de Hanovre, et adressée à la gouvernante de ses enfants.
Elles jettent un jour curieux sur la vie privée des princesses allemandes du XVIIᵉ siècle, qui ne s'occupaient point de politique,
menaient une existence assez retirée dans le calme de leurs petites
villes et de leurs châteaux, étaient pour la plupart bonnes mères de
famille et femmes d'intérieur.

Anna von Uffeln, plus tard Mᵐᵉ von Harling, appartenant à une
famille noble de la Hesse, avait été choisie, en 1650, comme demoiselle de compagnie par la princesse Charlotte de Hesse, lorsqu'elle
épousa le prince Électeur Palatin Charles-Louis. A la cour
d'Heidelberg, Mˡˡᵉ von Uffeln fit la connaissance de la sœur de ce
prince, Sophie, à l'époque où celle-ci fuyant la maison de sa mère à
La Haye, vint chercher refuge dans le Palatinat.

Une vive amitié réunit bientôt les deux femmes, et quand Sophie
épousa en 1656 le duc de Hanovre, Ernest Auguste, un échange
suivi de lettres s'établit entre elles et se continua jusqu'à la mort
de Mˡˡᵉ von Uffeln, quarante-deux ans plus tard.

Ces lettres sont écrites sans aucune prétention, dans un style
simple, parfois défectueux ; elles contiennent un certain nombre de
mots français intercalés dans le texte allemand, et se terminent
invariablement par la suscription suivante : « Pour mademoiselle
d'Offelen, à Heidelberg », et à partir de 1663, lorsqu'après avoir
épousé M. von Harling, maître des écuries du duc de Hanovre, elle
entra au service de son ancienne amie : « à Madame de Harling,
« gouvernante des jeunes ducs de Brunswick et Lunebourg ».

Disons en passant que Sophie écrivait couramment le français ;
toute la correspondance qu'elle échangeait régulièrement avec son

frère l'Électeur Palatin est dans notre langue. N'oublions point que nous sommes en pleine époque de Louis XIV ; le grand roi est à l'apogée de sa puissance, les modes et le goût français ont pénétré fort avant dans les mœurs de l'Allemagne, malgré la guerre que l'Europe a déclarée à la France. Tout ce qui vient de Versailles est reçu comme la plus haute expression de la civilisation.

Analyser toutes les lettres de la princesse Sophie à son amie serait écrire l'histoire longue et assez accidentée de cette princesse. Nous nous contenterons donc d'en relever les points ayant trait à l'histoire de la principauté de Brunswick-Lunebourg, pendant la dernière moitié du xviie siècle.

Les quatre premières lettres ont traité diverses questions purement domestiques et intimes, comme l'emploi d'une eau pour faire croître les cheveux ; une blessure à la jambe, causée par une selle défectueuse lors d'une partie de chasse, et les soins à y apporter, etc., etc.

Nous apprenons par les lettres suivantes, que l'Électeur Palatin Charles Louis, vivant en mauvaise intelligence avec son épouse, n'avait rien trouvé de mieux pour se consoler que de contracter un mariage morganatique avec la « charmante » Mlle Louise von Dagenfeld, demoiselle d'honneur de l'Électrice. Il avait ainsi deux épouses qui vécurent ensemble dans le château de Heidelberg pendant cinq ans. Pour épargner à sa fille Liselotte les inconvénients qui résultaient de cet état de choses, il l'envoya auprès de sa tante Sophie, sous prétexte de terminer son éducation, et ne la reprit qu'en 1663, lorsque sa femme légitime Charlotte eut définitivement quitté le Palatinat.

Mlle d'Offelen qui avait suivi la jeune Liselotte à Hanovre, n'abandonna plus cette capitale et entra ainsi au service de Sophie pour élever ses deux fils Georges-Louis et Frédéric-Auguste.

Dès ce moment nous rencontrons dans toutes les lettres de Sophie des instructions pour les soins à donner à ses enfants et cet objet devient le principal thème de la correspondance.

La lettre 10, sans date, mentionne qu'on jouait beaucoup à cette petite cour : « Le gain au jeu est assez considérable, mais ce que je

« gagne un jour, je le perds le lendemain ; je puis me vanter d'avoir
« dans une seule après-midi gagné 66 parties de piquet, à chacune
« cinq ducats, du duc Georges-Guillaume ; mais à la baite (ou la
« bête), Son Altesse a pris sa revanche ».

En 1664, Sophie accompagna son mari en Italie, et les lettres
écrites pendant ce voyage, qui dura 11 mois, sont parmi les plus
intéressantes.

Après s'être arrêté à Augsbourg, pour faire diminuer les essieux
des roues trop longs pour les routes étroites des Alpes, le couple
ducal et sa suite travera Innsbruck, et par Trente et Vérone atteignit
Venise.

La première impression que Sophie éprouve en y arrivant est
que « les femmes italiennes sont très aimables, mais pas belles du
« tout ; et, ajoute-t-elle, nous ne devons point être jalus *(sic)* de nos
« maris ».

Huit jours après tout le monde tombe malade et la petite cour
est un « véritable hôpital ».

A rapprocher de cette missive les lignes suivantes écrites en
français à son frère : « Je me reporte à présent tout à fait bien,
« sans avoir pris *casi* aucune médecine, mais mon dos et mes *rins*
« ont eu tant plus de drogues qu'on a mis *desu* extérieurement, je
« suis maigre comme un baton, mais le docteur Tac me promet de
« me rendre aussi ronde qu'une marmite, s'il fait ce miracle, j'espère
« de le faire canonniser à Rome ».

Comme M. von Harling, mari de son amie, faisait partie du
voyage, Sophie la rassure en lui écrivant : « Votre mari est toujours
« de cœur avec vous, je le remarque bien, aucune dame n'a pu le
« charmer, je puis vous en donner l'assurance ».

Après trois mois de séjour à Venise, les voyageurs arrivent à
Rome, où Sophie ne se sent point à l'aise, car elle écrit : « Venise
« et Rome ne sont pas des lieux pour des honnêtes femmes, qui
« aiment une société honnête. Si je voulais plaire ici, je devrais
« être une courtisane, car les autres femmes sont tout à fait tenues
« à distance ». Et plus loin : « Saluez bien l'abbé, je lui rapporterai
« des bonnes choses pour le régaler ; ce monde-ci n'est point fait

« pour lui, car les prélats mangent et boivent peu, mais suivent les
« femmes avec assiduité, celles qu'on nomme ici les courtisanes ».

Enfin on reprit le chemin de l'Allemagne en passant par Venise
et Milan. Sophie témoigne sa joie de revoir bientôt ses enfants et
son voyage, quelqu'intérêt qu'il ait eu pour elle, se résume en ces
mots extraits des lettres 15 et 17 : « Je regarde mes enfants avec
« plus de plaisir que toutes les belles choses que je vois ici, et je
« préférerais jouer avec eux que de contempler toutes ces statues ».

Une guerre de succession faillit, en mars 1665, mettre aux prises
les princes de la maison de Hanovre, par suite de la mort du duc
Christian-Louis de Zelle. On finit heureusement par se mettre
d'accord et les deux frères du défunt reçurent chacun la moitié de
l'héritage : Georges-Guillaume obtint la principauté de Lunebourg,
avec Diepholtz et Hoya ; Jean-Frédéric reçut Gottingue, Kalenberg
et Grubenhagen. Les lettres 33 à 40 ont trait particulièrement au
susdit Georges-Guillaume, qui s'éprit passionnément de la dame
d'honneur de Sophie, Mlle d'Olbreuse, et l'épousa : « Le mariage de
« conscience, écrit-elle à son frère, entre le duc Georges-Guillaume
« et l'Olbreuse est public, quoique la consommation en esté faite à
« la sourdine, sans chandelles, ni témoins » (1).

De cette mésalliance, naquit la petite Sophie-Dorothée, qui devait
plus tard épouser le fils aîné de la princesse Sophie de Hanovre,
auteur de toutes ces lettres. Ce mariage eut lieu malgré une aventure galante de la jeune fille, racontée en ces termes : « Il s'est fait
« un amour à Zelle entre la jeune demoiselle (Sophie-Dorothée) et
« le jeune Haxthausen ; il a été disgracié pour toute sa vie, et il me
« semble qu'il l'a bien mérité. Des poulets ont été trouvés dans la
« poche de l'enfant, qui a pourtant à cette heure 12 ans, c'est com-
« mencer les intrigues bien jeune. Sophie de Zelle est nubile depuis
« 3 jours ; elle doit désormais coucher dans la chambre de ses père
« et mère ».

(1) A noter en passant l'impression que produisit sur Sophie la fameuse reine
Christine de Suède qu'elle rencontra à Hambourg : « Elle fut très polie et aimable
« envers moi, bien que j'aie été la voir vêtue d'un grand manteau comme en
« portent les Hambourgeoises ; elle ne restait pas un seul instant tranquille et
« sautait tout le temps bravement ».

Quatre ans plus tard, le 2 décembre 1682, Georges-Louis épousa la jeune fille et l'union fut heureuse et prospère (1). Remarquons que dans l'intervalle, le duc souverain de Hanovre, Jean-Frédéric, étant mort subitement, Ernest-Auguste et Sophie montèrent sur le trône Électoral de Hanovre et occupèrent une situation bien plus grande que par le passé.

Ceci rendit possible, en 1684, le mariage de Charlotte, leur fille, avec le prince héréditaire Frédéric de Brandebourg, plus tard Frédéric Ier, roi de Prusse. Les lettres 54 à 74 ont rapport à ces derniers évènements. La 73e parle des exploits de son troisième fils Maximilien, qui avait pris du service à Venise pour aller en Morée combattre les Turcs et périt au cours de la campagne.

Le mariage que nous venons d'indiquer entre Charlotte et Frédéric de Brandebourg donna bientôt lieu à des évènements graves qui excitèrent au plus haut point les appréhensions maternelles de la duchesse Sophie. Voici à quelle occasion. L'Électeur de Brandebourg, Frédéric-Guillaume, avait épousé en secondes noces la veuve du duc Christian Louis de Zelle, qui lui donna sept enfants. Cette femme, jalouse des enfants du premier lit de son époux, leur témoignait une animosité profonde. En 1687, c'est-à-dire un an après son mariage avec l'Électeur, elle fut accusée d'avoir empoisonné le plus jeune fils de son mari, Louis, qui mourut à la suite d'un bal. On lui aurait, disait-on, donné à manger une orange empoisonnée. Naturellement, à cause de la haute situation de l'Électrice de Brandebourg, l'enquête n'aboutit point, mais Frédéric, l'héritier présomptif et sa femme, craignant de partager le sort du malheureux Louis, quittèrent Berlin et vinrent se réfugier à Hanovre. « Le bon kronprinz, écrit Sophie, a reçu de son père

(1) Au sujet de ce jeune prince, sa mère raconte ceci dans sa lettre du 8 avril
« 1676 : « Mon fils aîné est à Hanovre très agréablement et se conduit si b'en que
« tout le monde est content de lui. Cependant on dit qu'il a été la nuit chez Esther
« (femme de chambre de la duchesse Sophie). Je puis à peine le croire, bien que
« Stichinel l'affirme. Baupré les a rejoints : elle était en déshabillé, elle lui a répondu
« sur-le-champ : vous me trouvez en méchant équipage : c'est ici le *poil (sic)* de
« mes femmes, etc. ». Elle voulait dire poêle, mot qui, en Allemand, s'applique au
poêle qui chauffe une chambre et à la chambre elle-même, par extension;
Sophie n'avait pas l'intention de faire un jeu de mots.

« l'Électeur de Prusse un tas de lettres, dans lesquelles il le maudit
« s'il ne retourne point à Berlin de suite. Il y retournerait bien si
« la *poudre de succession* (en français) n'y était point si à la mode ;
« et s'il n'avait déjà lui-même été sauvé de ses effets par un contre-
« poison. Le pauvre Louis en est mort ; mais il est défendu d'en
« parler ».

Le 31 décembre 1687, le jeune couple se résout à affronter les
dangers de la cour de Berlin, et le kronprinz rentre en grâce auprès
de son père ; il n'est plus question d'attentat et la belle-mère ne
fait plus parler d'elle (lettres 75 et 77).

D'ailleurs, l'année suivante, l'Électeur de Brandebourg mourait
et le gendre de Sophie montait sur le trône de Prusse. Aussitôt cette
dernière se met en route pour Berlin et elle écrit à Mme von Harling,
le 13 juin 1688 : « A cause de ma situation à la cour de Prusse, je
« dois prendre avec moi une dame de cour ; j'aurai accordé volon-
« tiers cette faveur à Mme de Sandis ; mais par ces chaleurs, voyager
« à côté de cette grosse femme qui sent le tabac est tout à fait
« contraire à ma santé ».

Le dernier évènement historique mentionné dans les lettres de
l'Électrice Sophie est la naissance de son petit-fils, issu de sa fille
et de l'Électeur des Brandebourg (15 août 1688) : elle termine par
ce remerciement et ce vœu : « Dieu m'a donné du bonheur dans
« tous mes enfants ; j'espère que vous pourrez veiller à l'éducation
« de ce cher petit kronprinz ».

Les cinq dernières missives n'offrent rien de particulier ; elles
ont trait à diverses affaires privées et à la santé de Sophie-Char-
lotte, Électrice de Brandebourg.

P. Coquelle.

Notes et Documents

François Ier et le Parlement de Paris. — On sait que le Concordat de 1516 fut généralement mal accueilli en France. Le Parlement et l'Université déclarèrent nul et sans effet un pacte qui, disaient-ils, livrait l'Eglise de France à la papauté, et refusèrent leur ratification. La résistance dura longtemps, et il est fort intéressant d'en suivre, dans les registres du Parlement, les incidents notés au jour le jour. A la volonté nettement indiquée du roi, le Parlement ne pouvait opposer que la force d'inertie, et c'est merveille de voir comment il sut en user. Pendant deux ans (1516-1518), à force de moyens dilatoires, d'atermoiements interminables, il réussit à retarder l'enregistrement. Le roi, toujours en voyage, envoyait ordre sur ordre, courrier sur courrier ; mais la religion du Parlement n'était jamais assez éclairée ; à son tour il expédiait deux ou trois de ses membres demander des éclaircissements supplémentaires. François Ier les recevait assez mal, si on en juge par l'anecdote suivante :

Le roi voulait que son oncle le bâtard de Savoie assistât à l'enregistrement. Les parlementaires refusaient d'admettre un étranger à leurs séances. Un président, J. de la Haye, et un conseiller, Nicolas d'Origny, allèrent porter à François Ier les doléances de leurs collègues. Après bien des tribulations, ils réussirent à rejoindre la cour dans un petit village à deux lieues de Montreuil-sur-Mer ; le grand-maître Montmorency leur fit avoir une audience. François Ier les reçut après son dîner et se retira dans l'embrasure d'une fenêtre pour les entendre. « Et a dict (M. de la Haye) que le roy avoit assez bien prise l'excuse de la cour pour le délay qui avoit esté à l'expédition desdits concordats..... Et, au surplus, luy avoit dict que, en sa dicte cour, y avoit aulcuns gens de bien, mais aussi y en avoient d'aultres qui n'estoient que solz, et qu'il sçavoit bien qu'il y avoit une bande de solz, et que les cognoissoit bien, et qu'ils tenoient leurs caquets de luy et de la despence de sa maison, et qu'il étoit roy aussi bien que ses prédécesseurs, et qu'il se feroit obéir, et que ceux de la cour flattoient le feu roy et l'appeloient « père de justice », et qu'il vouloit autant que justice fust faicte que nul de ses prédécesseurs, et que, du temps du feu roy, il y avoit eu des gens envoiez hors du royaume pour ce qu'ils n'avoient obéy, c'est à sçavoir ung de la dicte cour pour l'abbaye de Saint-Denis, et deux pour un evesché de Normandie, dont l'un était d'icelle cour, et que, si on ne lui obéissoit, il en envoierait à Bordeaux et Toulouse, et qu'il en avoit de si bons prez, plus gens de bien que ceulx qui y estoient, qu'il mettroit en leur lieu, et qu'il vouloit que le dit Bastard de Savoye, son oncle, assistast tout du long à la délibération des dits concordats, pour luy rapporter, en général et en particulier, les opinions, et vouloit qu'ils feussent leus, publiez et enregistrez en la dicte cour, et qu'ils le seroient ». M. de la Haye ayant demandé « avec autant d'humilité que faire se pouvoit » que le bâtard n'assistât pas à la délibération : « Il y sera ! » répondit le roi « et plusieurs fois il leur dit : Il y sera ! Il y sera ! » et « Dites-le à la Cour ! » Et comme le dict de la Haye luy demandoit s'il faudroit lui envoyer quelqu'un au cas où la cour trouveroit quelque obstacle à la publication (1) : « Vous demanderez ma volonté au duc de Savoye » répondit-il. Et, sans ajouter une parole, il sortit de la salle et se retira avec ses courtisans.

P. Caron.

*
* *

Une lettre de Toussaint Louverture (2). — On y voit l'importance qu'avait su acquérir à Saint Domingue le nègre Toussaint Louverture, qui, écrivant au premier consul, commençait ainsi une de ses lettres : « Le premier des noirs au premier des blancs ! » Il était assurément dans son ile, sinon le premier, mais un des premiers comme intelligence et comme énergie, car, sans instruction aucune, l'orthographe de ses lettres le prouve surabondamment,

(1) *Bibl. nat.*, Ms Dupuy, 117, ff. 66 sq.
(2) Collection particulière de M. Louis Bridier.

il était arrivé à s'imposer comme dictateur à Saint Domingue, et il ne fallut rien moins qu'une armée de la République pour le réduire à l'impuissance.

> *A Santo Domingo, le 15 ventôse, l'an neuf de la République Française (2) une et indivisible.*

TOUSSAINT LOUVERTURE

Général en chef de l'armée de Saint Domingue

A ladgudant général Dhebecour,

Je recu votre lettre mon cher de bécour alins tan, je vous répondré que votre serment et votre deli cates de né pa le ve an grade, peuve pa man peché de ranplir mon devoire sur chaque citoiyen qui et digne de la république.

An concéquance vou voudré bien vous tenir prete a et tre reçu ce matin a pré la mes.

Salut.

TOUSSAINT LOUVERTURE.

* * *

Adam Smith's Lectures (Notes prises sur un cours professé par Adam Smith). — Dugald Stewart, dans sa biographie d'Adam Smith, rapporte que l'auteur des *Recherches sur la Nature et les causes de la richesse des nations,* fit détruire sous ses yeux, quelques jours avant sa mort, les manuscrits des cours qu'il avait faits comme professeur à Glasgow. Du texte même de ces leçons, affirme-t-il, il ne subsiste absolument que ce que Smith en a introduit lui-même dans sa *Théorie des sentiments moraux* et dans son ouvrage principal.

Adam Smith fut professeur de logique, puis de philosophie morale. Ses cours portèrent successivement sur la rhétorique et les *belles-lettres,* sur la théologie naturelle, la jurisprudence, enfin sur les « règlements politiques calculés pour augmenter la richesse, la puissance et la prospérité d'un Etat ».

Ces dernières leçons contenaient évidemment la substance de l'œuvre capitale de Smith, mais elles devaient présenter les idées du professeur sous une forme bien différente de celles qu'elles

____

(1) 6 mars 1801.

revêtirent plus tard dans la *Richesse des Nations* après douze années passées en voyages, en recherches de toute nature sur les phénomènes économiques et leurs causes, alors que Smith avait été en communion fréquente d'idées avec les économistes français.

La connaissance du texte même des leçons, surtout pour la dernière partie des cours, aurait permis de remonter à la phase de formation de théories qui ont opéré, dans la science des intérêts matériels des peuples, une véritable révolution, d'en établir le processus, d'en suivre le développement dans ses étapes successives.

Si l'on n'a pu retrouver ce texte, du moins on vient de publier en Angleterre un volume de « Notes sur des leçons de M. Adam Smith, concernant la justice, la police, le revenu, les armes ». Après avoir donné sur l'histoire et la provenance de ce manuscrit, daté de 1766 (deux années après que Smith avait abandonné sa chaire), des détails précis et circonstanciés, l'éditeur, M. Edwin Cannan, établit qu'il ne s'agit point de l'original même des notes prises aux leçons, mais d'une copie de ces notes, copie consciencieuse, bien qu'elle semble avoir été faite par une personne peu expérimentée, ne comprenant pas toujours ce qu'elle écrivait.

M. Cannan est d'avis cependant que cette copie, si imparfaite qu'elle soit, présente un très vif intérêt : le texte contient de très nombreuses analogies avec celui de la *Richesse des Nations* et sert à distinguer entre ce que le génie original de Smith a construit avec des matériaux purement anglais et ce qu'il a emprunté plus tard de matériaux français. Ces notes permettent aussi de préjuger la nature d'une œuvre que Smith voulait écrire sur la « Justice » et qui est restée à l'état de projet.

Ajoutons que l'intérêt intrinsèque de la publication s'accroît encore de celui qui s'attache aux commentaires critiques dont l'a accompagnée un éditeur des plus érudits et des plus compétents.

Auguste MOIREAU.

***

Herbert Spencer. (A propos du dernier volume des *Principes de Sociologie*). — M. Herbert Spencer vient de publier le troisième et dernier volume des *Principes de Sociologie*, qui complètent le système de philosophie synthétique, à l'édification duquel il a consacré sa vie. Ces trois volumes sont le couronnement d'un gigantesque effort pour établir la solidarité de toutes les connaissances humaines, pour montrer que toutes les sciences sont soumises aux mêmes lois générales et ne peuvent être rationnellement intelligibles que si on les considère comme les parties constituantes d'un tout harmonique.

L'ensemble de l'œuvre comprend : un volume des *Premiers Principes*, deux de la *Biologie*, deux de la *Psychologie*, trois de la *Sociologie*, et deux de l'*Éthique*.

M. Herbert Spencer avait tracé, il y a trente-six ans, le plan de ces dix volumes, aujourd'hui achevés. Dans sa dernière préface, il avoue sa surprise d'avoir eu l'audace d'entreprendre une tâche si vaste, et celle, plus grande encore, d'avoir pu l'achever. A maintes reprises, l'auteur a dû interrompre son travail, l'énergie de sa volonté cédant devant l'insurmontable obstacle d'un état de santé précaire. Aujourd'hui le but suprême de sa vie est atteint. Il n'a point le regret d'avoir dû

Propter vitam vivendi perdere causam.

Dans la belle lecture faite devant la *Société des Études Historiques* à sa séance publique du 29 février dernier, par M. Loys Brueyre, et qui avait pour sujet : *la littérature orale et traditionnelle*, on relève le passage suivant : « ..... et ce sera un grand homme, celui qui saura grouper les sciences en un seul corps, en trouver les rapports, en faire la synthèse, et qui dirigera vers un but commun et sous une même méthode tous ces travailleurs et savants qui agissent en forces dispersées. »

M. Herbert Spencer a essayé d'être cet homme-là. Il ne lui avait pas échappé que peu de personnes s'avisent de mettre en doute l'unité des connaissances humaines, mais il avait été frappé du fait que la croyance en cette unité, malgré des essais antérieurs, très remarquables, de synthèse scientifique, restait une affaire de foi implicite. Les personnes qui, avant lui, avaient entrepris à diverses époques, de dresser un répertoire des connaissances de leur temps et de montrer le lien philosophique qui les rattachait les unes aux autres, avaient eu une tâche relativement facile, à cause de l'état rudimentaire des sciences, état où elles se trouvaient encore à la fin du dix-huitième siècle. Après l'œuvre d'Aristote, après les « Sommes » du moyen-âge, et des essais comme le *Speculum* de Vincent de Beauvais, après Bacon même, puis d'Alembert et les encyclopédistes, l'énorme développement scientifique du dix-neuvième siècle, la spécialisation de plus en plus étroite imposée par la croissance vigoureuse de tant de branches distinctes des connaissances, rendait ardue, à un degré que n'avaient point connu et ne pouvaient imaginer les auteurs des précédentes tentatives, l'audacieuse entreprise d'établir, à travers la complexité moderne, la filiation et la coordination philosophique des sciences.

Spencer a exercé par ses écrits une influence qui s'étend bien au-delà des limites de la pensée anglaise. Si ses compatriotes le révèrent, il est peut-être plus complètement compris, plus profondément étudié en Allemagne et en Russie, et chez nous même, que dans son propre pays. A l'étranger, aucune des parties les plus abstraites de ses livres n'a échappé à l'attention et à l'examen critique des philosophes. En Angleterre, M. Herbert Spencer est surtout célèbre comme le plus ardent, le plus intransigeant avocat de l'individualisme contre le socialisme d'Etat.

Comme toujours, ses disciples, en poussant à l'outrance les conclusions de sa doctrine, ont faussé la pensée du maître ; on a prétendu tirer de ses écrits ce qu'il n'avait point voulu y mettre et ce qu'il a dû protester lui-même souvent de n'y avoir point mis. Mais eût-il même péché par un peu d'excès dans le sens de l'individualisme, comment lui en savoir mauvais gré, dans un temps où l'atmosphère intellectuelle est comme saturée d'absurdités socialistes !

Auguste MOIREAU.

COMPTES-RENDUS CRITIQUES

Noël Valois, **La France et le Grand Schisme d'Occident**, Paris, Picard, 1896. — 2 vol. (XXX. — 407 et 490 p. p.) in-8°.

La division profonde qui, durant quarante ans, scinda la chrétienté, a été étudiée, commentée, discutée par nombre d'érudits ; mais, il faut le reconnaître, jusqu'à présent, pour résoudre cette délicate question et porter un jugement, la plupart se sont appuyés sur des considérations fort étrangères aux procédés scientifiques et où la passion, la politique et l'esprit de parti tiennent une place considérable, pour ne pas dire prépondérante.

Les plus avisés et les plus loyaux, comme Henri de Sponde et dom Martène, avouent modestement leur impuissance à discerner la vérité. Si l'on met de côté ces timorés, ou plutôt ces consciencieux, fort rares, on peut diviser les érudits en deux groupes bien tranchés : d'une part l'école allemande et italienne, et de l'autre l'école française. Pour le premier, la France est la grande coupable qui, par l'organe de Charles V, a suscité et soutenu Clément VII pour avoir dans sa main l'énorme puissance morale que représentait alors la papauté ; pour l'autre, au contraire, légitimité absolue de Clément VII : des deux côtés, égal parti-pris.

Pour nous servir d'une expression de M. Valois, « les circonstances de l'élection d'Urbain VI diffèrent du tout au tout, suivant que l'on écoute un *clémentin* ou un *urbaniste.* »

M. Valois, et c'est là son grand mérite, rompt radicalement avec ces déplorables errements, il ne cherche pas à résoudre la question du grand schisme, à répondre par oui ou par non, son ambition est plus modeste. Ce qu'il voudrait, c'est donner comme base aux discussions un ensemble de faits historiques, c'est « distinguer les textes véritablement probants, reconnaître parmi les témoins oculaires ceux qui savent ce dont ils parlent et ceux qui disent ce qu'ils savent, tenir compte dans une large mesure de l'intérêt et de la passion et n'admettre sans réserve la version d'une partie que quand elle est corroborée par l'aveu de la partie adverse ».

Il nous semble que c'est là le programme même de la vraie critique.

Ce programme, M. Valois l'a appliqué consciencieusement et sans jamais s'en départir. Il a fait œuvre véritablement impartiale. C'est précisément cette impartialité absolue qui lui vaut un rang à part entre tous ceux qui ont travaillé sur le même sujet : elle l'empêche de conclure entre les deux parties et laisse au lecteur le soin de formuler son jugement.

M. Valois commence, et c'est là un exemple qui devrait être suivi plus souvent, il commence, dis-je, par nous donner un aperçu clair et rapide des sources manuscrites et imprimées. Il les classe d'après leur provenance en dix groupes : sources *romaines* — *avignonnaises* — *françaises* — *flamandes* — *bretonnes* — *allemandes, danoises* et *hongroises* — *italiennes* — *napolitaines* et *provençales* — *espagnoles* et *portugaises*. Nous pouvons nous rendre facilement compte du travail qu'a nécesstté le dépouillement de cette masse énorme de documents.

Cette bibliographie terminée, l'auteur aborde de plain pied son sujet. Les qualités maîtresses de son style sont la simplicité et la clarté : aucune recherche de l'effet, quelques traits lui suffisent pour peindre son personnage.

Certains tableaux sont traités de main de maître. Je me contenterai d'indiquer le récit de l'élection d'Urbain VI ; rien de vivant comme ce chapitre capital.

Du vivant même de Grégoire XI, les partis ont commencé à nouer leurs intrigues : les Romains voulant un pape de leur sang, par crainte du retour de la papauté à Avignon, les Français au contraire comptant bien sur un des leurs.

A peine la mort de Grégoire XI (27 mars 1378) est-elle connue, que ces intrigues se montrent au grand jour. Dès le lendemain, le cardinal de Glandève, sortant de son église cardinalice, se voit entouré d'une bande de Transtévérins le suppliant de leur donner un pape italien, et qui passent vite des prières aux menaces.

Le jour de l'ouverture du Conclave, la place Saint-Pierre est couverte d'une foule tumultueuse, que chaque cardinal est obligé de traverser ; il se voit accueilli par des ovations enthousiastes ou des menaces, suivant qu'il est soupçonné d'être favorable ou non aux désirs populaires. Par dessus tous ces cris domine le refrain repris par tous, même les femmes et les enfants : « *Romano lo volemo, o almanco italiano* ».

Nous assistons d'un autre côté à la frayeur des cardinaux qui croient leur dernière heure arrivée. L'un, Pierre de Luna, dicte son testament ; l'autre, Bertrand Lagier, se fait accompagner au Conclave par son confesseur ; Robert de Genève prend la précaution d'endosser le haubert sous le rochet ; et nous entendons le connétable chargé de protéger l'entrée du Conclave s'écrier : « Hâtez-vous de satisfaire ces gens-là, sinon ne comptez pas trop sur le zèle de vos défenseurs. »

Le lendemain les cardinaux sont réveillés au bruit du tocsin qui sonne dans toute la ville. Le cardinal d'Aigrefeuille, effrayé, s'écrie : « Plutôt élire le diable que mourir ». On essaye bien un instant de résister aux clameurs populaires, mais bientôt ce même cardinal entraîne deux de ses collègues vers le guichet et fait promettre au peuple par le cardinal Orsini un pape italien pour le lendemain.

Honteux de leur capitulation, les membres du Sacré-Collège veulent se relever à leurs propres yeux en exécutant loyalement leur promesse. La proposition d'un simulacre d'élection est vite écartée ; et, après quelques discussions, l'archevêque de Bari, Barthélemy Prigamo, est élu à l'unanimité moins une voix. A ce moment les cardinaux semblent bien vouloir faire une élection sérieuse.

L'ouvrage de M. Valois est plein de ces tableaux captivants. Celui-là nous paraît suffisant pour laver la mémoire de Charles V ; il nous semble qu'après de telles scènes, le doute du moins était permis sur la validité de l'élection de Barthélemy Prigamo (Urbain VI).

Le second volume s'arrête à la mort de Clément VII ; il est suivi d'éclaircissements et de tables développées, comme si l'ouvrage était terminé : nous savons par le catalogue de la librairie Picard qu'il sera complété par deux autres volumes.

Nous nous permettrons, en terminant, d'exprimer un simple regret, c'est que M. Valois n'ait pas jugé utile d'accompagner son travail d'une carte en deux teintes qui eût fait saisir du premier abord la situation respective des deux partis, à la mort de Clément VII par exemple, puisqu'il se donne beaucoup de mal pour établir à ce moment la limite précise des deux obédiences.

R. Goubaux.

PERIODIQUES ET PUBLICATIONS DES SOCIÉTÉS SAVANTES

PARIS

Nouvelle Revue rétrospective, 1896, 10 janvier. — *Les Correspondants du peintre Fabre, 1808-1834 : Lettres de Bertin aîné, Garnier, Férogio, Boguet, Mérimée père, Girodet-Trioson, Guérin, Gérard.* [François-Xavier Fabre, un des meilleurs élèves de David et le fondateur du musée Fabre, à Montpellier, était en correspondance avec les principaux peintres de son temps. Leurs lettres renferment de curieux détails sur le mouvement artistique de la première partie du xixe siècle, notamment sur l'atelier de Gros et l'antagonisme de son Ecole avec celle d'Ingres]. — *Mémoires du duc de Croÿ sur les cours de Louis XV et de Louis XVI, 1727-1784.* [Le duc de Croÿ qui reçut, en 1783, le bâton de maréchal en récompense de ses services, fut un des brillants officiers généraux de son temps. Obligé, par état, de fréquenter la Cour, lorsqu'il revenait à Paris, il l'a étudiée, pendant cinquante ans, en observateur et en philosophe. Ses *Mémoires* sont conservés à la Bibliothèque de l'Institut, où ils étaient, jusqu'à ce jour, restés inédits. Signalons des détails absolument nouveaux sur les règnes de Mme de Pompadour et de Mme Dubarry ; d'importantes relations de la dernière maladie et de la mort de Louis XV et du sacre de Louis XVI ; des anecdotes sur l'empereur Joseph II pendant son séjour à Paris ; sur le chevalier d'Eon ; sur Louis XVI et Marie-Antoinette, dont la conduite lui inspire des jugements empreints d'une certaine sévérité, etc.].

1896, 10 février. — *Les Correspondants du peintre Fabre*, suite. — *La Société populaire de Donnemarie* (Seine-et-Marne), en 1793. [Extraits du Registre des délibérations de cette Société, délibérations très mouvementées, comme toutes celles des clubs qui s'étaient fondés en province à l'instar des *Jacobins* de Paris].— *Mémoires du duc de Croÿ*, suite.

1896, 10 mars. — *Mémoire de Mme Boucher de Saint-Sauveur contre Marat, 1790.* [Cette dame, dont le mari fut député à la Convention, avait recueilli chez elle Marat, quand il avait été obligé de se cacher. En récompense, l'" Ami du Peuple " l'accusa d'indélicatesse. Elle se défend énergiquement et l'accuse à son tour]. — *Lettres de la duchesse de Berry à M. de Bourgoing, 1832-1845.* [M. de Bourgoing était un des chefs du parti légitimiste, dans la Nièvre. A signaler, la lettre du 20 mai 1835, où la duchesse parle des droits de Henri V et de l'appui prêté à la royauté par Châteaubriand]. — *La Société populaire de Donnemarie*, suite. — *Mémoires du duc de Croÿ*, suite.

1896, 10 avril. — *Les Correspondants du peintre Fabre*, suite. — *Mémoires du duc de Croÿ*, suite.

1896, 10 mai. — *Lettres autographes de Bonaparte et de sa famille, 1784-1848.* [Les lettres de Bonaparte sont adressées : la première à son cousin Hyacinthe Arrighi de Casanova, en 1784, c'est à dire à l'époque où il était encore à l'École militaire ; la seconde, au colonel Gassendy (1793) ; les suivantes portent les dates de 1795, 1796 et 1798. Les autres lettres sont de Murat, de la princesse Elisa, de Joseph Bonaparte, de Marie-Louise, de Joséphine, de Jérôme]. — *Apparitions de l'archange Raphaël, 1816.* [A rapprocher des prophéties de l'archange Gabriel, dont Mlle Couesdon se disait l'interprète]. — *Les Correspondants du peintre Fabre*, suite. — *Mémoires du duc de Croÿ*, suite.

1896, 10 juin. — *Bataille de Waterloo (18 juin 1815) ; relations d'un officier général français ; d'un officier anglais ; d'un Bruxellois.* [Trois relations émanant de témoins oculaires ; deux d'entre eux prirent une part active dans cette bataille dont les péripéties ont soulevé et soulèvent encore, de nos jours, tant de discussions]. — *Une miraculée, 1732.* [Il s'agit d'un miracle accompli sur le tombeau du diacre Pâris, à l'église Saint-Médard]. — *L'Alliance franco-russe prédite par Jean Reboul, 1858.* [Jolis vers du poète Nimois, où cette alliance est, près de quarante ans d'avance, prédite en termes précis]. — *Les Correspondants du peintre Fabre*, suite.

1896, 10 juillet. — *Campagne de Russie (1812-1813). Mémoires de Jean-François Bourgogne, sergent aux grenadiers vélites de la Garde.* [D'un intérêt tragique et poignant, d'une couleur sombre et vigoureuse, ces *Mémoires* s'ouvrent par un récit détaillé de l'incendie de Moscou, d'autant plus précieux pour l'histoire, qu'il est à peu près unique. Bourgogne accompagne les débris de l'armée, — dont la misère, le froid et la fatigue l'obligent souvent à se séparer pendant des journées entières — jusqu'à leur entrée en Lithuanie, sous la protection de l'arrière-garde commandée par le maréchal Ney. Il assiste à toutes les péripéties de la retraite, à la bataille de Krasnoé, au passage de la Bérézina, et en peint toutes les horreurs dans un style qui, pour être parfois incorrect, n'en produit pas moins la plus forte impression]. — *Mémoires du duc de Croÿ*, suite.

1896, 10 août. — *Mémoires du sergent Bourgogne*, suite. — *Les Correspondants du peintre Fabre*, fin. — *Le général Ducoudray aux Etats-Unis et au Mexique, 1812-1813*. [Lettre adressée à un de ses amis]. — *Une facétie de 1745 : Recette contre l'indigestion*. [Plaisante satire contre le duc de Cumberland].

1896, 10 septembre. — *Voltaire, Beaumarchais et les lettres de cachet, d'après les documents inédits conservés dans les archives de la Bastille. I. Voltaire. — II. Beaumarchais. Affaire Le Sueur (1767-1768)*, par M. Frantz Funck-Brentano ; *Le Nègre de Beaumarchais*, par M. Paul d'Estrée. [Dans le premier de ces deux articles, on voit Voltaire, l'apôtre zélé de la liberté, l'adversaire emphatique des lettres de cachet, en solliciter une contre une malheureuse tripière dont le voisinage lui déplaisait. Dans le second, Beaumarchais s'acharne contre un de ses anciens serviteurs, et obtient contre lui un ordre d'arrestation. Non moins piquants sont ses démêlés avec un M. de Chaillou, au sujet d'un nègre dont il lui dispute la propriété]. — *Mémoires du sergent Bourgogne*, suite.

1896, 10 octobre. — *Mémoires du sergent Bourgogne*, suite. — *Mémoires du duc de Croÿ*, suite.

1896, 10 novembre. — *Mémoires du sergent Bourgogne*, suite. — *Mémoires du duc de Croÿ*, suite.

1896, 10 décembre. — *Mémoires du sergent Bourgogne*, suite. — *Mémoires du duc de Croÿ*, suite. — — *Lettre du maréchal Moncey, duc de Conegliano, au maréchal Maison, 1836*. [Moncey, âgé de 82 ans, provoque en duel le maréchal Maison]. — *Deux lettres de Kléber au général du Muy, 1778*. [Expédition d'Egypte].

Fr. F.-B.

Mémoires de la Société nationale des Antiquaires de France, t. LIV, (1893-1894). — Vte de Rougé, *Les fouilles de M. de Morgan à Dahshour* (en Egypte ; trouvaille de bijoux en or fort remarquables). — Bon de Baye, *Note sur des bijoux barbares en forme de mouches* (curieux rapprochements avec des fibules trouvées en Hongrie). — P. Durrieu, *Acte original de la Ligue de Gien* (1410) (pièce de la collection de M. P. D.),

— C. Enlart, *Notes sur des sculptures exécutées après la pose, du* XIe *au* XIIIe *siècle.* — M. Prou, *La livre dite de Charlemagne,* (elle devait peser 491 g. 179). — M. l'abbé H. Thédenat. *Les cachets de Nasium* (cachets d'oculistes romains trouvés à Naix ,Meuse).

DÉPARTEMENTS

Travaux de l'Académie Nationale de Reims, t. 95 ,1893-1894) 1895. — L. Demaison, *Documents inédits sur l'église Notre-Dame de l'Epine* (église du XVe siècle ; reproduction du dessin original d'une chapelle absidiale de cette église (1509 ou 1515). — Ch. Givelet, H. Jadart et L. Demaison, *Le Musée lapidaire rémois dans la chapelle basse de l'archevêché* (intéressant catalogue de ce musée fondé en 1864). — H. Jadart, *Jean Bonhomme, architecte de l'Hôtel de Ville de Reims* ,1627-1634), (documents intéressants sur la construction de cet Hôtel de Ville).

Bulletin de la Société des Antiquaires de Picardie, 1895, n°s 2 et 3. — R. Guerlin, *Simon Marmion, peintre Amiénois du* XVe *siècle* ,résumé de son œuvre). — A. Dubois, *Notes sur quelques-uns des artistes qui ont exécuté les œuvres d'art de la confrérie Notre-Dame du Puy, d'Amiens* (Firmin Lebel, 1568, 1570 ; Jean de Paris, 1581 ; Raoul Maressal 1586, etc.).

Bulletin de la Société archéologique de Nantes, t. XXXIII. (1895). — L'abbé Guillotin de Corson, *Les grandes seigneuries de Haute-Bretagne comprises dans le territoire actuel du département de la Loire-Inférieure* (Aigrefeuille, Ancenis, Asserac. Becdelièvre, Blain, Bougon, Charette, etc. — Marquis de l'Estourbeillon, *Notes et documents inédits sur les opérations des armées républicaines au pays de Retz en 1793,* (lettre inédite du citoyen Le Sant au citoyen Danet, son ami).

Bulletin de la Société d'Études des Hautes-Alpes, 1896, 2e trimestre. — L'abbé F. Allemand, *Le Chevalier de Jarjayes* (François-Augustin de Reynier, qui complota pour la délivrance de la famille royale au Temple, 1792). — F.-N. Nicollet, *Défense de la frontière des Alpes pendant la campagne de l'An VII* (1799) (publication de lettres).

F. M.

ALLEMAGNE

Bulletins de la Société Historique de Basse-Saxe (Hanovre, 1895, fascicule unique). *Ancienneté et état des registres ecclésiastiques des principautés de Lippe, Birkenfeld, Waldeck, etc.* Enumération avec dates et quelques observations de 133 registres ecclésiastiques, dont le plus ancien date de 1560. — *La ville de Hanovre pendant la guerre de trente ans.* — Essai historique très consciencieux, dont l'auteur ne donne cette année que la première partie. Il présente un tableau de la seconde période de la guerre de trente ans, dite période danoise et particulièrement du siège de Hanovre par Tilly et les Impériaux en 1625. Christian IV, roi de Danemarck, le fameux champion du protestantisme, défend les abords de la ville et finit par faire lever le siège. — *Histoire de la constitution de la ville de Brême au Moyen-Age.* — Dans cette très curieuse étude sur les villes hanséatiques, nous voyons que les origines de Brême, comme ville libre, remontent à 966. Suivent un exposé des droits et devoirs des bourgeois de la ville, ainsi que des diverses corporations et un tableau des autorités judiciaires et ecclésiastiques. — *Deux relations de l'évêque Frédéric Guillaume de Hildesheim au Pape, sur l'état de son diocèse.* — Ces relations ou rapports étaient faits par écrit lorsque l'évêque se trouvait empêché de se rendre à Rome tous les cinq ans, selon l'usage, pour exposer au Saint-Père, verbalement, l'état de son diocèse. Le premier des deux rapports est de 1761, le second de 1779, l'un et l'autre sont rédigés en latin. Ils ont un grand intérêt pour l'histoire ecclésiastique du xviiie siècle en Allemagne, mais ne se rapportent à aucun évènement historique qui puisse nous arrêter.

Acta et Commentationes imp. Universitatis Dorpatensis (Dorpat, 1896, 1er semestre). — Recueil écrit en trois langues : Russe, Allemand, Français. La partie française a pour titre : Appareil servant à démontrer les courbes périodiques, et se rapporte aux sciences exactes. La partie allemande est intitulée : *Cinquante ans de la vie d'un prédicateur de la cour de Prusse : D.-E. Jablonsky.* C'est un essai de biographie du Pasteur Jablonsky, descendant des frères Moraves et converti à la religion évangélique, puis plus tard appelé par le grand Electeur de Brandebourg, Frédéric-Guillaume III, au poste de prédicateur de la Cour, qu'il occupa de 1691 jusqu'à sa mort, en 1741. C'est lui qui en 1701, déjà évêque lui-même, consacra comme évêque deux de ses collègues et tous trois couronnèrent comme premier roi de Prusse l'Electeur de Brandebourg, Frédéric Ier, nouvellement élevé à la dignité royale. Jablonsky fut plus tard mêlé à la guerre entre le Hongrois Rakoczy et l'Empereur d'Allemagne et défendit la cause du premier, vis à vis de la Cour d'Angleterre, mais sans succès. Même il fut puni par le roi de Prusse pour s'être mêlé à la politique et compromis dans des intrigues, bien qu'il eut été de bonne foi. Néanmoins, il obtint son pardon et continua jusqu'à la fin de sa carrière à s'occuper de la politique prussienne. On lui doit, enfin, les démarches préparatoires à la fondation de l'Académie des Sciences et de l'Observatoire de Berlin, et le premier projet de ces institutions, dont il resta dans la suite le promoteur zélé Le dernier acte de sa vie fut le discours qu'il prononça lors du couron·nement de Frédéric II, roi de Prusse (le grand Frédéric) ; il avait ainsi assisté au couronnement des trois premiers rois de ce pays : Frédéric Ier, Frédéric Guillaume Ier et Frédéric II.

Bulletins de l'Académie des Sciences de Munich, *classes : Philosophie, Histoire, Philologie,* 1895. — La plus grande partie des trois livraisons de l'année est consacrée à des études philologiques sur le grec, l'ancien allemand et le livre des Maccabées. La première livraison contient seule un article historique sur le *mariage du duc Jean-Guillaume de Clèves-Juliers avec la comtesse Juliette de Bade en 1585* ; les négociations préliminaires de cette union, qui eut plus tard une fin·si tragique, durèrent trois ans et quelques mois. Les jurisconsultes liront avec intérêt une étude très importante de K. Maurer, intitulée : *Deux cas de droit dans l'Eigla au* ixe *siècle.* C'est l'exposé de deux questions de droit norwégien, en l'an 872 et se rapportant au partage des biens d'une succession, à laquelle les enfants de deux lits demandaient le bénéfice de l'admission. On y trouve des aperçus originaux sur la légitimité des mariages contractés contrairement aux usages norwégiens, savoir : quand il y a eu enlèvement de la future, manque du consentement des parents, non paiement de la dot, etc.

Pour terminer, un poème allemand du xiiie siècle : *Tristan comme moine,* imprimé *in-extenso.* Il comprend 2705 vers. C'est une version des aventures de Tristan à la Cour du roi Artus et de ses amours avec Iseult, qui ont été écrites de plusieurs manières différentes. L'auteur suppose que le poète s'est inspiré de la légende française pour composer son poème.

Nouveau magasin de Lusace, 1895, 2 livraisons, 1er et 2e semestres.— En fait d'histoire proprement dite, ces livraisons contiennent deux rapports : 1º *Diarium du consul Paul Schneider,* consul de Gorlitz, de 1532 à 1545. Ce memento de tout ce qui s'est passé de particulier dans cette ville pendant treize ans est écrit au jour le jour et n'intéresse que l'histoire locale ; 2º *Sonnewalde pendant la guerre de trente ans,* c'est un long récit de toutes les souffrances qu'a endurées une petite ville de Lusace, tour à tour foulée, occupée, réquisitionnée et même incendiée par les Saxons, les Impériaux et les Suédois, de 1620 à 1650. Amis et ennemis la traitaient avec une cruauté presqu'égale. Tableau saisissant de ce qu'était la vraie guerre au xviie siècle, quand on la dépouille des grandes batailles et des actions héroïques.

Le reste de ces livraisons est rempli par : une Etude sur l'église Sainte-Marie de Bautzen; une liste des Etudiants Lusaciens qui ont fréquenté les Universités allemandes et italiennes aux xive, xve et xvie siècles; une seconde liste des localités portant un nom slave, la première ayant paru l'an dernier; enfin, des renseignements sur quelques possessions héréditaires de Lusace.

P. COQUELLE.

CHRONIQUE, PROCÈS-VERBAUX

ET

DOCUMENTS ADMINISTRATIFS

— Le lundi 6 octobre 1896 avait lieu, dans la salle des fêtes de la mairie du IIe arrondissement, la distribution des récompenses aux lauréats des cours populaires de l'Association polytechnique, dirigés par notre collègue, M. Georges Dufour. Cette solennité scolaire était placée sous la présidence nominale de M. Vavasseur, vice-président honoraire de la Société des Études historiques et maire de l'arrondissement, et sous la présidence effective de M. Aron, adjoint au maire.

La séance s'est ouverte par une allocution du président, une conférence de M. Lévy-Alvarès, avocat, sur le *Patriotisme en France*, et une causerie du directeur des cours, délégué de l'Association polytechnique, M. Dufour, sur l'organisation même de ces cours dans le deuxième arrondissement.

M. Dufour a donné lecture de la lettre suivante, qui lui était adressée par M. Vavasseur. Elle contient sur les œuvres d'enseignement populaire des vues de l'ordre le plus élevé.

Monsieur le Directeur,

Vous avez bien voulu m'inviter à présider la séance de réouverture des cours de l'Association polytechnique, mais l'état de ma santé ne me permet pas à mon grand regret de profiter de cet honneur. Croyez-bien, et dites à tous, professeurs et élèves, que si je ne puis être réellement présent à cette solennité, j'y serai par la pensée et la sympathie. Comme je vous l'ai dit déjà plusieurs fois, je professe une admiration profonde pour cette vaillante Association et pour la généreuse initiative qu'elle a prise, car elle a devancé de plus d'un demi siècle les idées qui, si longtemps, n'ont trouvé que des esprits indifférents ou réfractaires, mais qui aujourd'hui ont conquis tout le monde. C'est elle qui a fondé l'enseignement des adultes, dont on parle tant à notre époque, dont on célèbre les bienfaits dans des congrès solennels, mais dont on paraît oublier l'origine. Il y a de pseudo-astronomes qui de temps en temps découvrent ainsi la lune et s'en font un titre de gloire.

Je voudrais bien qu'on rendît à César ce qui appartient à César ; et, ce proverbe n'ayant plus cours en République, je suis bien tenté, au risque d'effaroucher votre gravité directoriale, de le modifier par ce jeu de mots, inspiré d'un grand souvenir, en demandant qu'on rende au tzar ce qui appartient au tzar.

Et le tzar, c'est vous, c'est cette noble association qui est propriétaire de l'idée ; et je ne veux pas qu'on l'en dépossède. Elle ne s'est pas bornée à la mettre au jour ; elle l'a fécondée, nourrie, transformée en un fait palpable, et élevée à la hauteur d'une grande institution.

L'Etat donne à grands frais un enseignement primaire supérieure qui est loin d'être accessible à la masse ; vous avez complété cet enseignement en le distribuant libéralement à tous dans les cours du soir, et ainsi vos leçons peuvent être qualifiées d'enseignement populaire supérieur.

Vous pouvez être fiers, Messieurs les professeurs, d'appartenir à une telle institution, fiers du sacrifice volontaire que vous vous imposez, fiers de la mission qui vous est confiée pour préserver les jeunes générations des écueils qui les attendent et les fortifier contre les luttes de la vie. Combien en est-il sans vous qui succomberaient ! vous êtes vraiment une milice sacrée combattant pour le rachat des âmes.

La tâche est dure et délicate ; il ne s'agit pas seulement de défricher de jeunes esprits dont quelques-uns sont encore incultes, d'y semer des notions de connaissances usuelles, de leur apprendre des éléments scientifiques indispensables, de leur donner en un mot une instruction plus ou moins approfondie pour étendre et développer leur intelligence. Vous devez viser encore plus haut, pénétrer jusqu'à leur cœur, et à l'aide de la science elle-même qui vous servira de véhicule, y faire germer des sentiments de moralité, de probité qui feront de ces jeunes gens des hommes et des citoyens dévoués à leurs semblables et à leur pays.

Les leçons de choses, si vantées il y a quelques années, semblent un peu délaissées, mais pourquoi n'essaierait-on pas de les remettre en honneur ? Dans toute leçon technique il y a toujours l'occasion d'une réflexion, qui, émise par un maître judicieux et bon, est de nature à inspirer à l'enfant l'esprit de famille, la tolérance envers les autres, l'amour de son pays, les devoirs civiques.

Vos professeurs ont à cet égard plus de liberté que les membres de l'enseignement officiel. Non certes que je veuille les inviter à faire du prosélytisme politique, à transformer le cœur en club ; mais avec le talent qu'ils possèdent, ils sauront rester dans la mesure, et respecter la conscience de leurs jeunes auditeurs.

Et vous, jeunes gens, cette ambition ne doit-elle pas vous tenter de devenir meilleurs en devenant plus instruits. Si je ne craignais de vous donner une leçon d'égoïsme, je vous dirais qu'on a toujours intérêt à être bon, car on est mieux écouté, plus aimé, les rapports avec les autres hommes sont plus faciles et plus cordiaux. Vos supérieurs eux-mêmes savent distinguer la bonté et en tenir compte, dans tous les emplois, dans toutes les fonctions que vous êtes appelés à occuper ; la bonté envers vos égaux et vos subordonnés, non seulement vous évitera beaucoup d'ennuis, mais encore sera pour vos succès d'une puissante efficacité.

Ne me reprochez pas, mon cher président, de prêcher la morale de l'intérêt bien entendu ; à tout prendre celle-ci vaudrait mieux encore que l'absence de toute morale, mais, dans ma pensée, elle n'exclut nullement la morale désintéressée ; celle-ci est une vertu supérieure qui n'est pas à la portée de tous, et pour ceux qui en sont incapables, la recherche de l'utilité est un adjurant qui n'est pas à dédaigner.

Veuillez agréer, Monsieur le Directeur, l'expression de mes sentiments cordiaux et dévoués.

Octobre, 1896.   A. Vavasseur.

14

SÉANCE DU 7 NOVEMBRE 1896, PRÉSIDENCE DE M. MOIREAU

Le procès-verbal de la dernière séance de mai est adopté.

Candidatures. — M. le vicomte de Cormenin est présenté par MM. Joret-Desclosières et Frantz Funck-Brentano comme membre titulaire, il sera procédé à son élection séance de Décembre. M. Challot, directeur honoraire au ministère de l'agriculture, 77, boulevard Saint-Michel, présenté par M. Desclosières ; M. Georges Laplatte, présenté par M. Funck-Brentano, sont élus en qualité d'associés libres.

Ouvrages offerts. — 1° Publications des Sociétés savantes, dont l'analyse sera donnée au Bulletin Bibliographique ; 2° *Histoire de la famille de Lusignan*, par M. le chanoine Pascal ; *Une Phèdre italienne*, par M. Rodocanachi ; *Le Sifflet au théâtre*, par M. Rodocanachi ; *Le Procès du marquis de Nayve*, plaidoirie de notre confrère M. Albert Danet ; *Étude sur le barreau en Angleterre*, par M. Ernest Passez, avocat au Conseil d'État et à la Cour de Cassation ; *Un nouveau chapitre de la vie de Saint-François d'Assises*, par M. Paul Sabatier ; *Une Étude sur l'histoire locale de Lille*, par M. Quarré-Reybourbon.

Décès de M. Fortoul. — M. le Secrétaire général fait part du décès de notre honorable collègue M. Fortoul, annoncé par sa veuve. M. Desclosières, en adressant au nom de la Société, une lettre de condoléances à Mme Fortoul, lui a demandé les éléments d'une notice biographique qui sera insérée dans notre Revue.

Comité de rédaction. — M. le Président donne la parole à M. Fr. Funck-Brentano pour exposer les motifs qui font désirer au Comité de rédaction de voir augmenter le nombre de ses membres. On procède à une élection qui désigne MM. Marbeau, Flach, Rodocanachi et Lot. Le Comité se trouvera ainsi définitivement composé : Président : M. Moireau ; Membres de droit : MM. Desclosières, secrétaire général et Racine, administrateur de la Société ; Membres élus : MM. de Boisjoslin, Jacques Flach, Ferd. Lot, Mazerolle, Eug. Marbeau, Rodocanachi, secrétaire : M. Frantz Funck-Brentano.

Répartition du personnel de la Société des Études historiques en classes. — M. le Président Moireau estime qu'il y aurait lieu de revenir à un usage interrompu depuis trois ans et qui consistait à répartir le personnel de la Société entre ses quatre classes : *Histoire générale, Histoire des Langues et des Littératures, Histoire des Sciences philosophiques et économiques, Histoire des Beaux-Arts.* Plusieurs membres échangent des observations au sujet de l'opportunité de ce projet et M. le Président, propose de remettre la question à l'ordre du jour de la prochaine séance. Adopté.

Lectures. — M. le colonel Fabre de Navacelle lit une étude intitulée : *Rôle des commissaires de la Convention aux armées* (1). A l'occasion de cette lecture, M. Fr. Funck-Brentano dit quelques **mots sur** le rôle social de la Terreur, dont l'action — étant donné l'état d'anarchie et de désordre où était tombée la France après la rupture de tous les liens qui nouaient la vie sociale dans l'Ancienne France, — ne laissa pas d'être utile par le nivellement même et la centralisation brutale qui préparèrent l'œuvre d'organisation administrative réalisée par le Consulat et l'Empire.

M. Desclosières communique des observations sur un livre de M. Jacques Bonzon : *Le Crime et l'École.* Le rapporteur pense que la thèse de M. Bonzon : *Développement du crime par l'instruction primaire* n'est pas établie sur des éléments assez rigoureux. Les magistrats préoccupés d'établir le fait délictueux ou criminel, ne remontent pas au passé du délinquant et ne scrutent pas ses jeunes années par la statistique criminelle pour permettre de conclure si c'est par l'école qu'un enfant a été perverti de l'âge de 7 à 12 ans ou si le petit vagabond, qui ne fréquente pas l'école, devient plus vertueux? Veut-on que ce soit un mal d'apprendre à lire? Evidemment non. Mais ce qui est un mal et un grand mal, c'est que le jeune homme ait le cerveau et l'âme troublés par de mauvaises lectures et par l'enseignement déplorable de la rue. L'école n'est pas responsable de ce qui se passe en dehors d'elle. Une autre cause de la criminalité est la mauvaise application des principes essentiels de l'éducation correctionnelle. Par fausse humanité, les mineurs délinquants primaires sont ou rendus à leurs familles ou punis de courtes peines, ils deviennent nécessairement graine de récidivistes.

M. Moreau constate cependant que le développement excessif de l'instruction primaire engendre des abus, abandon des campagnes, éloignement du travail manuel, il est vrai qu'il s'agit alors plutôt de déclassement que de criminalité. Il serait intéressant de dégager le problème qui semble, quant à présent, resté entouré d'incertitudes faute d'observations assez précises.

----

(1) Ce mémoire se trouve imprimé dans le présent numéro de la Revue.

Membres de la Société des Etudes Historiques [1]

ANCIENS PRÉSIDENTS

1833-1836 MICHAUD, de l'Académie française.
1837 DUC DE DOUDEAUVILLE.
1838-1839 LEPELLETIER D'AUNAY.
1840-1841 Baron TAYLOR.
1842 Duc DE LAROCHEFOUCAULD-LIANCOURT.
1843-1844 MARTINEZ DE LA ROSA.
1845 Prince DE LA MOSKOWA.
1846 Baron TAYLOR.
1847 MARTINEZ DE LA ROSA.
1848 LAMARTINE, de l'Académie française.
1849 Baron TAYLOR.
1850-1852 Marquis DE PASTORET.
1853-1855 Marquis DE BRIGNOLE-SALE.
1856-1857 Comte REINHARD.
1861 NIGON DE BERTY.
1862 Jules BARBIER.
1863 Ernest BRETON.
1864 HORTENSIUS DE SAINT-ALBIN.
1865 PONGERVILLE, de l'Académie française.
1866 Jules BARBIER.
1867 PATIN, de l'Académie française.
1868 Ernest BRETON.
1869 CÉNAC MONCAUT.

1870 Baron TAYLOR.
1872 J.-C. BARBIER.
1873 Baron CARRA DE VAUX.
1874 Ernest BRETON,
1875 PATIN, de l'Académie française.
1876 J.-C. BARBIER.
1877 Jules DAVID.
1878 THÉRY.
1879 J.-C. BARBIER.
1880 Camille DOUCET, de l'Académie française.
1881 Colonel FABRE DE NAVACELLE.
1882 BOUGEAULT.
1883 Louis LUCAS.
1884 CAMOIN DE VENCE.
1885 Gustave DUVERT.
1886 Eugène D'AURIAC.
1887 WIÉSENER.
1888 Général Favé.
1889 Jacques FLACH.
1890 Eugène MARBEAU.
1891 Eugène TALBOT.
1892 Jacques DE BOISJOSLIN.
1893 S.-A. LOISEAU.
1894 Emm. RODOCANACHI.
1895 H. WELSCHINGER.
1896 Aug. MOIREAU.

SECRÉTAIRES GÉNÉRAUX

1840-1869 Achille JUBINAL.

1869-1896 Gabriel JORET-DESCLOSIÈRES.

(1) Appelée jusqu'en 1870 *Institut Historique*, réorganisée en 1872.

DONATEURS, MEMBRES PERPÉTUELS (1)

RAYMOND (Henry-François). — Reçu membre de l'ancien *Institut historique* en 1854, M. Raymond, sans prendre une part personnelle et active de collaboration aux travaux de la Société, manifesta cependant l'intérêt qu'il portait à leur production en assistant fréquemment aux séances mensuelles et publiques.

Dès l'année 1867, deux ans avant son décès, il attestait cet intérêt en le traduisant par un legs généreux conçu en ces termes : « Maître absolu d'une modeste fortune péniblement acquise, mais dont je puis être fier parce qu'elle n'a coûté ni pleurs ni regrets à qui que ce soit, j'entends et je veux qu'il en soit fait à mon décès l'emploi ci-après : 20,000 francs seront donnés à l'*Institut historique* qui m'a fait l'honneur de m'admettre dans son sein, pour les intérêts de cette somme, qui sera placée en rentes 3 ou 4 1/2 0/0 sur le gouvernement français, être, chaque année, distribués, à titre de prix, aux auteurs des ouvrages ou mémoires que l'*Institut historique* jugera convenable de mettre au concours. Je lègue, en outre, à cette Société un exemplaire en feuilles des Antiquités mexicaines et l'Encyclopédie in-4º reliée ».

(Extrait du testament déposé pour minute à Mᵉ Jules-Emile Delapalme, notaire à Paris).

La disposition relative aux ouvrages légués ne put recevoir exécution. la maison de campagne de Lagny, appartenant à M. Raymond, et dans laquelle se trouvait sa bibliothèque, ayant été pillée, en 1870-1871, par l'armée allemande.

Quant au legs de 20,000 francs, il est devenu l'origine de la Fondation Raymond et l'occasion des démarches qui aboutirent à la reconnaissance de la *Société des Études historiques* comme établissement d'utilité publique, reconnaissance consacrée par un décret en date du 19 novembre 1871, signé de M. Thiers, président de la République, et de M. Jules Simon, Ministre de l'instruction publique.

Ces formalités accomplies, et la Société n'ayant été mise en possession effective du capital du legs Raymond qu'en 1873, ce fut seulement en 1874 qu'elle procéda, pour la première fois, à la distribution du prix, conformément aux intentions du donateur.

(1) Par délibération en date du 25 mai 1886, insérée dans la *Revue de la Société des Études historiques,* 1886, p. 376, il a été décidé que des notices consacrées aux membres donateurs, seraient publiées, chaque année, à la suite de la liste des membres de la Société.

ODENT (Paul), C. ✳ O. ✿. — Né à Paris en octobre 1811, entra dans l'administration préfectorale en septembre 1847 comme sous-préfet. Nommé préfet de Colmar en 1857, il fut ensuite préfet de Grenoble et de Metz ; il remplissait ces dernières fonctions pendant le siège mémorable de 1870 et fut le dernier préfet français de cette noble cité.

Commandeur de la Légion d'honneur en 1869, M. Odent avait été nommé officier de l'Université en 1860.

M. Odent publia la traduction du *Commentaire sur la constitution des États-Unis d'Amérique* ; une note sur les *Bulletins de la Société de Béziers* insérée dans la *Revue* 1881, p. 208. Il avait donné aussi à notre compagnie le *Compte rendu des tomes* xx, xxi *et* xxii *de l'histoire d'Italie*, et avait été élu président de la 2e classe en 1883.

M. Paul Odent est décédé à Paris le mercredi 9 décembre 1885 ; les adieux qui lui furent adressés au nom de la *Société des Études historiques* par le secrétaire général, M. Gabriel Joret-Desclosières, ont retracé la vivacité des sentiments patriotiques de M. Odent (Voir l'article inséré au volume de 1885, p. 621).

M. Paul Odent, par l'intermédiaire de M. Camoin de Vence, son gendre, ancien président de la *Société des Études historiques,* a légué à cette association une somme de 500 francs. Tous les deux ans, une médaille distribuée à l'un des meilleurs travaux publiés par des membres de la Société est décernée au nom de M. Odent.

BERTHIER (Jean-Ferdinand) ✳. — Doyen des professeurs à l'Institution nationale des sourds-muets de Paris, se consacra, dès sa jeunesse, à l'enseignement et à l'éducation des enfants déshérités, comme lui-même, du don de la parole. Auteur de nombreux traités d'enseignement dont la nomenclature est reproduite à la page 30 de la liste biographique et bibliographique des membres pour l'année 1886, M. Berthier contribua à la fondation d'une société centrale d'éducation et d'assistance pour les sourds-muets en France, et réorganisa, en 1867, sur de plus larges bases, la Société centrale qui reçut le titre de *Société universelle des sourds-muets.*

M. Ferdinand Berthier, admis comme membre de l'ancien *Institut historique,* le 24 mars 1834, est décédé à Paris le 14 juillet 1886 ; il était le doyen de la *Société des Études historiques.* En souvenir des sentiments de confraternité qu'il avait entretenus avec les membres de notre association pendant 52 ans, M. Berthier a légué, sans condition d'emploi, à la *Société des Études historiques* une somme de 2,000 francs. La délivrance de ce legs, après de longues formalités administratives, a enfin été consentie dans les derniers jours de l'année 1890. La Société donnera à cette libéralité une destination de nature à rappeler la mémoire de M. BERTHIER.

DUVERT (GUSTAVE). — M. Gustave DUVERT ayant satisfait aux conditions réglementaires concernant le versement de la somme de 500 francs, attributive de la qualité de membre donateur, appartenait déjà à la liste des membres ayant droit à ce titre, lorsqu'il est décédé en 1893, le 28 novembre, léguant à nouveau une somme de 1,000 fr. à la Société dont il avait été le Président (Voir, *Revue* 1893, n° 4, p. 296 et suiv. le discours prononcé sur sa tombe par M. Desclosières). A la séance publique du 7 février 1895, une médaille a été décernée au nom de M. Duvert à M. Arthur COQUARD, premier organisateur de nos auditions musicales et, en 1896, à M. William MARIE, pour sa collaboration à cette œuvre.

DAVID (JULES). — Ancien président de la *Société des Études historiques,* Secrétaire perpétuel de la Société philotechnique, fut, pendant dix-sept ans, un des collaborateurs les plus éminents de notre compagnie. Doué d'une grande force de travail, d'une érudition profonde en matière historique et littéraire, M. Jules DAVID a laissé de nombreuses productions dont on retrouve la liste dans nos volumes antérieurs à 1890, date à laquelle la Société a éprouvé la vive douleur de perdre ce distingué confrère. M. Jules DAVID a légué à la *Société des Études historiques* un don de 2,000 francs. (Voir sa biographie, volume de 1892).

MONTAUDON (LOUIS-HYACINTHE). — Intendant militaire en retraite, avait été admis dans la *Société des Études historiques* en qualité de membre titulaire le 25 avril 1884 et n'avait pas tardé à prendre une place des plus distinguées dans les rangs de notre compagnie. Auteur de très nombreux rapports étudiés avec le soin le plus consciencieux, M. MONTAUDON avait donné, en 1888, volume p. 873, sous ce titre : *La vérité sur le Masque de fer,* une étude remarquée, qui attestait la patience de ses recherches et sa sagacité d'historien. Nous avons eu le regret de perdre cet aimable et dévoué confrère le 2 juillet 1890, dans sa 71e année. Comme M. Jules DAVID, il a gratifié la *Société des Études historiques* d'un legs de 2,000 francs sans condition d'emploi. (Voir sa bibliographie, 1891, p. 423).

DESTOUCHES (ADRIEN-AIMÉ), architecte, membre de l'ancien *Institut historique,* admis le 9 février 1864, décédé le 25 octobre 1871, a légué par testament en date du 22 septembre 1886, déposé au rang des minutes de Me Maurice Plique, notaire à Paris, 25, rue Croix-des-Petits-Champs, un legs de 2,000 francs à l'*Institut historique* à charge de délivrer un ou plusieurs prix sur un travail ou des travaux relatifs aux beaux arts.

MEMBRES TITULAIRES RÉSIDANTS

1846 BARBIER (J.-C.).
1859 JORET-DESCLOSIÈRES (Gabriel).
—   LUSIGNAN (Prince de).
1861 SAVIGNY (de).
—   DUCLOS (l'abbé).
—   CAMOIN DE VENCE.
1866 VAVASSEUR.
1876 DUFOUR (Georges).
—   TALBERT.
—   Colonel FABRE DE NAVACELLE.
—   DE LA BRUNETIÈRE.
—   WIESENER (Louis)
1877 FLACH (Jacques).
1881 MARBEAU (Eugène).
—   BIRAN (Elie de).
1882 POUGNET.
—   BOISJOSLIN (Jacques de).
—   RACINE (Ludovic).
—   LOUICHE-DESFONTAINES (L.).
1884 FABRE (Jules).
1885 LEFÈVRE (Albert).
—   LE PAULMIER (Stephen).
—   WELSCHINGER (Henri).
—   FALATEUF (Oscar).
1886 BELANGER (Adolphe).
1887 ESPAGNOLLE (l'abbé).
—   COQUARD (Arthur).

—   RODOCANACHI (Emmanuel)
1888 FERRÉ (Emmanuel)
—   TOMMY-MARTIN (Abel)
1889 MARCILHACY.
—   VILLARD (P.).
—   CASABIANCA (l'abbé).
1892 VAUNOIS (Albert).
—   MARIE (William)
—   BRUEYRE (Loys).
—   MUTEAU (Alfred).
—   DABOT (Henri).
—   FUNCK-BRENTANO (Frantz).
—   RIVIÈRE (Louis).
1893 GRIVEAU (Paul).
—   MOIREAU (Auguste).
1895 DUVAL (Gaston).
—   BOUWENS VAN DER BOIJEN (Otto)
—   COQUELLE (Pierre).
—   MAZEROLLE (Fernand).
—   LEGUÉ (le docteur Gabriel).
—   LÉVY (Arthur).
—   GOUBAUX (Robert).
1896 LOT (Ferdinand).
—   CARON (Pierre).
—   CABANÈS (le docteur).
—   VANDAL (le comte Albert).
—   CORMENIN (le vicomte de).

MEMBRES CORRESPONDANTS

1850 CZAJEWSKI.
1859 CHAPUS (Ernest) *(Puy-de-Dôme)*
1870 MENU (Eugène) (*Aisne*).
1872 LANDRE (Marcel) *(Lot)*.
1873 LEQUES *(Seine)*.
1874 COMBIER (le président) *(Aisne)*.
—   BERNARDI (Dr) *(Italie)*.
—   CYPRIEN (Dr) (*Loiret*).
1875 PRAROND *(Somme)*.
—   LOUIS (Eugène) *(Vendée)*.

1876 AZÉMA *(Haute-Garonne)*.
—   LECOQ.
—   VALLÉE (Georges) *(Aube)*.
1878 AURIAC (J.-E. d') *(Morbihan)*.
1879 DESRATEAUX *(Vienne)*.
1880 LE COULTRE *(Suisse)*.
1881 DELATTRE-LENOEL *(Somme)*.
—   DELESSERT *(Suisse)*.
1882 PAGARD D'HERMANSART (*Pas-de-Calais*).

- VINCENS (*Bouches-du-Rhône*).
1884 VAUDIN (*Yonne*).
— POUPIN (l'abbé) (*Nièvre*)
— LOUIS-LUCAS (Paul) (*Côte-d'Or*).
— MONTET (Alb. de) (*Suisse*).
— TARTARIN *(Loiret)*.
— DELATTRE (Charles) *(S.-et-O.)*.
1885 QUARRÉ-REYBOURDON (*Nord*).
1886 MAGNAUD (le président) (*Aisne*).
1888 SCARAMANGA (*Angleterre*).
1889 HENRY (l'abbé) (*Hérault*).
1890 BRANDT DE GALAMETZ (comte) (*Somme*).
— BUVIGNIER-CLOUET (Mlle Made-leine) (*Meuse*).
— VLASTO (A.-Etienne) (*Bouches-du-Rhône*).
1891 HOCHART (*Gironde*).
— CORTILLIOT (*Aisne*).
— BELLANGER (Justin) (*Seine-et-Marne*).
— MINORET (René) (*Seine-et-Oise*).
1892 VACHEZ (*Rhône*).
1894 MAUVEZIN (*Charente*).
— CALOYANNI (Constant) (*Egypte*).
1896 MERCIER (Ernest) (*Algérie*).
— TORDI (Domenico) (*Italie*).
— GUIBOURG (*Seine-et-Marne*).

MEMBRES ASSOCIÉS LIBRES

1873 CARTIER (Ernest).
— DAUSSY.
1874 LIÉGEARD (Stephen).
1878 PEIN (Prosper).
1879 VEYRET.
1884 COLMET D'AAGE.
— WEISS.
1885 DELATTRE (Charles).
— DUVERT (Auguste).
1886 LE COURBE (comte).
1887 HÉNISSART.
1889 SIMONIN (Armand).
— DUVERT (Maurice).
— CASSAGNADE (Ernest).
— RODOCANACHI, père.
— PERIN (Jules).
— GOMBAUT D'ARNAUD (le baron).
— SAINT-THOMAS (Mme de).
— AUBERT (Joseph).
— TANON.
- VERGÉ (Henry).
1890 MOREAU (Gabriel).
— LEMAIRE (Georges).
— MESNIER (Albert).
— DUMONT
— MEAUX (Henri de).
1890 ROUX (Ferdinand).
— VERNUDACKI (Jean).
— CHARLOT.
1891 PELLÉ (le général).
— FORMONT (Maxime).
— LUSIGNAN (le prince Gaston-Léon de).
— HERBET (Mme).
— LAMY (Ernest).
1892 MOUTIER (Emile).
— PERRIER (Emile).
— DURASSIER.
1893 ARGENTI (Auguste).
— ROSTAND.
— MUGNIER (l'abbé).
1894 LACAILLE (Henri).
— SCHILIZZI (Michel).
— AGELASTO (Michel).
— TOSIZZA (le baron de).
— CARLHIAN (Mme).
— HOUSSAY (Marcel).
— FRANÇOIS.
— DEMOMBYNES.
— NEGREPONTE.
— RODOCANACHI (Théodore).
— BIKÉLAS (D.-B.).

— ROSLANG (Goury du).
1895 FAY (le docteur).
— DORIA-PEAUCELLE.
— DELTEIL.
— SIMON (René).
— CARVALHO (Xavier de).
— GUILLOT (Paul).
— BELLANGER (F.).
— BIDOIRE (P.).
1896 BRIDIER (Louis).

— PINSET (Raphaël).
— DANET (Albert).
— VANIER.
— LA HEUDRIE (de).
— LAURENT (Charles).
— FUNCK-BRENTANO (Th.).
— DUPUIS (l'amiral Théod.-Ed.).
— VIDIER (A.).
— CHALLOT.
— LAPLATTE (Georges).

LISTE ALPHABÉTIQUE

DES MEMBRES DE LA SOCIÉTÉ DES ÉTUDES HISTORIQUES

ARGENTI, 42, avenue Gabriel.

AGELASTO (Michel), 28, rue Jouffroy.

AUBERT (Joseph), 4, rue Chalgrain.

AURIAC (Jules d'), sous-préfet à Lorient (*Morbihan*).

AZEMA, au Breil, par Cintegabelle (*Haute-Garonne*).

BARBIER (J.-C.), 53, rue de Labruyère.

BELANGER (Adolphe), 86, boulevard de Port-Royal.

BELLANGER (F.), 7, rue de l'Université.

BELLANGER (Justin), à Provins (*Seine-et-Marne*).

BERNARDI, à Venise (*Italie*).

BIKÉLAS, 50, rue de Varenne.

BIDOIRE (Pierre), 38, r. de Courcelles.

BIRAN (Elie de), 21, rue Mozart.

BOISJOSLIN (Jacques de), 82, rue de la Pompe.

BOUWENS VAN DER BOIJEN (Otto), 45, rue de Lisbonne.

BRANDT DE GALAMETZ (le comte), à Abbeville (*Somme*).

BRIDIER (Louis), 7, rue du 9-Juillet.

BRUNETIÈRE (de la). — V. LA BRUNE-TIÈRE.

BRUEYRE (Loys), 9, rue Murillo.

BUVIGNIER-CLOUET (Mlle Mad.), à Verdun (*Meuse*).

CABANÈS (le Dr Augustin), 17, rue d'Odessa.

CAMOIN DE VENCE (Charles), 53, rue de Rome.

CARLHIAN (Mme), 37, rue de Berlin.

CARON (Pierre), 77 *bis*, rue Monge.

CARTIER (Ernest), 11 *bis*, rue du Cirque.

CARVALHO (Xavier de), 5, rue Geoffroy-Marie.

CASABIANCA (l'abbé), 62, avenue des Ternes.

CASSAGNADE (Ernest), 10, boulevard St-Germain.

CHALLOT, 77, boulevard Saint-Michel.

CHAPUS, à Volvic (*Puy-de-Dôme*).

CHARLOT, 60, rue de Clichy.

COLMET-D'AAGE, 5, rue d'Assas.

CALOYANNI (Constant), à Alexandrie (*Egypte*).

COMBIER (le président), à Laon (*Aisne*).

COQUARD (Arthur), 56, boulevard des Invalides.

COQUELLE (Pierre), à Meulan (*Seine-et-Oise*).

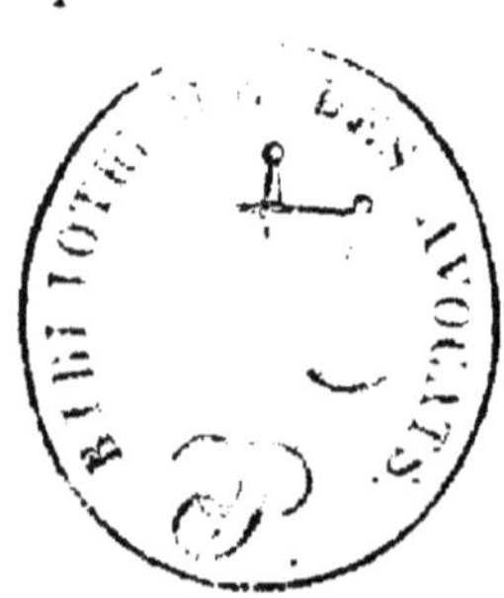

CORMENIN (le vicomte de), 25, rue de l'Arcade.

CORTILLIOT, à Laon (*Aisne*).

CZAZEWSKI (le docteur), aux Aides, près Orléans (*Loiret*).

DABOT (Henri), 168, boul. St-Germain

DANET (Albert), 217, boul. St-Germain

DAUSSY, 11, rue de Rivoli.

DELATTRE (Charles), à Poissy (*Seine-et-Oise*).

DELATTRE-LENOEL, à Amiens (*Somme*).

DELESSERT, à Rolle, canton de Vaud (*Suisse*).

DELTEIL, 310-312, rue Saint-Jacques.

DEMOMBYNES, 28, rue Jacob.

DESCLOSIÈRES. — V. JORET.

DESRATEAUX, à Loudun (*Vienne*).

DORIA-PEAUCELLE, 4, rue de Babylone.

DUCLOS (l'abbé), 52, rue du faubourg Poissonnière.

DUFOUR (Georges), 9, rue de Bruxelles

DUMONT, 8, rue du Vieux-Colombier.

DUPUIS (l'amiral), 6, rue de Berlin.

DURASSIER, 5, place des Ternes.

DUVAL (Gaston), 3, r. de Chanaleilles.

DUVERT (Auguste), 16, place du Havre.

DUVERT (Maurice), 14, rue Taitbout.

ESPAGNOLLE (l'abbé), 27, rue de Maubeuge.

FABRE (Jules), 8, rue Dieu, près la place de la République.

FABRE DE NAVACELLE (le colonel), 47, rue de Lille.

FALATEUF (Oscar), 6, boulevard des Capucines.

FAY (le docteur), 5, rue Scribe.

FERRÉ, 52, rue Blanche.

FLACH (Jacques), 37, rue de Berlin.

FORMONT (Maxime), 17, rue Saint-Sulpice.

FORTOUL, à Saint-Laurent (*Basses-Alpes*).

FRANÇOIS, 7, rue Villersexel.

FUNCK-BRENTANO (Frantz), à la Bibliothèque de l'Arsenal, 1, rue Sully.

FUNCK-BRENTANO (Th.), 91, rue de Sèvres.

GOMBAULT-D'ARNAUD (le baron), 20, rue Demours.

GOUBAUX (Rob.), 71, rue de La Tour.

GOURY DU ROSELAND, 17, rue Vernet.

GRIVEAU (Paul), 8, rue Madame.

GUIBOURG, juge suppléant à Provins (*Seine-et-Marne*).

GUILLOT (Louis-Paul), 43, rue de Miromesnil.

HÉNISSART, 39, rue de l'Université.

HENRY (l'abbé), 15, rue des Trésoriers de la Bourse, à Montpellier (*Hérault*).

HERBET (Mᵐᵉ), 46, rue de Bourgogne.

HEUDRIE (Edmond de la). — V. LA HEUDRIE.

HOCHART, 22, rue de l'Eglise-Saint-Seurin, Bordeaux.

HOUSSAY (Marcel), 72, rue d'Amsterdam.

JORET-DESCLOSIÈRES (Gabriel), 6, rue Garancière.

LA BRUNETIÈRE (de), 52 boulevard Malesherbes.

LACAILLE (Henri), 68, boulevard Malesherbes.

LA HEUDRIE (Edmond de), 3 rue Bréa.

LAMY (Ernest), 113, boulevard Haussmann.

LANDRE (Marcel), à Gourdon (*Lot*).

LAPLATTE (Georges), 47, rue Claude-Bernard.

LAURENT (Charles), 159, boulevard Saint-Germain.

LECOQ, membre à vie.

LE COULTRE, à Neufchâtel (*Suisse*)

LE COURBE (le comte), 18, r. Moncey.

LEFEVRE (Albert), 6, rue Castellane.

LEGUÉ (docteur Gabriel), 8, rue Rougemont.

LEMAIRE (Georges), 99, rue de Rennes.

LE PAULMIER (docteur Stephen), 48, rue Taitbout.

LÈQUES, 107, rue Perronnet, Neuilly-sur-Seine.

LÉVY (Arthur), 48, rue de Turenne.

LIÉGEARD (Stephen), 21, rue Marignan.

LOT (Ferdinand), villa Montmorency, avenue du Square, 11 (Auteuil).

LOUICHE-DESFONTAINES, 31, rue Washington.

LOUIS (Eugène), à Laroche-sur-Yon (Vendée).

LOUIS-LUCAS (Paul), boulevard Carnot à Dijon (Côte-d'Or).

LUSIGNAN (le prince Guy de), 108, avenue de Neuilly.

LUSIGNAN (le prince Léon-Gaston de), 108, avenue de Neuilly.

MAGNAUD (le président), à Château-Thierry (Aisne).

MARBEAU (Eugène), 27, rue de Londres.

MARCILHACY, 43, rue du Bac.

MARIE (William), 17, square de Messine

MAUVEZIN, au collège de Cognac (Charente).

MAZEROLLE (Ferdinand), 91, av. Niel.

MEAUX (de), 44, rue Saint-Placide.

MENU (E.), à Mons-en-Laonnois (Aisne).

MERCIER (Ernest), 19, rue Desmoyens (Constantine).

MESNIER (Albert), 7, rue Pasquier.

MINORET, au château de Moignanville, par Gironville (Seine-et-Oise).

MOIREAU (Auguste), 35, rue de Vaugirard.

MONTET (Albert de), Chardonne, arr. de Lausanne (Suisse).

MOREAU (Gabriel), 99, rue de Rennes.

MOUTIER, 12, rue Logelbach.

MUGNIER (l'abbé), 135, rue Bellechasse.

MUTEAU, 3, rue Lincoln.

NÈGREPONTE (Jean), 13 quai d'Orsay.

PAGARD d'HERMAUSART, à Saint-Omer (Pas-de-Calais).

PEIN (Prosper), 71, boulevard Saint-Michel.

PELLÉ (le général), 11, rue de l'Université.

PÉRIN (Jules), 8, rue des Ecoles.

PERRIER, 11, rue Royale.

PINSET (Raphaël), 12, rue St-Bernard.

POUGNET, 5, rue Saint-Benoist.

POUPIN (l'abbé), à Trois-Vèvres (Nièvre).

PRAROND, rue du Lillier, à Abbeville (Somme).

QUARRÉ-REYBOURDON, à Lille (Nord).

RACINE (Ludovic), 8 bis, rue de l'Arrivée, près la gare Montparnasse.

RIVIÈRE (Louis), 61, rue d'Anjou.

RODOCANACHI, père, 42, avenue Gabriel.

RODOCANACHI (Emmanuel), 54, rue Lisbonne.

RODOCANACHI (Théodore), 1, rue de Longchamps.

ROSTANG, 66, rue de la Chaussée-d'Antin.

ROUX (Ferdinand), 13, rue Condé.

SAINT-THOMAS (de), 14, rue du Cherche-Midi.

SAVIGNY (de), 24, rue de Varenne.

SCARAMANGA (John), 12, Hyde-Parck-Place (Londres).

SCHILIZZI (Michel), 22, avenue de la Grande-Armée.

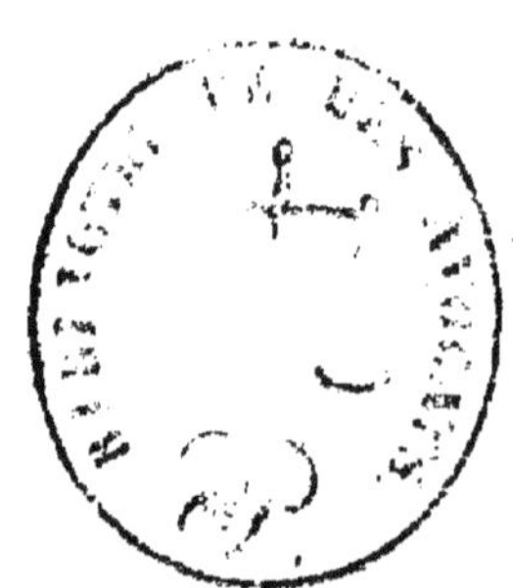

SIMON (René), 10, quai de la Mégisserie.

SIMONIN (Armand), 10, rue de l'Université.

TALBERT, à la Flèche (*Sarthe*) et 9, rue Nouvelle, Paris.

TANON, 90, rue d'Assas.

TARTARIN, à Bellegarde (*Loiret*).

TOMMY-BASTIAN, 3, rue Frédéric-Bastian.

TORDI (Domenico), 8, Piazza-Pitti à Florence.

TOSSIZZA (le baron),14, r. François Ier.

VACHEZ, 24, rue de la Charité (*Lyon*).

VALLÉE (Georges), à Bar-sur-Aube (*Aube*).

VANDAL (le comte Albert), 10, rue Lincoln.

VANIER, 54, rue du Four.

VAUDIN, 7, rue des Consuls, à Auxerre (*Yonne*).

VAUNOIS (Albert), 42, rue des Ecuries-d'Artois.

VAVASSEUR, 21, rue Soufflot.

VERDUNACKI, 3, rue Mollien.

VERGÉ (Henry), 42, avenue Gabriel.

VEYRET, 30, boulev. des Batignolles.

VIDIER (A.), 67, av. de la République.

VILLARD, 4, rue Chalgrin.

VINCENS, 9, rue de l'Arsenal, à Marseille (*Bouches-du-Rhône*).

VLASTO, 12, allée des Capucines, à Marseille.

WEISS, 110, rue Copernic.

WELSCHINGER (H.), au palais du Sénat, rue de Vaugirard.

WIESENER (Louis), 147, boulevard Saint-Michel.

Revue de la Société des Etudes Historiques

ANNÉE 1896

TABLE GÉNÉRALE

N.-B. — Les chiffres renvoient aux pages.

A

Adam Smith's Lectures, par A. Moireau, 186-187.

Antiquaires de France (Mémoires de la Société Nationale), analyse, 195-196.

Autour du Régent, par Louis Wiesener, 5-9.

Avant-dernier mot sur la mythologie, par Georges Dufour, 108-119.

B

Basse-Saxe (Bulletins de la Société historique), analyse, 196.

Bastille (La Prise de la), par Fr. Funck-Brentano, 47-48.

Boisjoslin (Jacques de), *Falstaff*, 174-177.

Bridier (Louis). *Projet de descente en Angleterre, lettre de Talleyrand*, 122. — *Une lettre de Toussaint-Louverture*, 185-186.

Brueyre (Loys), *Littérature orale et traditionnelle, Eléments de Folk-Lore*, 10, 35.

C

Caron (P.) *François Ier et le Parlement de Paris*, 184-185.

Caulaincourt et Napoléon, par H. Welshinger, 35-42.

Charente-Inférieure (Recueil de la Commission des Arts et Monuments historiques), analyse, 61.

Chronique de la Société, 63, 65, 129, 130, 199, 212.

Clovis, par God. Kurth, compte-rendu par R. Goubaux, 49-52.

Comminges (Revue de), analyse, 62.

Commissaires de la Convention aux armées (Les), par le colonel Fabre de Navacelle, 170-173.

Coquelle (P.). *Occupation de Hanovre par les Français pendant la guerre de Sept-Ans*, 74-93. — *Les deux Skanderbeg*, 137, 169. — *Lettres de la duchesse Sophie de Hanovre à sa gouvernante Mme von Harling*, 178-183. — Analyse de périodiques allemands, 196-199.

D

Dorpatensis (Acta et Commentationes imp. Universitatis), analyse, 197.

Dufour (Georges). *Avant-dernier mot sur la mythologie*, 108, 119.

Duval (Gaston). Compte rendu de *La France Chrétienne devant l'Histoire*, 123-128.

F

Fabre de Navacelle (Le colonel). *Les Commissaires de la Convention aux Armées*, 170-173.

Falstaff, par Jacques de Boisjoslin, 174-177.

Féodalité (Pages modernes pour servir à l'étude des origines de la), par Fr. Funck-Brentano, 120-122.